5-7, rue de l'Ecole-Polytechnique, 75005 Paris

www.editions-harmattan.fr

ISBN : 978-2-343-15280-6
EAN : 9782343152806

Patrimoine et tourisme au Congo

Pour une valorisation et une gestion efficaces

Collection « Études africaines »

dirigée par Denis Pryen et son équipe

Forte de plus de mille titres publiés à ce jour, la collection « Études africaines » fait peau neuve. Elle présentera toujours les essais généraux qui ont fait son succès, mais se déclinera désormais également par séries thématiques : droit, économie, politique, sociologie, etc.

Dernières parutions

Jean-Paul MWENGE NGOIE, *L'enfant, cet oublié du divorce ou de la séparation parentale en Afrique subsaharienne*, 2018.
Laurent GAMET, *Le droit du travail ivoirien*, 2018.
Bakary CISSÉ, *L'épreuve orale de culture générale, Préparation aux concours d'entrée de l'ENA et de la Fonction publique, Tome 1 : Connaissance de l'environnement ivoirien ; Tome 2 : Problèmes majeurs de la société contemporaine*, 2018.
Jacques KABEYA I. TENDA, *Entreprises publiques, en République Démocratique du Congo, La nécessité d'un cadre de bonne gouvernance axée sur la responsabilisation et la performance,* 2018.
Diensia Oris-Armel BONHOULOU, *Le terrorisme international existe-t-il en Afrique noire ?, Essai,* 2018.
Augustin RAMAZANI BISHWENDE, Di-Kuruba Dieudonné MUHINDUKA (dir.), *Les Bavira entre tradition et modernité*, 2018.
Claude KAYEMBE-MBAYI, *Verrous et contrôles constitutionnels en Afrique. Pour des mécanismes efficients*, 2018.
Marie Romuald POUKA POUKA, *Politiques publiques et PME au Cameroun. Les impacts de la Bourse de sous-traitance et de partenariat sur la performance des PME dans le secteur industriel*, 2018.
Issofou NJIFEN, *Allocation des ressources humaines et stratégies des acteurs sur le marché du travail, Concept de surqualification et évidence empirique au Cameroun*, 2018.
Marie Désirée, SOL AMOUGOU, *Minoration linguistique, Causes, conséquences et thérapie*, 2018.
Michel MOUKOUYOU KIMBOUALA, *Le rôle des classes nominales dans le fonctionnement des langues bantoues. Le cas du kibeembe, une variante du kikongo*, 2018.
Saikou Oumar BALDE, *Élections et démocratie locale en Guinée*, 2018.
Caroline PACHECUS, *Médias, mondialisation et diversité culturelle. Le cas de l'Afrique subsaharienne*, 2018.
Anicet Cyrille NGOULOUBI et Jules LUBOYA KATABA, *Management des salaires. Théories et applications*, 2018.
Sylvain Sorel KUATE TAMEGHE, *La justice, ses métiers, ses procédures, OHADA, 2e édition*, 2018.
Paul JOBIN, *L'archéologie en Côte d'Ivoire. Histoire et fonctionnement de la recherche*, 2018.

Ulrich Kévin KIANGUEBENI

Patrimoine et tourisme au Congo

Pour une valorisation et une gestion efficaces

L'Harmattan

Du même auteur

La protection du patrimoine au Congo, L'Harmattan 2016

Le droit du patrimoine culturel congolais, L'Harmattan 2012

Contribution à la protection du patrimoine culturel au Congo, EUE 2011

Législation sur la protection du patrimoine culturel au Congo, EUE 2011

Sommaire

Abréviations

ECOFAC : Programme régional de conservation et de valorisation des écosystèmes forestiers d'Afrique centrale
CAWFI : Comité de pilotage de la facilité régionale pour le centre du patrimoine forestier d'Afrique centrale
DGPA : Direction Générale du Patrimoine et des Archives
DMMSH : Direction des Musées, des Monuments et des Sites historiques
ICCROM : Centre International d'Etudes pour la Conservation et la Restauration des biens Culturels
ICOM : Conseil International des Musées
ICOMOS : Conseil International des Sites Monuments
OAPI : Organisation Africaine de la Propriété Intellectuelle
OMPI : Organisation Mondiale de la Propriété Intellectuelle
ONG : Organisation Non Gouvernementale
PNUD : Programme des Nations Unies pour le Développement
UA : Union Africaine
UNESCO : Organisation des Nations Unies pour l'Education, la Science et la Culture
CICI : Commission Internationale de la Coopération Intellectuelle

Avant-propos

Le patrimoine culturel congolais nécessite une valorisation et une gestion efficaces pour qu'il fasse l'objet d'un tourisme durable. Il est à noter que les différentes politiques culturelles et touristiques mises en place, jusque-là, se révèlent être inefficaces.

Cet ouvrage se donne pour objet de faire des propositions réelles et réalistes afin de valoriser le patrimoine culturel congolais en tenant compte des objectifs de gestion et de développement durable.

Les faiblesses dans la valorisation du patrimoine sont nombreuses : faiblesses liées à la qualification du personnel, à l'insuffisance des moyens financiers, à l'absence d'une volonté politique.

Il s'agit ici de dégager les éléments de base pour une valorisation et une exploitation qui ne compromettent pas la capacité des générations futures.

Pour y parvenir, cet ouvrage propose l'application des mesures contraignantes d'une part, et le développement des mesures incitatives complémentaires.

Par ailleurs, il est important de définir la gestion du patrimoine culturel comme facteur du développement local et national afin de l'intégrer culturel dans une politique touristique durable

« *Il faut être fier d'avoir hérité de tout ce que le passé avait de meilleur et de plus noble. Il ne faut pas souiller son patrimoine en multipliant les erreurs passées* ».
Gandhi, Homme politique, Philosophe, Révolutionnaire indien (1869 - 1948)

Introduction

Le Congo est un Etat d'Afrique Centrale avec une superficie de 342.000 km^2 pour une population évaluée à environ 4,1 millions d'habitants[1]. Il est limité au nord par la RCA (République Centrafricaine) et le Cameroun, au sud et à l'Est par la RDC (République démocratique du Congo), à l'Ouest par le Gabon et l'océan atlantique. Colonisé dans les années 1880 par la France dans la continuité des missions de l'explorateur Pierre Savorgnan de Brazza, le pays est successivement baptisé Congo français puis Moyen-Congo, avant d'être intégré à l'Afrique équatoriale française (AEF) en 1910. Devenue la capitale de ce vaste ensemble, Brazzaville se voit désenclavée par la construction du chemin de fer Congo-Océan (CFCO) dans les années 1920. Durant la Seconde Guerre mondiale, la ville est choisie par le général de Gaulle comme capitale de la France libre[2].

Au plan culturel, la population congolaise est répartie en 8 groupes ethniques à savoir : *Echira, Kongo, Kota, Mbochi (Mbosi), Mékée, Oubanguiens, Sangha et Téké.* Les peuples du Congo ont un fonds culturel Bantu et Pygmée. L'immensité des potentialités culturelles du pays trouve son fondement dans la diversité de ses peuples. En ce sens, cette diversité ethnique et linguistique explique, en partie, le dynamisme, le caractère prolifique et la force de sa création patrimoniale depuis toujours[3].

La protection et la gestion du patrimoine culturel, au sens, actuel, est inhérente aux changements historiques que le pays a connus. Les migrations bantoues et l'installation dès le Xe siècle de notre ère, des premiers grands royaumes, expliquent la présence des découvertes archéologiques telles que la poterie au royaume *Kongo.* Avant l'arrivée des Européens au Congo, le pays a connu des royaumes *Kongo, Loango, et Téké.* Dans ces trois royaumes, les peuples ont tissé (le raphia), sculpté, chanté et dansé. Ces royaumes sont issus de la grande migration des

[1] http://web.worldbank.org, consulté le 13 octobre 2013

[2] OIF, *Profil culturel des pays du sud membres de la francophonie. Un aperçu de trois pays de la CEMAC. Cameroun, Congo-Brazzaville, Gabon,* OIF 2012, p34

[3] Samuel Kidiba, *Le droit du patrimoine culturel au Congo* (Introduction), l'Harmattan 2012, p15

peuples bantous venus de l'actuel Nigeria au 1er siècle de notre ère. Cette migration suscite dans le bassin du Congo la création des royaumes Kongo et Téké ou anzique. Le pouvoir, le commandement et la chefferie ont fortement marqué la création des biens culturels (entendons mobiliers et immobiliers) dans ces royaumes[4].

Le Congo est un pays riche en patrimoine grâce à son passé prestigieux et historique. En effet, « *le patrimoine culturel est un élément, une composante de l'identité des communautés, groupes et individus, et de la cohésion sociale, de sorte que sa destruction intentionnelle peut avoir des conséquences préjudiciables sur la dignité humaine et les droits de l'homme*[5]». Ce patrimoine fait une large part à l'immatériel et à la dimension symbolique dans sa protection. Il sied de rappeler que depuis des millénaires, les communautés locales congolaises ont toujours eu recours à des invocations pour maintenir l'ordre social et culturel établi. Par ailleurs, la croyance en l'existence d'un être suprême et les pratiques rituelles ont un impact sur la conservation et la protection de la nature. Elles peuvent être une manière d'honorer les ancêtres, d'interdire tout abus d'abattage, de chasse, de pêche et de cueillette des produits de la brousse. C'est ainsi que grâce à ces cultes et à la propriété foncière, on fait cesser les abus.

La forêt sacrée est l'une des composantes de ce patrimoine qui est considéré par les communautés locales comme fait d'interdits inviolables. En ce sens, il convient de s'en servir décemment en pensant aux générations futures. Il y a ainsi une gestion logique intergénérationnelle et extra-générationnelle qui va au-delà de toute considération magico-religieuse. En effet, chaque génération en respectant les interdits préservent le patrimoine, au profit des générations futures. Dans ce sens les générations qui se succèdent entretiennent des liens étroits avec la culture et la nature par le respect et la crainte des esprits tutélaires.

En même temps, il faut noter que cette protection traditionnelle du patrimoine culturel a été reléguée au second plan et mise en sommeil par la colonisation qui a instauré une conception française du patrimoine dans les colonies. Dans la même logique, un mimétisme juridique et institutionnel est instauré après l'indépendance du pays en 1960. En conséquence, le système juridique de protection du patrimoine culturel au Congo s'est inspiré très largement du système français. Finalement, on peut conclure que le droit congolais du patrimoine culturel est d'inspiration française.

---

4 *Ibid.*

5 Déclaration de l'UNESCO concernant la destruction intentionnelle du patrimoine culturel, Paris ,2003

Cependant, aux premières heures de son indépendance, le Congo a vu naître un sentiment d'identité nationale dans la gestion de son patrimoine. A travers la revendication de cette identité nationale, le patrimoine est perçu comme un terme évolutif qui sert à identifier un peuple dans son évolution. Elle permet d'établir le lien entre le passé et le présent d'une communauté. Au cœur de la nouvelle conscience moderne s'installe une attitude nationaliste : le patrimoine est considéré comme une attitude mentale, un regard face à un objet, quelle que soit sa nature. Il devient une source de revendication identitaire, une composante essentielle de la particularité des peuples et des communautés congolaises, une référence intangible à leur identité culturelle et civilisationnelle. Pour exister, chaque peuple a besoin de témoigner de sa vie quotidienne, d'exprimer sa capacité créatrice, de conserver les traces de son histoire et le patrimoine culturel est l'instrument de ce va-et-vient entre le passé et le futur ; un instrument de construction de l'identité nationale, facteur de cohésion sociale et gage de stabilité[6]. Cette construction identitaire est d'autant plus forte qu'elle est en réaction par rapport à la période coloniale précédente.

L'existence de l'identité nationale congolaise est donc un acquis, mais il faut noter une différence d'appropriation avec la logique française ; le sentiment d'appartenance est peut-être le même, mais le ressenti diffère. Dans la réalité congolaise, la loi coutumière dite traditionnelle est la base des sociétés millénaires du pays. Elle reste en vigueur dans bien des sociétés même modernes ou urbaines. Elle est orale sans support matériel, fait d'interdits et de préceptes préétablis. L'individu, dans la société congolaise, ne se définit pas en dehors du groupe ; il façonne et modèle une multitude d'outils et d'instruments utilitaires, répondant à plusieurs usages imposés par la vie quotidienne.

Ce droit traditionnel vit parallèlement avec le droit dit moderne ou droit de l'Etat qui, quasiment ne justifie pas son existence en regardant le plus ancien, c'est rien que le culte du changement. En d'autres termes, le droit moderne ne prend pas en compte le droit traditionnel. La dualité du droit du patrimoine au Congo se traduit en termes de tradition et modernité avec des fondements ethnocentriques qui prennent parfois le dessus sur les fondements européocentriques rendus parfois inefficaces ou inapplicables[7].

---

[6]Extrait du message de l'ancien directeur général de l'UNESCO M. Koïchiro Matsuura, relatif à l'année 2002 promulguée par l'assemblée générale des Nations unies – année des Nations unies pour le patrimoine culturel

[7] Samuel Kidiba, *Op, Cit.*, p15

D'autre part, il faut noter que, pour jouer le rôle qui lui revient, le patrimoine culturel devrait être régi par des textes juridiques adaptés et des institutions efficaces. Les pays africains en général et le Congo en particulier devraient disposer des textes juridiques définissant ce rôle, protégeant les institutions culturelles nationales et le patrimoine. Par institutions culturelles, nous entendons des structures telles les musées et bibliothèques, les archives, ateliers d'Art ou d'artisanat, forêts sacrées, galeries, les festivals... de l'État, tout comme celles appartenant à des personnes privées. Il s'agit des structures institutionnelles gérées par l'Etat qui, souvent, y nomme un gestionnaire tout en étant régies par une organisation (administrative et juridique) qui découle de la politique culturelle nationale. Les outils et institutions juridiques doivent donc constituer d'éléments moteurs donnant un caractère impératif à la valorisation et à l'exploitation durables du patrimoine culturel.

Cependant, on ne peut s'empêcher de s'interroger sur les mesures de protection du patrimoine. Sont-elles efficaces ? Si non, quelles perspectives proposées ? En abordant les réponses à ces questions, il apparaît clairement qu'au Congo, les instruments juridiques (institutions et normes nationales et internationales) jouent un rôle majeur dans la gestion du patrimoine aussi bien culturel que naturel. Cependant, il convient de préciser que la gestion du patrimoine culturel au Congo laisse entrevoir des problématiques identitaires et patrimoniales se basant sur les spécificités du patrimoine culturel congolais d'une part, et sur les liens entre les communautés locales et leur patrimoine d'autre part. A ce niveau, il sied de rappeler que la protection du patrimoine culturel au Congo est assurée par des structures publiques : une conséquence de l'assimilation et surtout du mimétisme. En effet, le système de l'assimilation a conduit les autorités coloniales à prendre directement en main la conduite des affaires du territoire dominé[8]. Ce système pose donc les bases d'une centralisation du pouvoir en général et de la gestion étatique du patrimoine culturel en particulier au Congo, car comme l'affirme Kante Bocar Oumar, « *dans les Etats d'inspiration francophone, les structures de gestion sont beaucoup plus publiques à cause de la place occupée par l'Etat*[9] ». C'est dire que la protection du patrimoine culturel a depuis longtemps été l'œuvre exclusive de l'Etat. Une gestion qui a, malgré tout, connu des profondes mutations selon qu'il s'agisse de la nature du

---

[8] Vincent Negri, La création du droit du patrimoine culturel en Afrique, *in Le patrimoine culturel africain*, sous la dir. de Caroline Gaultier-Kurhan, Université Senghor d'Alexandrie, Maison neuve et Larose 2001, p.327

[9]Kante Bocar Oumar, *Le droit du patrimoine culturel en Afrique*, Thèse de droit, Université Paris 1 Panthéon Sorbonne, novembre 2010, p.208

patrimoine à gérer (on est passé du patrimoine matériel au patrimoine immatériel), ou des structures et institutions patrimoniales à travers notamment la reconnaissance du rôle des entités décentralisées de l'Etat. A propos de cette protection exclusive du patrimoine par l'Etat, il s'agit, pour les décideurs comme pour les gestionnaires, de faire « vivre » le patrimoine, notamment par une politique cohérente et rationnelle de décentralisation culturelle[10].

Avec l'avènement de la démocratie au début des années 1990, le Congo s'est lancé dans un double processus de décentralisation et déconcentration. Un double processus qui, parfois, est source de profondes confusions, car décentralisation et déconcentration présentent certaines analogies. Mais en réalité, si la décentralisation renvoie au transfert des compétences du niveau national au niveau local, dans la déconcentration, il est question de la délégation de pouvoirs entre le niveau central et le local avec un lien hiérarchique au sein de la même personne morale c'est-à-dire l'Etat. En effet, penser la décentralisation renvoie *ipso facto* à penser la déconcentration, car cette dernière accompagne le processus de décentralisation[11].

Par ailleurs, on est amené à s'interroger sur l'effectivité même de cette décentralisation dans la gestion du patrimoine culturel. Il existe, certes, un arsenal juridique relatif à la décentralisation au Congo, mais ces outils reflètent-ils réellement une redistribution des pouvoirs entre l'Etat et les collectivités locales dans la recherche d'une action publique plus efficace ? En fait, il est aisé de constater des difficultés dans ce processus, car très souvent, la déconcentration ne suit pas progressivement le mouvement de la décentralisation et, on peut constater une décentralisation de façade renvoyant implicitement à la centralisation du pouvoir. On peut ainsi constater l'absence de la décentralisation culturelle. Il s'agit donc d'élargir les responsabilités des communautés locales dans l'identification, la mise en valeur et la transmission du patrimoine tout en leur concédant un financement conséquent.

Ainsi, on ne peut rester insensible au rôle des pratiques traditionnelles dans la protection du patrimoine culturel au Congo. En effet, il arrive que dans certaines localités, ces pratiques prennent le dessus sur la loi moderne parce qu'elles s'appliquent depuis des millénaires et sont mieux

---

[10]Jean-Marie Breton, Entre protection et valorisation : le patrimoine saisi par le droit, in *Tourisme, culture(s) et attractivité des territoires*, décembre 2011. URL : http://etudescaribeennes.revues.org/5374, consulté le 12 octobre 2014

[11] Point de presse du directeur général des collectivités locales du Congo en date du 26 octobre/2010 sur le thème « *les avancées de la décentralisation au Congo* ».

assimilées par la population locale dans la protection du patrimoine. A ce titre n'est-il pas besoin de les officialiser pour les rendre légitimes et donc plus efficaces ? Rappelons, à cet effet, que *le secteur culturel africain a besoin d'approches qui prennent en compte ses réalités et osent innover*[12]. On en vient donc à la conclusion évidente selon laquelle les pratiques traditionnelles contribuent, pour une large part, à la protection du patrimoine culturel. Elles méritent de faire l'objet d'une collecte et d'un enregistrement pour être officialisées ensuite, car on peut s'interroger sur leur pérennité avec la mondialisation. Dès lors, nous sommes amenés à penser que sur tous les plans, il est nécessaire de renforcer la protection, la gestion et la valorisation du patrimoine culturel.

Aussi, il faut noter que, outre l'inefficacité des mesures contraignantes (qui méritent à ce point d'être renforcées), la protection du patrimoine culturel au Congo souffre d'un manque de mesures incitatives tant de la part de l'Etat que de la part des collectivités locales. D'où la nécessité de mettre en place des outils juridiques répondant à la demande sociale. Il convient, pour cela de mettre en place des initiatives de collaboration à tous les échelons, de responsabiliser les communautés locales et les acteurs privés dans la gestion et la valorisation de leur patrimoine. C'est pourquoi, nous préconisons le perfectionnement du régime juridique de protection du patrimoine culturel à travers des mesures contraignantes et incitatives (Titre I), pour ensuite envisager le passage de la gestion à la valorisation du patrimoine culturel (Titre II).

[12] Isabelle Bosmann, *Conception de politiques culturelles nationales et locales dans un contexte de coopération internationale: modèle méthodologique versus modèles institutionnels*, Journées d'études internationales (résumés), 26-27 juin 2013, Ecole des Hautes Etudes en Sciences Sociales, p1

TITRE PREMIER
LE PERFECTIONNEMENT DU REGIME JURIDIQUE DE PROTECTION DU PATRIMOINE CULTUREL

La valorisation et la gestion du patrimoine culturel sont les deux maillons d'une protection efficace du patrimoine culturel au Congo. En effet, le régime juridique de protection du patrimoine culturel au Congo connaît des faiblesses normatives et institutionnelles. Pour rendre plus efficace cette protection, il convient de procéder à l'application des mesures contraignantes (chapitre 1) et au développement des mesures incitatives complémentaires (chapitre 2).

Chapitre I
L'application des mesures contraignantes

Par mesures contraignantes, on entend les initiatives obligatoires qui doivent être mises en œuvre pour une protection efficace du patrimoine. Leur mise en œuvre nécessite de procéder à l'identification du patrimoine à protéger (section 1), et à la mise en place d'outils juridiques répondant à la demande sociale (section 2). Ces deux aspects constituent les mesures contraignantes d'un renforcement de la protection du patrimoine au Congo.

SECTION I : LA PREALABLE IDENTIFICATION DU PATRIMOINE A PROTEGER

La loi congolaise du 26 juillet 2010 sur la protection du patrimoine national culturel et naturel prévoit deux principales mesures de protection du patrimoine culturel : l'inscription à l'inventaire et le classement[13]. Au niveau international, le Congo étant membre de l'UNESCO et signataire de la plupart des conventions portant sur la protection du patrimoine culturel (convention du patrimoine mondial, convention sur la diversité des expressions culturelles, convention pour la sauvegarde du patrimoine culturel immatériel…), il lui revient de mettre en place un cadre juridique favorable à l'application des normes internationales. Ce cadre recommande soit une inscription des sites au patrimoine mondial, soit sur la liste indicative de l'UNESCO. En cela et, tout en respectant le principe de la souveraineté nationale sans remettre en cause le droit de propriété institué par les législations nationales, les Etats parties aux Conventions UNESCO sur la protection du patrimoine reconnaissent que la responsabilité de la protection du patrimoine mondial incombe à la communauté internationale toute entière : le patrimoine mondial appartient à tous. Il convient de rappeler que le droit international joue un rôle important dans le droit positif congolais. Ce

[13] Articles 8 à 15 de ladite loi

rôle est cependant limité en raison de la difficulté de transposition des normes internationales au niveau national.

Le droit congolais pose l'obligation d'un inventaire et de l'établissement d'une liste du patrimoine national (paragraphe 1). En outre, pour rendre cette protection plus efficace, une actualisation sinon une mise à jour de la liste du patrimoine culturel est nécessaire (paragraphe 2).

PARAGRAPHE 1 : L'OBLIGATION D'UN INVENTAIRE ET D'UNE LISTE DU PATRIMOINE CULTUREL

La loi congolaise du 26 juillet 2010 portant protection du patrimoine national culturel et naturel prévoit deux principales mesures de protection du patrimoine : l'inscription à l'inventaire (I) et le classement (II).[14]

I - L'inventaire scientifique des patrimoines

L'inventaire est une étape obligatoire dans la protection du patrimoine. Il s'agit d'un préalable à la protection du patrimoine culturel (A). Cependant, pour qu'il soit adéquat, cet inventaire doit réunir un certain nombre de conditions (B).

A – L'inscription à l'inventaire comme préalable à la protection du patrimoine culturel

L'inventaire est indispensable pour la protection du patrimoine culturel au Congo. En effet, le patrimoine culturel congolais n'a fait l'objet que d'inventaires partiels et irréguliers. Les quelques tentatives qui ont eu lieu ont été l'œuvre des missions françaises et ne portaient que sur le patrimoine bâti. C'est pourquoi un inventaire adéquat s'impose au Congo, car *« on ne protège bien que ce que l'on connaît bien*[15] *»* disait Albert Lucas, président de la Société pour l'Etude et la Protection de la Nature en Bretagne dans les années 1960. Pour mieux protéger un patrimoine, il faut le connaître, c'est pourquoi un inventaire juridique du patrimoine culturel s'impose au Congo. Il s'agit non seulement de l'inscription à inventaire du patrimoine culturel, mais aussi des pratiques traditionnelles de protection du patrimoine. Celles-ci sont considérées non seulement comme patrimoine immatériel, car il s'agit d'un savoir et d'un savoir-faire

---

14 Article 8 et 10 de ladite loi

15 http://www.bretagne-environnement.org/Media/Acteurs/Qui-fait-quoi/L-inventaire-du-patrimoine-geologique-en-Bretagne, consulté le 12 octobre 2014

qui se transmet par l'oralité de génération en génération, mais aussi comme mesures de protection de ce patrimoine à travers des croyances symboliques et des interdits.

L'inventaire a pour but de recenser, d'étudier et de faire connaître le patrimoine. Il faut cependant noter que le Congo ne dispose pas d'une Liste du patrimoine culturel national. Les premières tentatives réalisées par les missions étrangères et françaises notamment au milieu des années 1990 n'ont pu aboutir faute de stabilité politique. A ce propos, Bernard Toulier affirme que « *l'action menée à Brazzaville par l'Inventaire illustre les limites de nos interventions dans des pays qui connaissent une grande instabilité politique…En novembre 1994, puis en juillet 1995 et mars 1996 le service de l'Inventaire, sollicité par le secrétariat d'Etat à la Coopération (France), envoie une mission à Brazzaville pour étudier les conditions d'une étude sur l'urbanisme et le patrimoine d'où il ressort que l'architecture savante, novatrice et exceptionnelle de la " Brazzaville blanche " issue des recherches de la métropole, influence peu à peu la construction traditionnelle des " Brazzaville noires ". En juillet 1995 puis en mars 1996, deux autres missions liées à des actions de formation de cadres congolais permettent d'expérimenter une méthodologie propre à la ville de Brazzaville, à partir des études menées par l'Inventaire général en France. Les enquêtes sur le terrain aboutissent à la constitution d'une documentation conservée à Brazzaville au service des Monuments historiques du ministère de l'Urbanisme et de l'Habitat et du Centre culturel français, ainsi qu'à deux publications, l'une dans la collection Images du patrimoine Brazzaville la verte, l'autre dans la collection Itinéraires du patrimoine : Brazzaville découvertes*[16] ».

Cet inventaire réalisé avec l'appui des missions françaises n'a porté que sur le patrimoine architectural de Brazzaville. Le patrimoine des autres villes et des communautés locales ainsi que les biens meubles restent à ce jour dépourvus d'inventaire. Depuis plus rien ne s'est fait au Congo pour ce qui est de l'inventaire non seulement du patrimoine, mais aussi de pratiques traditionnelles de protection de ce patrimoine. Pourtant la loi congolaise de 2010 sur le patrimoine national culturel et naturel est claire à ce propos ; elle oblige un inventaire pour assurer la protection du patrimoine national. La méthodologie mise en œuvre pour cet inventaire consiste à constituer une masse documentaire homogène comprenant des dossiers descriptifs, des plans, des photographies et une bibliographie au moyen d'une grille d'analyse et de vocabulaires normatifs. Il s'agit de procéder à un inventaire de tout le patrimoine

---

[16] Bernard Toulier, « Congo-Brazzaville », *In Situ* 2003, p4-5 mis en ligne le 12 août 2013, URL : http://insitu.revues.org/10525 ; DOI : 10.4000/insitu.10525, consulté le 30 septembre 2014

congolais en vue d'une meilleure protection et, d'une gestion objective. Sur la base de cet inventaire, il peut être envisagé l'informatisation des collections des musées et la création de banques de données sur le patrimoine culturel national. Cet inventaire conduit à l'établissement d'une liste des biens culturels qui présentent un intérêt conformément à l'article 8 de la loi sur la protection du patrimoine national culturel et naturel qui dispose : « *l'inscription à l'inventaire du patrimoine consiste en l'enregistrement des biens culturels et naturels (meubles et immeubles) appartenant à l'Etat, aux collectivités locales, aux associations ou à des personnes physiques ou morales qui, sans justifier d'une nécessité de classement immédiat, présentent un intérêt du point de vue de l'art, de la science et de la technique pour exiger la préservation* ».

Selon le droit congolais, l'inscription à l'inventaire doit être prononcée par un arrêté du ministre en charge de la culture et l'acte d'inscription à inventaire doit être notifié par l'autorité compétente au propriétaire, détenteur ou à l'occupant du bien[17].

En somme, il faut retenir que les quelques tentatives d'inventaires qui ont été initiées par les missions françaises principalement et ne portaient que sur le patrimoine bâti. Un inventaire qui peut être qualifié de partiel faute d'avoir réuni les conditions d'un inventaire adéquat.

B – La nécessité de réunir les conditions d'un inventaire adéquat

Les dispositions relatives à l'inventaire du patrimoine culturel existent en droit congolais. Il suffit de réunir les conditions pour une collecte des biens et richesses culturelles en vue de la constitution d'une liste du patrimoine culturel. En d'autres termes, il s'agit, d'établir une liste des biens culturels suivant une catégorie bien précise (patrimoine matériel et immatériel) établissant ainsi un maximum d'informations sur les raisons de leur inscription et classement éventuel, leur objet, leur valeur et leur authenticité. L'inventaire rend possible la protection juridique des biens inscrits ou classés et permet de pouvoir identifier ceux pouvant faire l'objet d'une éventuelle protection. Sachant qu'il existe une diversité de pratiques traditionnelles de protection du patrimoine culturel (elles varient selon les contrées et les communautés), l'inventaire permettra d'avoir une connaissance exacte de chaque pratique. A ce sujet, Vincent Negri estime que *« l'inventaire est indispensable à la définition, la protection, la conservation, la planification, la réhabilitation et la gestion du patrimoine au profit de tous. Mais la réussite de ces activités suppose d'abord l'existence d'un contexte favorable, c'est-à-dire d'un contexte où la connaissance du passé est reconnue par tous,*

---

[17] Article 9 de la loi sur la protection du patrimoine national culturel et naturel

le groupe, la nation, comme étant primordiale pour l'avenir ; ensuite, elle exige que les populations locales soient les premiers bénéficiaires de la mise en œuvre du patrimoine[18] ». C'est pour cette raison qu'il convient de les mener de manière conjointe en associant les professionnels du patrimoine, les populations et les autorités locales, les chefs coutumiers.

Pour l'inventaire du patrimoine culturel immatériel, l'article 11 de la convention UNESCO de 2003 pour la sauvegarde du PCI dispose : « *il appartient à chaque Etat partie : (a) de prendre les mesures nécessaires pour assurer la sauvegarde du patrimoine culturel immatériel présent sur son territoire ; (b) parmi les mesures de sauvegarde visées à l'article 2, paragraphe 3, d'identifier et de définir les différents éléments du patrimoine culturel immatériel présents sur son territoire, avec la participation des communautés, des groupes et des organisations non gouvernementales pertinentes…* ». A cet effet, un accent particulier doit être mis sur l'inventaire des pratiques traditionnelles qui sont un patrimoine se transmettant de génération en génération, recréés en permanence par les communautés et groupes en fonction de leur milieu, de leur interaction avec la nature et de leur histoire, et leur procure un sentiment d'identité et de continuité, contribuant ainsi à promouvoir le respect de la diversité culturelle et la créativité humaine[19]. La législation congolaise sur la protection du patrimoine reste muette quant à l'inventaire du patrimoine culturel immatériel (PCI). C'est pourquoi, il y a nécessité de procéder à l'élaboration des textes juridiques et à la mise en place des institutions spécifiques de protection du PCI qui, de plus en plus, présente un intérêt grandissant. Il est donc nécessaire de mettre en place un dispositif d'inventaire scientifique et juridique du patrimoine immatériel.

A cet effet, il est important de procéder à l'inventaire du PCI en deux temps.

Dans un premier temps, il convient de dresser une liste du PCI existant pour ensuite procéder à des publications et à la mise en place d'une base de données du PCI consultable en ligne. L'établissement d'une liste du PCI a pour objectif de permettre une présentation du contenu des zones géographiques et de toutes les expressions du patrimoine immatériel.

Dans un second temps, il convient de mettre en place des services spécialisés afin procéder à la réalisation d'un inventaire évolutif prenant en compte les nouveaux éléments chaque fois qu'ils acquièrent le

---

18 Vincent Negri, *Protection juridique du patrimoine culturel immobilier*, *Op,Cit.* p12

19 UNESCO et ministère norvégien de la Culture, *Identifier et inventorier le patrimoine culturel immatériel* ; *Url : http://www.unesco.org/culture/ich/doc/src/01856-FR.pdf*, p3, consulté le 30 septembre 2014

caractère patrimonial. Il sera alimenté par des enquêtes scientifiques ou par des demandes spontanées émanant de porteurs de PCI[20]. Cette démarche exige, cependant, un vaste travail d'enquêtes de terrain et de recherches ethnographiques par un personnel qualifié.

D'une manière générale, il s'agit, au niveau national, de dresser une liste du PCI en fonction de l'exigence du respect mutuel entre communautés, groupes et individus, et d'un développement durable[21]. Cet inventaire doit donc tenir compte des dispositions de l'article 12 de la convention de 2003 qui stipule que : « *pour assurer l'identification en vue de la sauvegarde, chaque Etat partie dresse, de façon adaptée à sa situation, un ou plusieurs inventaires du patrimoine culturel immatériel présent sur son territoire. Ces inventaires font l'objet d'une mise à jour régulière* ».

Le Congo, en tant qu'Etat-membre et signataire de la Convention UNESCO de 2003 pour la sauvegarde du patrimoine culturel immatériel, doit mettre en œuvre l'article 16 de ce texte qui prévoit l'inscription sur la liste représentative du patrimoine culturel immatériel de l'humanité. Cet article dispose : « *pour assurer une meilleure visibilité du patrimoine culturel immatériel, faire prendre davantage conscience de son importance et favoriser le dialogue dans le respect de la diversité culturelle, le Comité, sur proposition des Etats parties concernés, établit, tient à jour et publie une liste représentative du patrimoine culturel immatériel de l'humanité. Le Comité élabore et soumet à l'approbation de l'Assemblée générale les critères présidant à l'établissement, à la mise à jour et à la publication de cette liste représentative*[22] ».

Pour ce qui est du patrimoine matériel, les troubles sociopolitiques que le Congo a connus en 1993, 1997 et 1998 ont occasionné des vols et des destructions des biens et édifices culturels. Le Congo, comme d'autres pays de la sous-région de l'Afrique centrale a connu la disparition des objets dans les musées, due au vol et au pillage. Au musée national de Brazzaville, on comptait près de 10 000 objets en 1965, en 1996 il n'en restait plus que 2 500 après l'inventaire partiel réalisé en 1992. La liste des objets volés au Congo et publié dans l'ouvrage « *Cent objets disparus* » est longue : défenses d'éléphants sculptés, reliquaire kota (bwete), tableaux historiques illustrant l'histoire de la résistance

---

20 http://www.culturecommunication.gouv.fr/Disciplines-secteurs/Patrimoine-culturel-immateriel/Vademecum/La-legislation-sur-le-patrimoine-culturel-immateriel-dans-le-monde/La-legislation-sur-le-patrimoine-culturel-immateriel-en-France, consulté le 30 septembre 2014.

21 Article 2 de la convention de 2003 sur le PCI

22 Article 16 de la convention de 2003 sur le PCI

congolaise à l'occupation coloniale, chéchia rouge incarnant le pouvoir ancestral etc[23].

Cependant, les musées de Brazzaville et de Pointe-Noire tiennent tant bien que mal un inventaire de ce qui leur reste comme collections. Sur ce point, il convient de procéder au récolement décennal, car les collections de ces musées sont publiques et ce statut leur confère l'inaliénabilité (dont on ne peut se dessaisir) et l'imprescriptibilité (à valeur immuable). Cette activité a pour but de présenter ces collections dans leur globalité et leur état de façon à savoir si elles méritent ou non une restauration. La réalisation des inventaires a pour objet de préparer le classement qui est l'acte par lequel l'Etat déclare l'intérêt particulier des biens culturels publics ou privés déjà inventoriés[24]. Les inventaires sont un moyen efficace pour la connaissance, la promotion et la valorisation du patrimoine culturel qu'ils soient réalisés à la demande de l'Etat, des collectivités, des communautés ou des propriétaires privés.

L'inscription du bien (meuble ou immeuble) produit un certain nombre d'effets qui permettent de protéger et de sauvegarder le patrimoine. En effet, une fois le bien inscrit, le propriétaire, le détenteur ou l'occupant a l'obligation d'informer, dans un délai de 30 jours, l'autorité compétente de toute action à entreprendre sur le bien (réparation, restauration[25]). Il s'agit de l'obligation d'information qui pèse sur le propriétaire, le détenteur ou l'occupant du bien. A partir ce moment, aucune réalisation ne peut être effectuée sur le bien sans l'accord de l'autorité administrative. Par conséquent, le bien inscrit doit être maintenu en l'état pour le préserver et le protéger. Cependant, il est à noter que l'inscription à l'inventaire n'interdit pas la réalisation des travaux sur le bien inscrit. De manière exceptionnelle, la loi congolaise exige d'informer les autorités compétentes dans un délai de trente jours de toute action à entreprendre sur le bien[26].

Pour le bien meuble, l'article 46 de la loi du 26 juillet 2010 sur la protection du patrimoine national culturel et naturel au Congo dispose *« toute exportation des biens culturels non classés, anciens ou modernes, est soumise à*

---

23 Pulchérie Nomo Zibi, *Les œuvres d'art entre le commerce illicite et la protection : le cadre international*,
Url : http://www.editions-harmattan.fr/auteurs/article_pop.asp?no=17873&no_artiste=19627, consulté le 16 septembre 2015.

24 Article 11 de la loi 8-2010 du 26 juillet 2010 portant protection du patrimoine national culturel et naturel au Congo.

25 Article 10 de la loi du 26 juillet 2010 sur la protection du patrimoine culturel au Congo.

26 Article 10 de la loi du 26 juillet 2010 précitée

l'autorisation de sortie dont les modalités sont fixées par les services compétents du ministère en charge de la culture ».

En somme, l'inscription à l'inventaire permet de réaliser un contrôle étroit des travaux (restauration, modification, aménagement, réhabilitation, réparation) à effectuer sur le bien inscrit.

II – Le classement

Le classement est l'acte par lequel l'Etat déclare l'intérêt particulier des biens publics ou privés déjà inventoriés[27]. Par rapport à l'inscription, le classement requiert une procédure plus complexe en raison des conséquences beaucoup plus importantes qu'il engendre[28]. C'est pourquoi il convient d'en examiner les critères (A) et les effets juridiques (B).

A – Les critères du classement

En droit congolais, le classement permet d'évaluer l'intérêt patrimonial d'un bien en examinant un ensemble de critères historiques, artistiques, scientifiques et techniques. En effet, « *les sites classés sont des lieux dont le caractère exceptionnel justifie une protection de niveau national : éléments remarquables, lieux dont on souhaite conserver les vestiges ou la mémoire pour les événements qui s'y sont déroulés... L'objectif est donc de conserver les caractéristiques d'un patrimoine en le préservant de toute atteinte à l'esprit des lieux. Il s'agit d'un mode de protection qui s'est étendu sur l'ensemble du patrimoine, car au début, étaient classés des éléments remarquables, isolés et menacés de dégradation (rochers, cascades, fontaines, sources, grottes, arbres...), des châteaux et leurs parcs, par la suite, les protections ont progressivement porté sur de plus vastes étendues : massifs, forêts, îles*[29]. ».

A cet effet, l'initiative de classement peut être engagée soit par l'Etat, soit sur la demande du propriétaire, du détenteur ou de l'occupant du bien, personne physique ou morale, après avis de la commission nationale du patrimoine national culturel et naturel. Une fois les conditions réunies, le classement intervient par décret pris en conseil des ministres sur proposition du ministre en charge de la culture. Il est ensuite publié pour notification à toutes les parties concernées. Le classement ouvre droit à une indemnité au profit du propriétaire

---

27 Article 11 de la loi du 26 juillet 2010 sur la porrection du patrimoine culturel au Congo

28 Pierre-Laurent Frier, *Op. cit.* p 162

29 http://www.developpement-durable.gouv.fr/Etapes-du-classement-d-un-site.html, consulté le 2 avril 2015.

détenteur ou occupant public ou privé en réparation du préjudice pouvant en résulter. Ainsi, peut-être proposé pour le classement, tout bien meuble ou immeuble répondant aux critères définis aux article 2, 3 et 4 de la présente loi[30] (celle du 26 juillet 2010). C'est dire que l'article 12 de la loi 26 juillet 2010 détermine les biens culturels pouvant faire l'objet d'un classement. Il s'agit : des biens meubles et immeubles qui à titre religieux, ou profane revêtent un intérêt pour l'histoire, l'art, la science et la technique. En d'autres termes, la loi congolaise vise les biens culturels et naturels constitutifs du patrimoine national. Le classement consiste donc à reconnaître la valeur patrimoniale d'un bien culturel pour :

- éviter tout déplacement non autorisé d'objet du patrimoine national, culturel et naturel ;
- Eviter la dégradation du patrimoine culturel ;
- Eviter l'affectation nouvelle sans autorisation ;
- Favoriser la transmission du patrimoine aux générations futures[31].

Le classement permet de reconnaître formellement la valeur patrimoniale du bien culturel pour en assurer la pérennité.

Au regard des dispositions de la loi du 26 juillet 2010 portant protection du patrimoine national culturel et naturel, il apparaît que le droit congolais prévoit le classement comme mesure de protection du patrimoine culturel. Il convient juste de prendre des dispositions pour sa mise en œuvre. Ces dispositions concernent l'adoption des textes d'application relatifs au classement. Il s'agit des préalables sans lesquels il est impossible de réaliser un classement.

C'est aussi l'occasion de solliciter un engagement plus fort des responsables (nationaux, locaux…) congolais dans la prise d'initiatives de classement du patrimoine. En effet, l'efficacité du classement, que ce soit au niveau local ou national, n'est plus à prouver. Il permet de sauvegarder une identité nationale à travers la reconnaissance des valeurs intrinsèques du patrimoine culturel. Par ailleurs, il est important de mentionner que le dispositif prévu par la loi du 26 juillet 2010 sur la protection du patrimoine culturel au Congo n'est pas encore mis en œuvre. C'est pourquoi, il convient d'amener les autorités dépositaires de la décision à évoluer dans ce sens. Une fois l'inventaire et le classement

---

30 Article 12 de la loi du 26 juillet 2010 sur la protection du patrimoine culturel au Congo

31 Article 67 de la loi du 26 juillet 2010 sur la protection du patrimoine culturel au Congo

réalisés, le Congo pourra disposer d'un fichier national des sites inscrits ou classés.

B – Les effets juridiques du classement

Le classement constitue la mesure de protection la plus efficace. Il produit des effets qui s'appliquent de plein droit dès le moment où l'acte de classement a été notifié aux personnes concernées. En ce sens, il produit des effets à l'égard du bien lui-même, du propriétaire, détenteur ou occupant et de l'autorité administrative. En conséquence, le bien classé ne peut faire l'objet d'aucune réalisation des travaux ou de modification si l'autorité administrative compétente n'y donne pas son consentement[32]. Cette restriction suppose que tous les travaux à entreprendre nécessitent l'accord de l'autorité administrative compétente. L'Etat se réserve le droit d'établir des servitudes dans l'intérêt public ; il s'agit principalement :

- du droit de visite et d'investigation des autorités.
- du droit de visite éventuelle du public.
- de l'obligation d'entretien ou de toutes autres servitudes entraînées par le classement.

Par ailleurs, Nul ne peut donc acquérir un bien public (meuble, immeuble) classé. Dans l'hypothèse où le bien est un immeuble, aucune construction nouvelle ne peut être dressée à côté du monument ou du site classé ou inventorié, ou élevée dans leur champ de visibilité sans autorisation des services compétents. Une restriction prévue par le droit congolais qui renforce, non seulement, le bien classé, mais aussi les abords du bien, le champ de visibilité s'étendant sur un rayon de 50 mètres au moins autour du bien[33]. Dans le même sens, toute forme de publicité (affiches, panneaux, dispositifs lumineux, sonores ou autres) est prohibée sur les sites et monuments classés. Lorsqu'il s'agit d'un bien meuble, la procédure diffère légèrement. L'Etat congolais peut, par mesure conservatoire, placer les objets classés dans les collections nationales. L'incorporation dans les collections nationales fera l'objet d'une indemnisation du propriétaire, détenteur ou occupant du bien après avis d'un expert assermenté[34]. Aussi, l'Etat se réserve le droit de transférer la garde de l'objet protégé à une autre personne tenue aux mêmes obligations. Il faut pour cela que la nécessité l'impose. Il en est

---

32 Philippe Guillot, *Droit du patrimoine culturel et naturel*, Ellipses 2006. p47

33 Article 25 de la loi sur la protection du patrimoine national culturel et naturel

34 Articles 21, 22 de la loi précitée.

ainsi lorsque le propriétaire, détenteur ou occupant du bien fait preuve d'un manquement ou entrave aux obligations de protection liées à l'objet protégé. Cette mesure de protection produit des effets contraignants à l'égard de toutes les parties concernées par le bien classé. En conséquence, la possibilité de réaliser des travaux nécessite non seulement le contrôle scientifique des services du ministère en charge de la culture, mais aussi du ministère en charge de l'environnement, de l'urbanisme et des mines (pour les sites et paysages culturels, les sites archéologiques).

Cependant, le principe de conservation du bien classé par son propriétaire, son occupant ou son détenteur obéit au respect de certaines règles et obligations imposées par l'Etat. Il s'agit de l'interdiction de destruction, de démembrement, de dénaturation, d'exportation et de transfert illicites de tout ou partie des biens constituant le patrimoine national culturel et naturel. Lorsque le propriétaire, l'occupant ou le détenteur du bien agit en violation de ces obligations, l'Etat peut, dans un souci de sauvegarde et de protection, exercer sur ces biens différentes procédures pour les récupérer : revendication, acquisition, expropriation pour cause d'utilité publique[35].

L'autorité compétente procède à l'enregistrement de l'acte de classement au registre du patrimoine national pour notification, publication et information à l'égard du propriétaire, particuliers, organismes étatiques et paraétatiques, des missions diplomatiques et consulaires, des organismes internationaux. A partir de ce moment, elle est tenue de réglementer tous les travaux à entreprendre sur le bien classé : restauration, réparation, modification, prise de vue, réalisation des films.

En conclusion, l'inventaire et le classement constituent des mesures contraignantes à mettre en œuvre pour une contribution à la protection du patrimoine culturel. Cependant, ces mesures manquent d'application effective, affaiblissant, ainsi, la protection du patrimoine culturel congolais. L'inscription à l'inventaire et le classement sont réalisés dans le but de disposer d'une liste du patrimoine national. Mais celle-ci doit être actualisée afin de prendre en compte les nouveaux éléments.

[35] Article 7 de la loi précitée

PARAGRAPHE 2 : L'OBLIGATION D'ACTUALISER LA LISTE DU PATRIMOINE CULTUREL

Les inventaires sont réalisés pour plusieurs raisons parmi lesquelles : la connaissance et la sauvegarde, la valorisation et la transmission du patrimoine. Le but est de disposer d'un répertoire des richesses culturelles matérielles et immatérielles du pays. Une fois la liste du patrimoine national établie, il convient de l'actualiser après une période bien déterminée (tous les 5 ou 10 ans par exemple) pour prendre en compte les nouveaux éléments qui présentent un intérêt culturel, historique, pittoresque, ou scientifique. Ce principe a été posé par l'UNESCO aussi bien pour le patrimoine matériel qu'immatériel. En effet, faire l'inventaire du patrimoine pour le classer ensuite ne suffit pas pour rendre efficace sa protection. Encore faut-il actualiser la liste du patrimoine matériel (I) et immatériel (II).

I – L'obligation d'actualiser la liste du patrimoine matériel

C'est une obligation légale (A), facteur d'enrichissement du patrimoine matériel (B).

A – Une obligation légale

L'obligation d'établir la liste du patrimoine ne porte pas seulement sur les biens à inscrire ou à classer. Il s'agit d'établir un répertoire de tout le patrimoine culturel congolais pour pouvoir disposer de tous les éléments dans la sélection.

Cette obligation emporte celle de tenir à jour la liste du patrimoine matériel au Congo. En effet, pour que l'obligation d'actualiser la liste du patrimoine culturel soit effective, le ministère de la Culture est tenu d'organiser, de manière régulière, des enquêtes ethnologiques, des collectes des biens culturels matériels pour compléter les collections et donc enrichir le patrimoine culturel congolais. Cette obligation comporte en elle l'obligation de patrimonialisation des biens culturels. En effet, le Congo dispose d'une diversité de biens culturels. On peut alors se poser la question de savoir s'il faut tout inscrire ou tout classer au patrimoine national.

Pour répondre à cette question, on tiendra compte de la définition du patrimoine national culturel donnée à l'article 2 de la loi du 26 juillet 2010 portant protection du patrimoine national culturel et naturel. Celui-ci dispose : « *aux fins de la présente loi, on entend par patrimoine national culturel, l'ensemble des biens meubles et immeubles qui, à titre religieux ou profane, revêtent un intérêt pour l'histoire, l'art, la science et la technique* ». L'obligation de tenir à jour la liste du patrimoine culturel exige donc une étude et un suivi de son patrimoine et nécessite un tri des biens culturels ; d'où le processus de patrimonialisation né de l'obligation d'actualiser la liste du patrimoine culturel. La patrimonialisation est le processus socioculturel, juridique ou politique par lequel un espace, un bien ou une pratique se transforment en objet du patrimoine naturel ou culturel digne de conservation et de restauration. Au départ du processus de patrimonialisation s'effectue par une sélection d'objets qui seront intégrés au patrimoine via un long processus[36]. Michel Vernières pense que le patrimoine est le résultat d'un processus de patrimonialisation. Pour lui « *le processus de patrimonialisation peut être défini comme le passage d'un patrimoine en puissance à un patrimoine reconnu en tant que bien collectif, caractérisé tout à la fois par ses dimensions économiques, sociales, environnementales et culturelles. Ces différentes dimensions, d'importances relatives variables selon les types considérés de patrimoine reconnu, confèrent à ce patrimoine une valeur qui justifie, pour la collectivité considérée, sa conservation pour transmission aux générations futures. Il s'agit bien d'un processus de reconnaissance de cet ensemble de biens en tant que bien collectif*[37] ».

Le processus de patrimonialisation incombe à l'Etat en tant que promoteur principal du patrimoine à travers ses structures décentralisées et les acteurs locaux. Il a pour but de reconnaître le caractère patrimonial des nouveaux biens culturels. Pour y parvenir, l'Etat doit tenir à jour la liste de son patrimoine pour l'enrichir et y intégrer de nouveaux biens culturels. Selon la loi n°9-2010 du 26 juillet portant politique culturelle en République du Congo, *l'Etat est le principal promoteur de développement culturel. Il reconnaît à la culture une place centrale dans le développement national. L'Etat conçoit, oriente, coordonne et contrôle la politique culturelle de la nation. Il crée les conditions favorables à sa mise en œuvre dans le respect des différences et des spécifités culturelles nationales*[38].

En ce sens, l'obligation d'établir une liste du patrimoine matériel permet d'évoluer du patrimoine à la patrimonialisation. Une évolution

---

[36] Bouayad abdelghani, Eddelani Oumhani, *Le rôle du patrimoine dans le développement des territoires en reconversion : cas des anciennes mines d'Ahouli et Mibladen (Midelt–Maroc)*, Faculté des Sciences Juridiques, Economique et sociales, Université Moulay Ismaïl–Méknès-Maroc, consultable le 22 octobre 2014, Url : http://www.asrdlf2013.org/IMG/pdf/C__Eddelani__Le_role_du_patrimoine_dans_le_developpement_des_territoires_en_reconversion_cas_des_mines_d_Ahouli_et_Mibladen_Midelt_-_Maroc_.pdf

[37] Michel Vernières (sous la dir.), *Patrimoine, patrimonialisation, développement local : un essai de synthèse interdisciplinaire*, Editions Karthala, Collection Gemdev, Paris, novembre 2011, p11.

[38] Articles 2 et 3 de la loi sur la politique culturelle au Congo

qui nécessite la réalisation des inventaires suivis du classement pendant une période bien déterminée (tous les 5 ou 10 ans selon les besoins en présence). Ces opérations qui marquent l'obligation de rendre effective la tenue d'une liste du patrimoine matériel et qui permettent d'intégrer des nouveaux biens sur cette liste sont un facteur d'enrichissement du patrimoine.

B – Un facteur d'enrichissement du patrimoine matériel

La liste du patrimoine culturel congolais mérite d'être enrichie. Cet enrichissement soulève l'interrogation selon laquelle comment des objets vont acquérir le statut de patrimoine ?

Pour répondre à cette question, il convient de partir de l'idée selon laquelle l'obligation d'actualiser la liste du patrimoine culturel nécessite la création sinon l'enrichissement de son patrimoine. En effet, « …*les étapes du processus de patrimonialisation, de la collection à l'exposition en passant par la restauration, impliquent toute une transformation : par l'inscription dans un corpus, par la réparation ou la restitution, par la mise en scène et la présentation*[39]… ». Ainsi, la mise en place des inventaires et leur mise à jour sont des éléments majeurs permettant de rendre effective l'obligation d'actualiser la liste du patrimoine culturel. Aussi, il s'agit d'un processus élaboré de façon perpétuelle pour ne jamais être achevé.

La tenue de cette liste permettra de disposer des données fiables sur le patrimoine culturel congolais à travers une base de données numériques ou un site internet à l'image de Joconde en France qui est une base de données gérée par le Ministère de la Culture français répertoriant dans un catalogue collectif les collections des musées français. Créée en 1975, JOCONDE donne aujourd'hui accès à plus de 366.000 notices d'objets, dont 200.000 sont illustrées par une ou plusieurs images ; JOCONDE s'enrichit donc en permanence de nouvelles notices reversées par les musées[40]. Par ailleurs, il faut noter que ces dispositions nationales sont renforcées par la Convention du patrimoine mondial de 1972 qui, à son article 4 dispose : « *Chacun des États parties à la présente Convention reconnaît que l'obligation d'assurer l'identification, la protection, la conservation, la mise en valeur et la transmission aux générations futures du patrimoine culturel et naturel visé aux articles 1 et 2 et situé sur son territoire, lui incombe au premier chef. Il s'efforce d'agir à cet effet tant par son propre effort au maximum de ses ressources disponibles*

---

[39] http://hicsa.univparis1.fr/documents/file/Labex%20CAP_PATRIMONIALISATION_PATRIMOINES%20ET%20CREATION.pdf, consulté le 22 octobre 2014

[40] Base Joconde. Catalogue des collections des musées de France, Url : http://cour-de-france.fr/article352.html, consulté le 22 octobre 2014

que, le cas échéant, au moyen de l'assistance et de la coopération internationales dont il pourra bénéficier, notamment aux plans financier, artistique, scientifique et technique ». Dans le même sens, l'article 5 dispose « *...afin d'assurer une protection et une conservation aussi efficaces et une mise en valeur aussi active que possible du patrimoine culturel et naturel situé sur leur territoire et dans les conditions appropriées à chaque pays, les Etats parties à la présente Convention s'efforceront dans la mesure du possible :... de prendre les mesures juridiques, scientifiques, techniques, administratives et financières adéquates pour l'identification, la protection, la conservation, la mise en valeur et la réanimation de ce patrimoine* ».

La Convention de 1972 prévoit une Liste indicative qui est un inventaire des biens que chaque Etat partie a l'intention de proposer à l'inscription. Les Etats-parties doivent donc inclure sur leur Liste indicative des biens qu'ils considèrent comme étant un patrimoine culturel et/ou naturel de valeur universelle exceptionnelle susceptible d'inscription sur la Liste du patrimoine mondial. Il s'agit d'un état prévisionnel des biens que l'Etat partie peut décider de proposer pour inscription au cours des cinq à dix années à venir. Elle peut être mise à jour à tout moment. C'est une étape importante, car le Comité du patrimoine mondial ne peut étudier une proposition d'inscription sur la Liste du patrimoine mondial si le bien considéré ne figure pas déjà sur la Liste indicative de l'Etat partie. En application de cette obligation internationale, le Congo a proposé, en mars 2008, deux sites culturels et deux sites naturels sur la Liste indicative de l'UNESCO. Elle constitue une déclaration d'intention de protection du patrimoine même si des efforts méritent d'être redoublés pour une inscription au patrimoine mondial. L'inscription sur la Liste indicative de l'UNESCO permet au Congo d'amorcer le processus de valorisation de son patrimoine à travers la reconnaissance des valeurs universelles et exceptionnelles et de manifester son intention de le protéger.

A la différence du patrimoine matériel, le patrimoine immatériel nécessite des modalités spécifiques pour sa protection et sa valorisation.

II- L'obligation d'actualiser la liste du patrimoine immatériel

Etablir une liste du patrimoine immatériel suppose que l'on accorde une autre fonction à ce patrimoine symbolique. Il y a donc nécessité de protéger le patrimoine culturel immatériel (A) à travers des modalités spécifiques (B).

A – La nécessité de protéger le patrimoine culturel immatériel

Nous possédons tous des objets, pas forcément précieux, mais auxquels nous tenons, parce qu'ils nous ont été transmis par nos parents ou nos aïeux. Ces objets, dont la valeur est bien souvent liée à la seule force de notre souvenir, constituent notre patrimoine matériel. Mais nous avons tous aussi dans nos mémoires des chants, des danses, des remèdes, des savoir-faire, qui nous ont été transmis par nos parents, que nous pratiquons encore, auxquels nous sommes attachés, et que nous modifions au gré des circonstances et des contextes, sans que leur essence soit transformée[41]. Le patrimoine immatériel illustre la diversité des expressions culturelles congolaises. La variété de ces expressions nécessite une protection adéquate à travers l'établissement d'une liste nationale. En effet, l'identification des éléments du patrimoine immatériel incombe à chaque État qui doit établir un inventaire national du patrimoine à sauvegarder[42].

Ainsi, il convient de rappeler que la Convention de l'UNESCO pour la sauvegarde du patrimoine culturel immatériel est un texte de portée générale. Il appartient à chaque pays de la décliner en fonction de ses besoins et de son organisation préexistante[43]. Le Congo dispose d'un patrimoine immatériel qui se caractérise par une diversité d'expressions orales comme les chants, traditions, danses et les rituels liés à certains faits sociaux comme la naissance des jumeaux, la mort, le mariage, l'intronisation des rois ou de ses dignitaires…Cette richesse mérite d'être connue et étudiée pour une meilleure protection. Par conséquent, s'impose l'obligation d'établir et de tenir à jour un inventaire de ce patrimoine souvent oral et symbolique, expression d'une diversité culturelle. A ce propos, l'article 12 de la Convention du 17 octobre 2003 pour la sauvegarde du PCI dispose « *pour assurer l'identification en vue de la sauvegarde, chaque État partie dresse, de façon adaptée à sa situation, un ou plusieurs inventaires du patrimoine culturel immatériel présent sur son territoire. Ces inventaires font l'objet d'une mise à jour régulière* ».

Le droit du patrimoine culturel congolais n'échappe pas à cette disposition. Il prend en compte cette obligation qui a été reprise par la loi du 26 juillet 2010 sur la protection du patrimoine national culturel et

---

41 Direction générales des patrimoines, Département du pilotage de la recherche et de la politique scientifique, Le patrimoine culturel immatériel, Url : http://www.culture.gouv.fr/mpe/index-immat.html, consulté le 2 avril 2015

42 Sid Ahmed Baghli, « La Convention pour la sauvegarde du patrimoine immatériel et les nouvelles perspectives muséales », in *Les nouvelles de l'ICOM*, n°4-2004, p15

43 Christian Hottin, « Entre ratification et inscriptions », in *Terrain* n° 57, septembre 2011, mis en ligne le 16 août 2011, URL : http://terrain.revues.org/14390, consulté le 07 avril 2015

naturel. Les articles 8 et 11 de cette loi prévoient l'inscription à l'inventaire et le classement comme mesure de protection et de sauvegarde du patrimoine culturel. Cependant, cette loi ne prévoit pas explicitement l'obligation d'actualiser les inventaires. Elle relève du bon sens des professionnels et praticiens du patrimoine et de la culture.

Il convient d'élaborer des textes d'application pour rendre effective cette obligation. Plus concrètement, il s'agit de renouveler, après une période déterminée en amont par tous les décideurs à tous les niveaux (celle-ci peut être de 5 ou de 10 ans), les éléments immatériels du patrimoine culturel congolais (par un arrêté par exemple). A ce propos, il est nécessaire de procéder à des études documentaires et des enquêtes de terrain pour identifier de façon perpétuelle et continue les éléments pouvant enrichir la liste du patrimoine immatériel.

Cependant, il faut noter qu'il s'agisse de l'inventaire initial ou de l'actualisation de la liste du patrimoine immatériel, la conception des populations locales doit être prise en compte. En d'autres termes, il s'agit d'associer les populations locales dans toutes les opérations liées au patrimoine. Elles peuvent aider à définir ce patrimoine pour des besoins de son enrichissement. Une telle participation offre de meilleures chances de réussite aux activités futures de conservation, à la mise en valeur et au développement touristique du patrimoine[44].

Pour tenir à jour cette liste, il convient de mettre en place une institution chargée notamment d'identifier toutes les ressources immatérielles et de décider de leur inscription ou de leur classement. Outre son rôle d'identifier le patrimoine immatériel, cette institution devra avoir pour mission d'informer et de réfléchir sur la valorisation éléments immatériels à l'image du Centre Français du Patrimoine Culturel Immatériel (CFPCI). Le CFPCI est un espace d'information, de réflexion, de valorisation, de formation et de transmission, dédié au patrimoine culturel immatériel (PCI) et à la diversité culturelle.

Ce genre de structure qui n'existe pas au Congo peut aider à amorcer la mise en valeur de ces témoignages historiques, des rapports des populations locales avec leurs divinités, objet d'autant de cultes et de vénération. En réalité, outre les pratiques de vie quotidienne, les communautés locales congolaises, du nord au sud, disposent des traditions propres, expression du symbolique, des rites et des légendes, des différentes croyances qui, pour être cernées du point de vue scientifique, nécessitent l'obligation d'en établir une liste.

---

[44] Craterre-ENSAG / Convention France-UNESCO, *Patrimoine culturel et développement local*, *op,cit.* p41

Au regard de ce qui précède, il y a nécessité d'établir un inventaire du patrimoine culturel immatériel par le Ministère de la culture à travers la réalisation d'enquêtes avec la participation des communautés détentrices de PCI, en partenariat avec des organismes de recherches et des associations culturelles[45].

B – Les modalités de protection du patrimoine culturel immatériel

Lors de la réunion du Groupe de rédaction restreint de l'avant-projet de Convention internationale pour le patrimoine culturel immatériel qui s'est tenue au siège de l'UNESCO à Paris, les 20-22 Mars 2002, son Directeur général M. K. Matsuura a rappelé « *qu'il s'agissait là, parmi les nombreuses réflexions et initiatives engagées sur le patrimoine culturel immatériel, d'une étape plus spécifiquement juridique* ». Il a ensuite souligné le contexte de cette nouvelle étape : *« celle d'une reconnaissance grandissante, puis universelle, de l'importance de ce patrimoine, elle-même sous-tendue par une exigence proprement normative, et non plus seulement sociale, de la sauvegarde du patrimoine culturel immatériel*[46] *»*. Ce rappel jetait les bases d'une protection internationale du PCI avec l'obligation pour les Etats parties d'établir un ou plusieurs inventaires de ce patrimoine présent sur leur territoire et de les mettre à jour de manière régulière.

Au niveau international, l'obligation d'établir une liste du PCI et de la tenir à jour est posée à l'article 12 de la Convention de 2003 qui dispose *« pour assurer l'identification en vue de la sauvegarde, chaque Etat partie dresse, de façon adaptée à sa situation, un ou plusieurs inventaires du patrimoine culturel immatériel présent sur son territoire. Ces inventaires font l'objet d'une mise à jour régulière. Chaque Etat partie, lorsqu'il présente périodiquement son rapport au Comité, conformément à l'article 29, fournit des informations pertinentes concernant ces inventaires*[47] ». Cette obligation se matérialise par l'article 16 qui prévoit une Liste représentative du PCI prenant en compte l'importance subjective qu'a telle ou telle pratique pour la communauté qui la maintient en vie[48]. Cet article dispose : « …*Pour assurer une meilleure visibilité du patrimoine culturel immatériel, faire prendre*

---

45 http://www.culturecommunication.gouv.fr/Politiques-ministerielles/Patrimoine-culturel-immateriel/Inventaire-en-France, consulté le 7 avril 2015

46 UNESCO, Rapport final du Groupe de rédaction restreint sur l'avant-projet de convention internationale pour le patrimoine culturel immatériel, Siège de l'UNESCO, Paris, 20-22 Mars 2002, p1

47 Article 12 de la Convention pour la sauvegarde du PCI de 2003

48 Lluís Uría, *Courrier International* d'après *La Vanguardia*, 25 novembre 2010, Url : http://www.courrierinternational.com/article/2010/11/25/la-gastronomie-francaise-ca-interesse-qui, consulté le 22 octobre 2014

davantage conscience de son importance et favoriser le dialogue dans le respect de la diversité culturelle, le Comité, sur proposition des Etats parties concernés, établit, tient à jour et publie une liste représentative du patrimoine culturel immatériel de l'humanité[49] ». C'est dire que la connaissance, la protection et la sauvegarde du PCI passent par un inventaire actualisé de manière régulière. Cette obligation constitue un élément majeur de la sauvegarde du PCI. L'UNESCO y attache une grande importance, car, outre la conservation de la liste, elle sélectionne et adopte également d'autres projets et programmes d'intervention « tenant en particulière considération les exigences des pays en voie de développement[50] ». Ces projets comprennent :

- la production de documentation, à la fois en termes de tutelle des archives existantes et d'enregistrements des traditions orales ;
- la création d'instituts de recherche et l'organisation de campagnes scientifiques ;
- l'organisation de conférences, l'édition de livres et de produits audiovisuels ;
- la création de programmes éducatifs de sensibilisation ;
- l'encouragement du tourisme culturel incluant le développement des musées et des expositions, la restauration des sites, la protection de la propriété intellectuelle, la création d'itinéraires thématisés et autres activités artistiques comme les festivals[51].

Il serait intéressant pour le Congo de s'approprier ce type de projet et les mettre en œuvre afin de matérialiser le processus de sauvegarde et de promotion de son patrimoine culturel. Ces prescriptions doivent servir de guide pour les développements ultérieurs.

En réalité, l'obligation d'établir une liste du patrimoine immatériel est un enjeu de la sauvegarde de ce patrimoine. Sur ce point, l'UNESCO insiste sur trois objectifs majeurs :

- sensibiliser et responsabiliser le public sur la protection et la sauvegarde du PCI ;
- évaluer et dresser un inventaire des éléments du PCI à protéger ;
- favoriser la coopération et la mobilisation internationale[52].

---

[49] Article 16 de la Convention pour la sauvegarde du PCI de 2003

[50] Art. 18.1 de la Consolidated Preliminary Draft Convention for the Safeguarding of Intangible Heritage.

[51] Francesca Chiarolanza, *Le district culturel comme stratégie de mise en tourisme de l'artisanat traditionnel. Le cas des crèches napolitaines*, Mémoire de Master, Université Paris 1, 2011, p18

[52] Anabel Mousset, *La sauvegarde du PCI : un enjeu aux multiples facettes*, Mémoire de Master IEP Lyon 2006, p11

En d'autres termes, l'établissement d'une liste du PCI à l'échelle internationale permet d'assurer une meilleure visibilité du patrimoine culturel immatériel, de faire prendre davantage conscience de son importance et favoriser le dialogue dans le respect de la diversité culturelle. Le Comité, sur proposition des États parties concernés, établit, tient à jour et publie une liste représentative du patrimoine culturel immatériel de l'humanité[53]. Il s'agit donc d'assurer la visibilité des expressions traditionnelles et populaires tout en soulignant le rôle des acteurs sociaux.

Enfin, il est important de mentionner que la préalable identification du patrimoine à protéger doit être suivie de la mise en place d'outils juridiques répondant à la demande sociale.

SECTION II : LA MISE EN PLACE D'OUTILS JURIDIQUES REPONDANT A LA DEMANDE SOCIALE

Une législation tenant compte des réalités socioculturelles est celle qui répond à la demande sociale et qui prend en compte les besoins réels des communautés locales détentrices du patrimoine. C'est pourquoi l'officialisation des pratiques coutumières de protection du patrimoine apparaît comme un réel renfort aux mesures de sauvegarde et de conservation du patrimoine congolais (paragraphe 1). En outre, il faut noter que la mise en place d'outils juridiques répondant à la demande sociale exige le renforcement du cadre institutionnel et normatif de protection du patrimoine culturel. (Paragraphe 2).

PARAGRAPHE 1 : L'OFFICIALISATION DES PRATIQUES COUTUMIERES DE PROTECTION DU PATRIMOINE

Les pratiques traditionnelles de protection constituent un savoir et un savoir-faire qui méritent une attention particulière. Le Congo, de par sa diversité culturelle et ethnique, dispose d'un réservoir conséquent de pratiques traditionnelles qui, non seulement constituent le PCI mais aussi concourent à la protection du patrimoine en général[54].

Il convient de procéder à l'identification de ces pratiques, car en l'état, elles risquent de disparaître pour plusieurs raisons : les détenteurs de ce savoir disparaissent sans l'avoir transmis aux générations futures ; les jeunes générations n'y accordent plus beaucoup d'intérêt en raison de la

---

53 Article 16 de la Convention UNESCO de 2003 pour la sauvegarde du PCI.

54 Voir annexe 18

mondialisation et de l'exode rural. Pour assurer leur pérennité, il convient de procéder à leur officialisation : une reconnaissance juridique des usages coutumiers (I) d'une part, et une réponse à la demande sociale (II) d'autre part.

I – La reconnaissance juridique des usages coutumiers de protection du patrimoine

Au Congo, les usages coutumiers de protection du patrimoine culturel ne sont pas reconnus par le droit. Cette méconnaissance les amoindrit et met en cause leur pérennité, car elle les rend fragiles. C'est pourquoi, il est important de leur accorder une reconnaissance juridique par la légitimation (A) et la légalisation (B).

A – La légitimation par la reconnaissance officielle des coutumes

Les pratiques traditionnelles contribuent à la protection du patrimoine culturel au Congo. Leur importance n'est plus à démontrer. Après leur inventaire, il est nécessaire de procéder à leur officialisation pour non seulement les pérenniser, mais aussi leur donner un caractère juridique. En effet, on constate une disparition de ces pratiques. Ces pratiques disparaissent parce que les sachants, détenteurs de ce savoir et de ce savoir-faire « s'éteignent » sans l'avoir légué aux générations futures. D'autre part, elles sont considérées comme moins valorisantes par la jeune génération attirée par la ville et les nouvelles technologies. Pourtant, ces pratiques contribuent à la protection du patrimoine culturel. En conséquence, il apparaît indispensable de les légitimer pour les sauvegarder afin qu'elles contribuent, de manière officielle et obligatoire à la protection du patrimoine. Le processus de légitimation portera sur des pratiques *praeter legem*, c'est-à-dire les coutumes qui continuent de s'appliquer pour combler les lacunes de la loi.

Il est donc important d'amorcer le processus de légitimation en tenant compte des impératifs y afférents. Dans les faits, il convient de mettre en place une Commission de légitimation chargée d'émettre des avis de normalisation ou de recommandation au ministère en charge de la culture. Ces avis et recommandations porteront sur les éléments de la coutume à légitimer après sélection par un personnel préalablement formé, issus pour la part, des communautés locales détentrices de ce patrimoine (sachants). Cette Commission doit être placée sous la tutelle du ministre en charge de la culture. Une fois cette commission mise en place, la procédure de légitimation pourra être lancée assez facilement dès lors que l'inventaire des pratiques traditionnelles sera effectif.

La procédure de légitimation détermine les grands principes régissant les futurs textes à adopter (lois et règlements). L'objectif étant de produire des instruments juridiques cohérents et raisonnables, déclinant des dispositions normatives de natures diverses, dont les principales seront des lois ou des règlements relatifs aux pratiques traditionnelles assimilées pour tous. Par la légitimation des pratiques traditionnelles, il s'agit aussi de mieux asseoir un enracinement culturel menacé par la dépravation des mœurs que connaît ce pays. Elle permettra d'apprendre à l'ensemble de la population congolaise ses pratiques traditionnelles, ses normes coutumières qui constituent une reconnaissance des valeurs propres. Si ces pratiques sont communautaires aujourd'hui, avec la légitimation, elles seront nationales. *Une manière de consolider l'identité nationale et de freiner l'ethnocentrisme culturel par l'ouverture à la culture des autres, car chaque culture est une conception du monde autonome qui ne s'autorise que d'elle-même et qui délimite l'acceptable et l'inacceptable. Mais, cela ne sera possible qu'en acceptant toutes les autres communautés linguistiques, si minoritaires où majoritaires soient elles, ce, quelles que soient leurs origines. Il sera question de puiser dans chacune d'elle qui, au fond, se valent, car, ce n'est point le nombre d'individus qui fait la culture, mais, les valeurs qu'elle renferme*[55].

Pour rappel, le Congo compte huit groupes ethniques (*Echira, Kongo, Kota, Mbochi, Mekée, Oubanguiens, Sangha et Téké*) avec un fond culturel qui varie selon les ethnies. Les principaux groupes ethniques, eux-mêmes subdivisés en sous-groupes, sont du nord au sud : les *Oubanguiens*, les *Sangha*, les *Maka*, les *Mbosi* (13%), *les Téké* (23%), les *Kongo* (40%) auxquels il convient d'ajouter les *Echira* et les *Kota* (groupes à cheval sur le Congo et le Gabon)[56]. Chaque ethnie a ses coutumes, ses croyances, ses institutions traditionnelles et ses langues d'usage. Cependant ces langues peuvent être regroupées en deux groupes linguistiques : le *Lingala* au nord et le *Kituba (le Munukutuba)* au sud[57]. Cette mosaïque de communautés ethniques a toujours fait des invocations à des fins de protection, de maintien de l'environnement, de la culture et de l'ordre social, des pratiques courantes qui constituent leur mode de vie[58]. Ces ethnies ont forgé, chacune, une loi coutumière faite d'interdit, inspirée de

---

55 Henri Gobard, *La Guerre culturelle*, Copernic 1979, Paris, p14

56 Philippe Moukoko, *Dictionnaire général du Congo-Brazzaville*, L'Harmattan, Paris, 1999, pp173-339

57 Joseph Itoua, *Op, Cit.*, p23

58 Samuel Kidiba, *op, cit*, p15

la crainte des ancêtres et du châtiment des dieux. Elles disposent des chefs coutumiers qui veillent au respect de ces normes traditionnelles.

Au nord du pays par exemple, chez les peuples *Ngala*, il existe les *Mwene* et les *Kani* qui sont des notables à très fortes personnalités dont la parole ne peut être contestée. Ils sont les garants des normes traditionnelles et des juges dont la parole donnée reste incontestable. Ils déterminent les interdits et le code moral avec le conseil des sages.

Au centre du pays, le peuple Téké voue une croyance au *Nkwembali*, esprit des ancêtres, véritable code moral qui détermine les interdits et la conduite relatifs à la vie en société. Le *Makoko*, souverain du royaume reste, depuis des millénaires, le gardien de ces pratiques et rites dont lui seul à la parfaite connaissance.

Chez les *Kongo*, peuple du sud, il existe des *Nzonzi* et des *Mfumu* qui jouent le même rôle que les *Kani*, les *Mwené*. Ces sachants déterminent le code moral, les interdits et les rites qui contribuent à l'harmonie de la vie en communauté et à la protection du patrimoine. Avec le conseil des sages, ils fixent les interdits liés à la chasse, à la pêche, à la cueillette et au déboisement pour la protection des forêts et rivières sacrées qui constituent le patrimoine culturel et naturel.

Ainsi, dans toutes ces communautés, il est interdit de pratiquer toute activité de destruction des forêts sacrées, car celles-ci intègrent des valeurs culturelles et spirituelles. Elles sont des lieux où habitent les dieux et les ancêtres, des réserves alimentaires, des lieux d'intronisation et d'initiation des rois. Il en est de même pour les grottes de *Nkila Ntari* dans le département de la *Bouenza* qui comptent parmi les sites culturels les plus importantes du pays. Ces cinq grottes, de par leur charge historique (elles servaient de lieu de refuge aux croyants de l'Église kimbanguiste[59] et aux résistants à l'époque coloniale) ont développé des interdits les plus remarquables (interdiction d'exploiter les ressources) parce qu'elles constituent la demeure des esprits défunts[60].

Chez les *Mbosi Olee* au nord du pays, il existe l'institution *Otwere* qui caractérise les pratiques traditionnelles liées à la protection du patrimoine familial ou personnel. En effet, *Otwere* constitue en milieu *Mbosi Olee*

---

59 Le Kimbanguisme est un courant développé au sein du Christianisme depuis 1921. Son Eminence Diangienda, premier Chef Spirituel de l'Eglise Kimbanguiste, le définit comme étant "le Christianisme résultant des actions et enseignements de Simon Kimbangu". Simon Kimbangu est un leader religieux congolais. Né dans l'État indépendant du Congo (futur Congo belge), il devient prédicateur dans les années 1920 et commence son ministère de prédication et de guérison le 6 avril 1921 à Nkamba. Son enseignement donnera par la suite naissance au kimbanguisme

60 Voir annexe 14

l'instance et l'espace de régulation de toute la réalité sociale : culturelle, économique, politique, juridique, spirituelle et esthétique. C'est un ensemble de représentations et de pratiques nouées en gerbe symbolique, à partir de quoi les *Mbosi* donnent sens et signification à l'univers qui est le leur et agissent sur lui. *Otwere* est donc un socle sur lequel reposent la culture et la civilisation *Mbosi*, le pouvoir et l'autorité des notables, des chefs de village ou de clan. *Otwere* désigne également un art de vivre, un ensemble de règles, de connaissances, de lois et de techniques nécessaires pour régler la vie en société. C'est aussi la manière dont un *Twere* (juge), un maître d'*Otwere*, juge les différends opposant des individus, tranche conformément à la droite raison, à un idéal d'humanisme[61]. Il s'agit d'une institution traditionnelle basée sur l'oralité qui permet de produire les pratiques traditionnelles et de veiller à leur sauvegarde. Antoine Ndinga Oba qui s'est intéressé à cette institution l'appréhende en ces termes : « *l'Otwere est un ensemble de connaissances, préceptes et règles régissant la vie dans la société. Les connaissances enseignées permettent à ceux qui en sont investis de mieux connaître les forces qui agissent sur le monde, autrement dit, les lois de la nature, les choses visibles et invisibles. On dit des gens avancés en matière d'Otwere qu'ils ont quatre yeux pour voir le jour et la nuit. C'est ce qui leur permet de conjurer les forces du mal et de braver les sorciers dans l'exercice de la justice*[62] ».

Au sud du pays, le groupe Ethnique Kongo (majoritaire) s'illustre par la sacralité des liens culturels à travers la pratique d'un système rituel commun. Le *Mfumu* (notable) qui dirige le clan veille au respect des rituels traduits principalement par la croyance en une origine commune et par les mêmes croyances divines. Il détermine les interdits liés à l'exploitation des forêts, des grottes, des paysages culturels et naturels et des rivières en raison de leur sacralité (interdiction de chasser, de pêcher ou cueillir certains jours dans la semaine). Dans ces sociétés, les populations ont développé des activités de subsistance comme l'agriculture et de la pêche, principale source de production. Essentiellement tournée vers la subsistance, l'agriculture (banane, tubercule, palmier à huile…) a généré l'existence des métiers spécialisés (tisserand, forgeron) et des règles de conduites dans la société pour la sauvegarde du patrimoine communautaire[63].

Le peuple *Téké*, quant à lui s'illustre par la démarche de sacralisation de nombreuses forêts qui se trouvent dans le royaume, et qui témoignent de l'emplacement des différentes cités royales successivement

---

[61] Joseph Itoua, *Op, Cit*, p168

[62] Antoine Ndinga Oba, *Sur les rives de l'Alima*, l'Harmattan, Paris, 2003, p110

[63] Xavier Kitsimbou, *La démocratie et les réalités ethniques au Congo*, Thèse de Sciences Politiques, Université de Nancy II, 2001, p25

abandonnées à la mort d'un *Makoko* (Roi), dans le but de perpétuer la mémoire du royaume. On y retrouve les évidences du système d'administration du territoire Téké par les douze (12) dignitaires qui en ont la responsabilité. En outre, chacun de ces dignitaires gère toujours un territoire jouant en même temps le rôle de sanctuaire du royaume, symbolisé par un *Nkobi* (statuette). Six (6) de ces sanctuaires sont encore localisés à proximité du noyau central du domaine royal, et veillent sur les composantes essentielles du royaume, comme la forêt sacrée d'*Ebala* (sorte de « panthéon » Téké) et les chutes du *Nkouembali*. Les dignitaires de ces six sanctuaires interviennent dans la désignation des successeurs des rois[64]. Le peuple Téké a toujours été adorateur de *Nkouembali* qui est un esprit, un envoyé de Dieu sur terre venu pour mettre en place le royaume Téké et le protéger. En évoquant le *Nkouembali*, les hommes font allusion à une philosophie morale et politique dont la préoccupation majeure serait de faire régner l'ordre parmi les habitants du royaume, les âmes des vivants et des morts ensuite : lien réel entre les mondes du visible et de l'invisible, le pouvoir mystique est une conciliation renouvelée avec les ancêtres de ladite terre.

D'une manière générale, les pratiques traditionnelles congolaises considèrent la forêt comme un lieu mythique et mystique où vivent les génies, les mânes tutélaires et l'esprit des ancêtres. C'est aussi le lieu indiqué de résidence des dieux qui sont différents du Dieu Suprême : *Nzambi a Mpungu*. La forêt sacrée c'est le royaume des ancêtres ; les animaux totémiques s'y trouvent. Elle peut être un ancien village où survivent les âmes des ancêtres qui ne sont pas morts ou supposés morts et qui vivent en communion avec les vivants. L'imbrication des valeurs naturelles et spirituelles fait l'originalité et l'intérêt de ces sites sacrés[65].

En ce sens, l'officialisation de ces connaissances sera une reconnaissance légale des pratiques traditionnelles de protection du patrimoine culturel. Ces pratiques constituent le savoir et savoir-faire des communautés locales qui entretiennent avec leur patrimoine des relations culturelles, sociales et économiques anciennes, intenses et profondes. Elle permettra aussi d'intégrer de façon légitime et continuelle, des connaissances traditionnelles et locales dans la protection du patrimoine culturel. L'objectif étant d'unifier ces pratiques et de les porter à la connaissance de tous afin qu'elles ne soient plus réservées aux seules communautés détentrices, mais élargies à l'ensemble de la communauté

---

64 Eugenie Mouayini Opou , *Op. Cit.*, p151

65 Michel Nkaya, *Le Congo Brazzaville à l'aube du XXème siècle : plaidoyer pour l'avenir*, L'Harmattan, 2005, p49

congolaise. A ce propos, Etienne Leroy affirme que «*je considère que les Africains sont à la fois dans leurs traditions et dans la modernité, ni l'une, ni l'autre n'offrant de solutions à l'ensemble de leurs problèmes de vie en société. Pour y répondre, et après avoir « bricolé » des montages de solutions de plus en plus efficaces, ils ont exploité l'entre deux, cet espace potentiellement important entre « tradition » et « modernité » sur la base des cultures communes et des pratiques et des pratiques métisses*[66] ». Par conséquent, il apparaît nécessaire d'accorder une légitimité et une reconnaissance juridique aux pratiques traditionnelles de protection du patrimoine culturel.

B – La légalisation des coutumes et pratiques traditionnelles de protection du patrimoine

Le Congo dispose d'une diversité des pratiques traditionnelles de protection du patrimoine culturel. C'est pourquoi, il est important de procéder à la collecte et à l'enregistrement de ces pratiques pour en sélectionner celles qui pourront faire l'objet d'une reconnaissance juridique. La reconnaissance juridique nécessite que soient réalisés, au préalable, des enquêtes ethnologiques, des entretiens avec les personnes ressources et les sachants pour recueillir une masse d'informations qu'il faudra trier en fonction de son importance , sa pertinence et son impact réel sur la protection du patrimoine culturel.

Sur cette base, par l'officialisation des normes traditionnelles, il est question de rassembler l'ensemble des connaissances orales pour leur accorder un caractère juridique et ainsi les rendre plus lisibles, plus accessibles et plus efficaces à l'échelle nationale. En l'espèce, il ne s'agit pas seulement de rassembler selon un plan cohérent l'ensemble des dispositions existantes se rapportant à un domaine particulier, mais de contribuer à rendre le droit plus lisible et plus accessible[67]. A terme, l'objectif est de mettre en place des outils de protection du patrimoine issus des règles coutumières (qui initialement ne sont pas reconnues par la loi congolaise relative au patrimoine culturel) pour leur accorder un caractère officiel et obligatoire. Il convient aussi de prendre en compte une source de protection du patrimoine qui, malgré son existence, est marginalisée alors qu'elle peut beaucoup apporter à la protection du

---

66 Etienne Leroy, La face cachée du complexe normatif en Afrique noire francophone, in *Normes, Normes juridiques, Normes pénales - Pour une sociologie des frontières* - Tome I, CEE, L'Harmattan, Col. Logiques Sociales, Série Déviance/GERN, 1997, p9-10

67 Services du Conseil constitutionnel- juin 2005, Url : http://www.conseil-constitutionnel.fr/conseil-constitutionnel/root/bank_mm/pdf/Conseil/simplification.pdf, consulté le 12 septembre 2014

patrimoine. Cette marginalisation se matérialise par le fait, pour la loi moderne, de ne pas prendre en compte les pratiques traditionnelles.

La prise en compte des pratiques traditionnelles est une manière de les intégrer légalement dans le système juridique de protection du patrimoine, car elles sont de formidables références, des instruments et des outils d'accompagnement d'une gestion saine du patrimoine. Le but étant de leur accorder un caractère obligatoire pour ce qui est de la protection du patrimoine. En d'autres termes, l'officialisation va consister à donner un caractère écrit aux pratiques traditionnelles de protection du patrimoine culturel pour qu'elles prennent la forme de textes juridiques (arrêtés, décrets, lois).

Le Congo a connu des expériences similaires dans le cadre de la protection des forêts et de la biodiversité. Des expériences qui se sont révélées positives. En effet, dans le cadre de son programme d'aménagement forestier et de certification forestière, la Congolaise Industrielle de Bois (CIB[68]) a établi un système de consultation et de participation des populations autochtones « *Bangombe* » et « *Mbendzele* » à l'identification et à la protection de leurs usages des ressources forestières et fauniques dans l'aménagement et la gestion de l'Unité Forestière d'Aménagement (UFA) de Kabo CIB. A ce propos, deux activités concrètes ont été menées : l'élaboration du zonage de l'UFA Kabo et l'identification, la protection et la sécurisation des droits d'usage coutumiers des populations autochtones sur les ressources forestières et la protection des sites revêtant une signification culturelle, écologique, économique ou religieuse particulière pour les populations autochtones[69]. Cette initiative a permis d'identifier les pratiques traditionnelles de protection des systèmes forestiers par les populations locales pour les intégrer sur une base de données. Elle illustre la reconnaissance et l'intégration des connaissances traditionnelles et locales dans la gestion concertée, délibérée, participative et partagée des forêts.

---

68 La Congolaise industrielle des Bois (CIB) est une société industrielle et commerciale, de droit congolais, spécialisée dans la gestion forestière, l'exploitation, la transformation et la commercialisation de bois tropicaux. Installée depuis 1968 au Nord de la République du Congo, à Pokola (Département de la Sangha), la CIB est une entreprise pionnière en matière de gestion durable des forêts tropicales. Les efforts entrepris depuis 1999, leur ont permis d'être aujourd'hui, avec la gestion de près de 1,3 million d'hectares de forêts naturelles en République du Congo, la plus large forêt tropicale, à vocation d'exploitation forestière, bénéficiant du label du Forest Stewardship Council (FSC).

69Patrice Bigombe Logo, La valorisation des connaissances traditionnelles et locales dans l'aménagement forestier et la conservation de la biodiversité en Afrique centrale, in *Les services culturels, sociaux et spirituels de la forêt,* Québec, Canada, mai 2012, p45.

En tout état de cause, l'officialisation des pratiques traditionnelles de protection du patrimoine culturel est une nécessité sinon un impératif. Elle permettra de renforcer la loi moderne qui se trouve parfois fragilisée par les normes traditionnelles. En effet, il est de constat général que dans la plupart des communautés locales, les populations continuent à appliquer les règles traditionnelles parce qu'elles sont mieux assimilées du fait d'une application quotidienne depuis des millénaires et de leur transmission de génération en génération. Compte tenu du niveau de scolarisation de ces populations, la loi moderne peut apparaître inaccessible et même incompréhensible. A cela s'ajoute l'absence de campagne de sensibilisation et de diffusion de la loi moderne qui souvent reste l'apanage des « citadins intellectuels ». C'est dire que les communautés locales restent souvent en marge de la connaissance et donc de l'application de cette loi moderne.

Par la légitimation des pratiques traditionnelles de protection du patrimoine culturel, il n'est nullement question d'affaiblissement de la loi moderne, mais plutôt d'une corrélation, d'une jonction et d'une participation active des pratiques traditionnelles et des pratiques modernes pour une protection plus efficace du patrimoine. Il s'agit de renforcer l'arsenal juridique existant par la légalisation des règles coutumières qui, jusque-là, ne sont pas prises en compte par la loi moderne alors qu'elles constituent le principal mode de protection des communautés locales. En d'autres termes, l'officialisation aura pour vocation de contribuer à l'évolution et à la mutation des pratiques traditionnelles de protection du patrimoine culturel. Il s'agit d'une mesure urgente.

Ainsi, la reconnaissance des usages coutumiers de protection du patrimoine va se baser sur l'intégration de la dimension culturelle dans l'instruction du jeune congolais. Il sera question, en priorité, de la culture du pays et de celle de toute l'Afrique dans son fonds culturel commun, en insistant sur la transmission de ce savoir-faire[70]. Pour cela, il faut créer les conditions de cette transmission, car la pérennité des pratiques traditionnelles, caractéristiques d'un vécu quotidien qui date des millénaires, en dépend. Une fois ces usages officialisés, le Congo disposera d'outils juridiques supplémentaires issus de la pratique quotidienne des communautés locales. En d'autres termes, il s'agit de pérenniser ces pratiques qui sont menacées par la modernité et l'exode

---

[70] Samuel Kidiba, *Op.cit.*, p49

rural alors qu'elles caractérisent un mode de vie qui se transmet de génération en génération depuis des millénaires.

II -La réponse à la demande sociale

La réponse à la demande sociale illustre la reconnaissance de l'attachement des populations aux coutumes (A). En outre, il y a nécessité de mettre en place des initiatives favorables à la pleine effectivité des coutumes (B).

A – La reconnaissance de l'attachement des populations aux coutumes

La prise en compte de la demande sociale est un facteur déterminant dans la protection du patrimoine culturel par les communautés locales. Ainsi, pour que celle-ci soit effective et joue un rôle dans la protection du patrimoine, il convient de prendre en compte les réalités socio culturelles qui répondent à la demande sociale à travers la mise en œuvre des besoins réels des communautés locales. En effet, il convient d'instituer au Congo une protection dont l'objectif est de satisfaire aux besoins exprimés par la société. Néanmoins, la protection du patrimoine culturel implique souvent d'aller au-delà de la demande immédiate : des choix culturels et politiques, pas toujours partagés, doivent également être pris en compte[71]. Or la législation congolaise relative à la protection du patrimoine culturel est issue du droit colonial qui a muté, après l'indépendance, en un droit teinté de mimétisme. Un droit peu soucieux des réalités propres aux communautés locales.

En fait le patrimoine culturel doit être considéré comme un élément essentiel pour redynamiser les solutions à apporter à la demande sociale ; qu'elle soit relative au développement, aux choix politiques ou à la politique culturelle de façon générale. Il s'agit, pour le législateur congolais, de mettre en œuvre des outils juridiques qui tiennent compte de la demande des communautés locales détentrices du patrimoine et qui intègrent ce patrimoine dans leur existence quotidienne. Ainsi, dès lors que l'existence appelle la culture, les responsables du développement socio-économique devront d'abord se soucier de répondre du développement culturel, du développement tout court, dans lequel *« l'homme est l'agent et la fin »*. C'est-à-dire, en d'autres termes plus politiques, que l'indépendance économique et politique ne saurait être sans la personnalité culturelle en quoi l'on reconnaît une identité

---

[71] Vincent Negri, *Protection juridique du patrimoine culturel immobilier*, *Op.cit.* p35

nationale[72]. C'est ainsi qu'il convient d'accorder une reconnaissance particulière au patrimoine culturel à travers des textes spécifiques. Sur ce point, il faut relever que le Congo ne dispose pas de textes spécifiques protégeant chaque type de patrimoine. Il convient donc de mettre en œuvre des textes protégeant, de manière spécifique, chaque type de patrimoine (matériel et immatériel, mobilier et immobilier).

Cependant, il ne s'agit pas d'élaborer une multitude de textes qui s'avèreront inefficaces et inapplicables. Il s'agit plutôt d'élaborer des textes qui protègent un patrimoine existant et qui intègre la dimension sociale des communautés locales dans leur développement. Intégrer la dimension sociale suppose une prise en compte des pratiques qui permettent aux communautés locales de protéger leur patrimoine. Ces pratiques qui font partie de leur vie quotidienne ne peuvent continuer à être ignorées. Ainsi s'affirme l'impérieuse nécessité d'une législation culturelle qui serait un ensemble de dispositions législatives et administratives par lesquelles l'Etat, assumant ses responsabilités, organiserait la participation de tous les citoyens à la vie culturelle. En réalité, l'application de la loi moderne écarte les communautés locales de la protection du patrimoine culturel en ce qu'elle est considérée comme étrangère et difficile d'accès.

En somme, il s'agit d'une intervention de l'Etat qui, « *nolens volens* », réglementera dans une certaine mesure le partage par tous du « droit à la culture[73] ». C'est dire qu'il y a un impératif de mettre sur pied une législation avec pour vocation d'encourager les communautés locales de façon à ce que celles-ci se retrouvent dans les dispositions protégeant non seulement le patrimoine, mais aussi tous les biens culturels, qu'ils soient communautaires ou nationaux.

Par ailleurs, une législation répondant à la demande sociale est celle qui vise à encourager les initiatives communautaires de protection du patrimoine. Elle devra prévoir sinon encourager l'organisation des manifestations culturelles au cours desquelles les sachants, regroupés en corporation, œuvrent pour la transmission de ce savoir oral relatif à la protection du patrimoine. Une fois regroupés en corporation ou en cercles de sages, les sachants auront pour mission principale d'entretenir ces interdits et ce code moral pour les transmettre et les pérenniser.

---

[72] Basile Korsou, Politique culturelle, politique de développement, *Ethiopiques* n° 8, revue socialiste de culture négro-africaine, octobre 1976, p1 :
Url : http://ethiopiques.refer.sn/spip.php?article511, consulté le 24 septembre 2014.
[73]Basile Korsou, *Op, Cit*, p5

D'autre part, il est tout aussi important de responsabiliser les services décentralisés de l'Etat dans cette mission.

B – La mise en place des initiatives favorables à la pleine effectivité des coutumes

Les initiatives communautaires de protection doivent être coordonnées par les services décentralisés ou déconcentrés de l'Etat qui, de commun accord avec les populations locales, décident de la tenue de ces activités. En effet, les communautés locales disposent d'une culture de protection attachée à leurs valeurs culturelles spécifiques qui, du reste, constituent, l'un des éléments caractéristiques de chaque communauté. A ce titre, l'homme s'est considéré comme une partie indissociable de la nature d'où « il a tiré sa nourriture, son abri, ses vêtements, sa médecine, ses cachettes et sa liberté des réserves de terre[74] ». Le contact permanent avec la nature lui a permis de s'adapter à son milieu, de se forger des perceptions de la vie et d'apprécier certains aspects de la nature. La nécessité de pérenniser ces acquis, le souci de vivre en harmonie avec son milieu naturel ainsi que le désir de mieux être sont apparemment à l'origine de la naissance des systèmes traditionnels de protection et de conservation du patrimoine culturel et naturel. Les formes de conservation traditionnelle équivalent à un système de code de conduite se traduisant par des mesures de contrôle, d'interdiction, d'éducation ; auxquelles il faut ajouter les considérations mystiques ou religieuses[75].

Les initiatives communautaires ou individuelles de protection du patrimoine culturel peuvent ainsi renforcer l'action de l'Etat (qui est le seul acteur au Congo) dans son rôle de principal promoteur du développement culturel. Il appartient à l'Etat congolais, dans le but de mettre en œuvre une législation culturelle, d'élaborer des préceptes répondant à la demande sociale, de prévoir des dispositions législatives tendant à encourager l'action et les initiatives culturelles locales ou communautaires. A ce propos, l'exemple du Japon peut mieux inspirer la politique culturelle congolaise. Le Japon est l'un des rares pays qui,

---

[74] Samuel Kidiba, *Op, Cit*, p6

[75]Daouda Keita, *Problématique de la protection du Patrimoine naturel et du patrimoine culturel au Mali en tant que deux concepts indissociables*, Université de Bamako, Banque Culturelle Karité Mali, Url :
http://www.google.fr/url?sa=t&rct=j&q=&esrc=s&source=web&cd=3&ved=0CC0QFjAC&url=http%3A%2F%2Finfo.worldbank.org%2Fetools%2Fdocs%2Flibrary%2F40384%2FContribution%2520Daouda%2520Keita.doc&ei=Xn8iVLuvFcfCggS_uYDgAQ&usg=AFQjCNFcYP6DV1lDS1iphUXjwid6OhovQA&bvm=bv.75775273,d.eXY, consulté de 24 septembre 2014.

depuis près de 5 décennies, dispose d'une loi sur l'Ordre du Mérite Culturel, une « décoration qui peut être décernée aux personnes qui contribuent de façon éminente au développement culturel du pays ». Elle « est accordée à ceux qui, par leur action créatrice, ont rendu des services éminents dans le domaine des sciences sociales, des sciences exactes et naturelles ou de la culture et ont ainsi contribué à promouvoir la culture ». Alors que l'ordre du mérite est décerné à ceux qui ont fait œuvre créatrice ou originale, des prix pour services culturels sont attribués « à ceux qui ont contribué au développement culturel dans leurs spécialités ou qui ont déployé une grande activité formatrice[76] ». Dès lors, il apparaît logique qu'une telle politique législative produise des résultats de nature à contribuer à la créativité et au développement culturels.

Ainsi, nous en venons à la conclusion selon laquelle, la législation relative à la protection du patrimoine culturel au Congo doit impérativement comporter des dispositions culturelles qui visent les objectifs suivants :

- assurer la protection du patrimoine culturel et encourager les initiatives communautaires et individuelles de protection sans une intervention directe de l'Etat. Ce qui suppose de prévoir et d'encourager, de manière explicite, l'initiative privée dans la conservation du patrimoine ». Dans ce sens, il s'agira de mettre en place une législation contribuant efficacement au développement culturel et à la création artistique. Certes l'Etat intervient dans l'élaboration de ces dispositions, puisqu'elles sont législatives, mais son rôle reste limité dans leur application qui est, à ce moment, l'œuvre des communautés en fonction de leurs réalités socio culturelles. Ce qui présente l'avantage d'intéresser ces communautés.
- Assurer une large participation de toutes les communautés au développement à travers une législation qui leur accorde la possibilité de contrôler les initiatives de protection du patrimoine relatives à leur développement. Il s'agit donc d'opter pour une législation qui vise à développer de nouveaux modèles (prise en compte de la demande des communautés locales, gestion participative, reconnaissances des pratiques traditionnelles) de protection du patrimoine contribuant ainsi au développement local. Une législation dont la stratégie est de promouvoir la

[76]Nobuya Shikaumi, *La politique culturelle du Japon*, UNESCO 1970, p36

solidarité des communautés qui est, en réalité, un levier de la protection.

En effet, le modèle existant exclut la prise en compte de nombreuses normes traditionnelles liées aux croyances ancestrales qui permettent le maintien de pratiques traditionnelles de protection du patrimoine. Par ailleurs, une législation qui répond à la demande sociale est celle qui se propose de mettre en œuvre des besoins réels des communautés. En d'autres termes, le Congo a besoin d'une législation qui contribue au bien être des communautés locales pour que celles-ci s'impliquent véritablement et se sentent concernées par la protection du patrimoine. Cette législation doit mettre en place des initiatives favorables à la pleine effectivité des coutumes. En effet, la protection doit avoir pour objectif le maintien de la cohésion sociale et la valorisation du patrimoine culturel par le tourisme. Il faut donc placer les services décentralisés ou déconcentrés de l'Etat au centre du maintien de la cohésion sociale. Ces services doivent accorder une forte attention à la dimension sociale en mettant un fort accent à la participation des communautés locales, des acteurs associatifs et des professionnels du patrimoine culturel.

En outre, il faut préciser que les initiatives favorables à la pleine effectivité des coutumes exigent la valorisation des pratiques traditionnelles de protection du patrimoine culturel. En ce sens, il convient de procéder à la réhabilitation et à l'aménagement des sites culturels majeurs comme le domaine royal de M'bé, l'ancien port négrier de Loango, les grottes *Nkila-Ntari* qui font l'objet d'une protection traditionnelle. Une valorisation par un tourisme respectueux du patrimoine et de son environnement, capable de générer des retombées financières grâce aux visites des sites et de la vente de produits dérivés. Un tourisme qui doit directement profiter aux populations locales à travers des projets communautaires comme la construction des écoles, des fontaines publiques, des centres de santé … Ce tourisme doit permettre la mise en place d'une politique d'emplois liée à la protection des sites ; la population locale doit y être intégrée comme le premier bénéficiaire des retombées du projet, particulièrement des emplois générés. En effet, il convient de faire de la population locale l'essentiel de la main d'œuvre pour la réalisation des travaux de réfection, de réaménagement, d'assainissement, de protection des espaces naturels et culturels et de reconstruction qui seront entrepris sur les sites. L'objectif est de freiner le départ massif des jeunes vers les villes et de faire revivre les localités qui abritent les sites culturels. Une telle politique contribuera à protéger et assurer la transmission aux générations futures du patrimoine le plus significatif du pays. C'est aussi l'occasion de faire du tourisme culturel un facteur de rencontres, d'échanges, de dialogue, de brassage inter culturel et de cohésion sociale. Le tourisme permet la modernisation des mentalités, le développement de nouvelles aptitudes, la valorisation culturelle, le maintien de la culture. Dans ce sens, avec la mise en place d'une décentralisation ou d'une déconcentration favorable à la pleine effectivité des coutumes, le patrimoine va bénéficier d'un rayonnement tant au plan national qu'international à travers le tourisme.

PARAGRAPHE 2 : L'EXIGENCE D'UN CADRE EFFICACE DE PROTECTION

Le cadre juridique de protection du patrimoine culturel congolais connaît des difficultés liées à la faiblesse des institutions et des normes. Il est incomplet et partiel. C'est pourquoi, il est question d'un renforcement institutionnel (I) et normatif (II).

I – Le renforcement institutionnel

Le système institutionnel de protection du patrimoine culturel nécessite la mise en place d'organes de protection prévus par la loi (A) et le renforcement des institutions patrimoniales existantes (B).

A – La mise en place d'organes de protection prévus par la loi

Le renforcement des institutions est une priorité dans la protection du patrimoine culturel au Congo. Il faut des institutions solides pour faire appliquer les lois et règlements relatifs à la protection du patrimoine culturel au Congo. En effet, l'efficacité des institutions de protection du patrimoine culturel dépend des moyens humains et financiers qui leur sont accordés. Au Congo, l'exigence porte sur la mise en place de tous les organes de protection prévus par la loi sur le patrimoine national culturel et naturel et celle portant orientation de la politique culturelle du 26 juillet 2010. Il s'agit plus précisément d'instituer les organes consultatifs comme le conseil national de la culture et des arts[77], la commission nationale du patrimoine culturel[78] et la formation des agents du patrimoine[79]. En effet, l'article 23 de la loi n°9-2010 du 26 juillet 2010 portant orientation de la politique culturelle au Congo dispose : « *il est institué un organe consultatif dénommé le conseil national de la culture et des arts. Le*

[77] Article 23 de la loi portant orientation de la politique culturelle au Congo
[78] Article 24 de la loi portant orientation de la politique culturelle au Congo
[79] Titre VI de la loi sur le patrimoine national culturel et naturel

conseil national de la culture et des arts émet des avis sur toutes les questions liées au développement de la culture et des arts ». Et l'article 24 poursuit en disposant « *il est institué une commission nationale du patrimoine culturel. La commission nationale du patrimoine culturel est consulté sur toutes les questions concernant la protection, la sauvegarde et la promotion du patrimoine culturel national* ». Ces organes qui ont vocation à contribuer à la protection du patrimoine culturel au Congo n'ont jamais été mis en place. Il convient donc de les instituer pour un renforcement institutionnel de la protection du patrimoine culturel au Congo.

D'autre part, le Congo ne dispose pas de ressources humaines formées pour faire respecter la réglementation relative à la protection du patrimoine culturel à travers toute l'étendue du territoire national. Les agents du patrimoine ont été prévus à cet effet à l'article 61 de la loi n°8-2010 du 26 juillet 2010 portant protection du patrimoine national culturel et naturel. Cet article dispose « *les personnels des services compétents chargés de faire respecter la réglementation en matière de circulation des biens culturels et du contrôle du commerce des biens culturels sont appelés agents du patrimoine national culturel et naturel* ». Et l'article 64 de ladite loi poursuit en disposant « les *agents du patrimoine national peuvent, à tout moment, effectuer des contrôles de routine dans les magasins, les galeries, entrepôts ou ateliers d'œuvres d'art…* ». Cependant, ces agents n'ont jamais été formés en encore moins mis en service. Il convient ainsi de former ces agents et de les installer dans leur fonction tout en leur accordant les moyens nécessaires à l'exercice de leur métier.

Rappelons que le Congo ne dispose pas de structures adéquates pour une formation de qualité des agents du patrimoine. Sur ce point, il est nécessaire de mettre en place des partenariats de formation avec des structures comme l'Ecole du Patrimoine Africain (EPA) au Bénin, l'Institut National du Patrimoine (INP) et les musées pouvant dispenser cette formation en France, en Belgique…

Outre donc la mise en place des organes et commissions consultatives, le renforcement institutionnel appelle à octroyer aux organes techniques du ministère de la culture, des moyens financiers et humains conséquents pour la mise en œuvre de leur politique de protection et de promotion du patrimoine culturel.

Par ailleurs, il convient de garder à l'esprit une absence de coopération entre les organes en charge du patrimoine. Cette absence de coopération rend inefficace l'action de protection. Pour y remédier, il est nécessaire de mutualiser les actions de protection pour mettre en place des groupes de travail qui, quel que soit leur domaine, devront prendre en compte la dimension culturelle congolaise. Ces groupes devront être composés des membres issus des ministères directement concernées par la protection et la valorisation du patrimoine. Il s'agit des ministères suivants : Culture et arts, Éducation Nationale, Formation Professionnelle et Technique, Tourisme, Santé, Construction et Habitat, Environnement et Finances. Ils pourront alors s'inspirer de certaines initiatives comme « *La Décennie mondiale du développement culturel 1988-1997* » qui vise les objectifs suivants :

- la prise en considération de la demande culturelle dans les projets de développement.
- L'affirmation et l'enrichissement des identités culturelles.
- L'élargissement de la participation à la vie culturelle.
- L'extension de la coopération culturelle internationale.

Autrement dit, il est question de réfléchir, par une concertation de toutes les institutions qui concourent à la protection du patrimoine, aux problèmes de développement culturel au Congo, et de prendre en compte les considérations culturelles dans tous les projets développés par les institutions citées. Le but est de contribuer à la protection et au rayonnement de la culture et du patrimoine culturel.

Au niveau international, le patrimoine culturel ne bénéficie pas d'une promotion adéquate. Par conséquent, il est moins connu. En effet, outre la déclaration d'intention, à travers le projet d'inscription de certains sites au patrimoine mondial, aucune action d'envergure n'est menée pour la promotion du patrimoine culturel à l'étranger. Sur ce point, les représentations diplomatiques congolaises à l'étranger peuvent bien remplir ce rôle de promotion du patrimoine culturel. Il s'agit pour les ambassades et consulats de renforcer les missions de coopération culturelle pouvant permettre un échange d'expériences en matière de protection du patrimoine. La coopération culturelle doit, à cet effet, mettre en œuvre une politique de placement des cadres culturels dans les institutions culturelles internationales[80] avec notamment la collaboration entre musées congolais et les musées étrangers. En d'autres termes, il convient de déléguer un professionnel de la culture dans chaque représentation diplomatique congolaise à l'étranger pour faire connaître le patrimoine culturel. Il est indispensable d'intégrer cette politique dans les institutions culturelles internationales comme l'UNESCO, l'ICCROM, l'ICOMOS…

---

[80] Samuel Kidiba, *Op. Cit.* p47

D'une manière générale, il convient de renforcer les institutions culturelles et patrimoniales afin que celles-ci génèrent des activités et initiatives de protection du patrimoine culturel. Ce renforcement exige de donner une place de choix au musée dans son rôle de protection et de promotion du patrimoine. En effet, la revalorisation des institutions muséales s'impose pour que les musées remplissent leur fonction de miroir du patrimoine culturel congolais. A travers certaines activités comme les ateliers pédagogiques, les conférences-débats, les expositions temporaires et itinérantes, les musées congolais serviront à la sensibilisation et à l'information au patrimoine au grand public (qu'il s'agisse des enfants ou des adultes). En ce sens, Élisabeth Faublée affirme qu'« *en plus d'une meilleure assimilation d'un savoir qui, appris uniquement dans les livres, relève le plus souvent de l'abstraction, ces actions d'ouverture permettent aux élèves d'acquérir des connaissances et des savoir-faire autres que ceux transmis en classe. Basée sur la participation active où chacun apporte sa contribution dans la réalisation d'un projet commun, la démarche de projet qui définit ces actions, favorise l'épanouissement de tous les enfants, qu'ils soient bons ou mauvais élèves à l'intérieur du système scolaire, développent leur capacité d'invention et révèlent des aptitudes qui ne peuvent s'exprimer en classe. Les enfants se trouvent par ailleurs dans une situation d'apprentissage qui les responsabilise et les solidarise, les éduquant à la fois à l'autonomie et à la socialisation, finalité de cette éducation*[81] ».

En réalité les attentes en matière de consolidation et de protection du patrimoine culturel ne pourront être atteintes que si le Congo dispose d'institutions fortes. C'est en ce sens qu'il faut doter les institutions patrimoniales existantes de vrais moyens de protection.

B – Le renforcement des institutions patrimoniales existantes

L'exigence de renforcer les pouvoirs de l'institution muséale et de lui accorder une autonomie pour une gestion adéquate n'est plus à démontrer au Congo. On peut envisager la mise en place des partenariats avec d'autres musées pour un échange d'expériences afin d'aboutir au renforcement réel du rôle des musées congolais. Pour y parvenir, il convient de mettre en place une nouvelle politique culturelle qui intègre un renforcement d'outils (normatifs et institutionnels) de protection et de veiller à son effectivité, car le grand problème des mesures prises pour la protection du patrimoine reste leur application effective. Dans cette perspective, la nouvelle politique culturelle doit prendre en compte les pratiques traditionnelles de protection du patrimoine culturel pour faire

[81] Elisabeth Faublée, *En sortant de l'école... musée et patrimoine*, 1992, Hachette, Paris, p8-9

du musée le lieu de sauvegarde et transmission de ce savoir. En tenant compte de la fonction des musées de collecter, de gérer, de conserver, de vulgariser, de transmettre et d'éduquer, on donne à cette institution un rôle beaucoup plus élargi qui ne consiste plus seulement à rassembler des objets d'art. Il s'agit de leur donner les moyens d'expliquer le passé et le présent, d'éclairer et projeter le futur. Facteur de construction de l'identité culturelle, le musée doit être un élément de jonction et de compréhension de la culture congolaise à travers la diversité communautaire, culturelle, ethnique et linguistique. Il s'agit donc de lui donner une fonction plus accomplie et de lui donner les moyens de placer l'éducation au centre de la protection du patrimoine. Un nouveau rôle accordé au musée et renforcé par Yaya Savané, lorsqu'il affirme, à propos du musée d'Abidjan : « *...il doit désormais assurer sa vocation de structure nationale au service de la société. Il doit rassembler les données les plus diverses sur la vie quotidienne afin de présenter à la postérité une image aussi variée et aussi représentative que possible de la vie du pays. Sa vocation est clairement définie*[82] ».

Hormis le rôle et le pouvoir du musée qui sont à repenser, il convient d'accorder une réelle autonomie aux structures décentralisées comme les directions départementales de la culture à travers les collectivités locales. En effet, le Congo connaît une décentralisation de façade, car l'Etat central conserve la plupart des pouvoirs en matière de protection du patrimoine entravant ainsi l'action des structures décentralisées. La solution efficace consiste à accorder plus de pouvoir aux services décentralisés en charge du patrimoine. Ceux-ci doivent disposer, en divers endroits du pays (chefs-lieux des départements, communes, mairies…) d'agents assermentés (en fonction du personnel formé et disponible), chargés d'accorder et contrôler les aménagements territoriaux. Il convient aussi de mettre à leur disposition des services juridiques capables de poursuivre devant les juridictions compétentes, les éventuels contrevenants[83].

En même temps, on peut préconiser la création d'un centre des monuments nationaux à l'image de la France. Pour cela, il faut, au préalable, établir une liste de monuments nationaux en fonction de leur importance historique, scientifique, culturelle ou patrimoniale. Ce travail peut être fait par une commission au sein du ministère de la culture qui aura, entre autres, pour mission de définir les monuments nationaux et d'élaborer leurs règles de classement.

---

[82]Wamp Bulletin n°2 1991, p3.

[83] Vincent Negri, *Op, Cit* , p36

Le Congo dispose de certains édifices qualifiés de monuments historiques. Cependant, rien n'empêche leur destruction en raison de l'absence d'outils de protection (absence d'institution de normes de protection des monuments historiques). La mise en place d'institutions comme le centre de monuments historiques contribuera à réunir des fonds destinés à acquérir des monuments historiques ou des immeubles en instance de classement, et à financer les travaux de restauration et d'entretien de tels monuments ou immeubles.

L'efficacité du cadre de protection du patrimoine culturel exige, outre le renforcement institutionnel, un renforcement normatif.

II – Le renforcement des normes de protection

Le droit congolais se caractérise par une faiblesse des normes de protection du patrimoine culturel. Il se résume à des textes généraux de protection du patrimoine. C'est pourquoi il indispensable d'élaborer des textes d'application et des textes spécifiques pour chaque type de patrimoine (A) tout en intégrant la dimension patrimoniale et culturelle dans l'instruction publique (B).

A – L'élaboration des textes spécifiques pour chaque type de patrimoine

Le Congo est un pays qui se distingue par la carence des outils spécifiques de protection du patrimoine. Les textes qui existent, à ce propos, sont des textes de portée générale qui prévoient la mise en place des institutions culturelles (conseil national de la culture et des arts, commission nationale du patrimoine culturel[84]), la réalisation de l'inventaire et la formation des agents du musée ou patrimoine national culturel et naturel[85]. D'une manière générale, les outils juridiques qui régissent la protection du patrimoine culturel au Congo se résument aux textes suivants :

- Au niveau national :

- La loi 32/65 du 12 août 1965 donnant à l'Etat la possibilité de créer des organismes tendant au développement de la culture et des arts.

[84] Article 23 de la loi n°9-2010 du 6 juillet 2010 portant orientation de la politique culturelle au Congo.

[85] Article 61 de la loi n°8-2010du 26 juillet 2010

- Le décret 68-45 du 19 février 1968 fixant les modalités d'application de la loi 32/65 du 12 août 1965.
- Le Décret n° 2001/520 du 19 octobre 2001 portant création de zones de mis en défens pour la rénovation et l'aménagement de certains lieux de la ville de Brazzaville.
- Le Décret n° 2001/521 du 19 octobre 2001 Portant création de zones de défens pour la rénovation et l'aménagement de certains lieux de la ville de Pointe-Noire.
- La loi n°8-2010 du 26 juillet 2010 portant protection du patrimoine national culturel et naturel.
- La loi n°9-2010 du 26 juillet 2010 portant orientation de la politique culturelle en République du Congo.

• Au niveau international

- La convention de l'UNESCO du 21 novembre 1972 sur la protection du patrimoine mondial, culturel et naturel.
- La Convention sur la protection et la promotion de la diversité des expressions culturelles du 20 octobre 2005
- La charte de la renaissance culturelle africaine du 24 janvier 2006.
- La convention pour la protection et la sauvegarde du patrimoine immatériel du 17 octobre 2003.
- La convention africaine sur la conservation de la nature et des ressources naturelles du 11 juillet 2003.

Dans la plupart des cas, ces lois ne disposent pas de textes d'application, sans doute faute de volonté politique. Ainsi, pour une législation opérationnelle et réaliste, il convient d'élaborer des textes d'application qui, d'une part auront pour objet de définir les modalités précises et pratiques de mise en œuvre des lois, et d'autre part, précisent les conditions de la mise en œuvre sur le terrain des outils législatifs de protection du patrimoine. En l'occurrence, il est nécessaire, pour une protection législative efficace, d'élaborer des textes d'application mettant en place les institutions consultatives de protection du patrimoine (conseil national de la culture et des arts, commission nationale du patrimoine culturel) et de procéder à la formation des agents du patrimoine.

De manière générale, il est question de procéder à l'élaboration des textes (décret, arrêtés) précisant les modalités d'application des lois relatives à la protection du patrimoine. Ces textes devront être plus précis et plus spécifiques pour un renforcement plus efficace de la protection législative. Il s'agit pour une législation réaliste, de prendre en compte les droits des propriétaires et détenteurs (souvent il s'agit des communautés locales) du patrimoine dans la mesure où la protection entraîne des effets juridiques tels que les restrictions et voire la disparition des droits selon qu'il s'agisse des biens classés ou inscrits. Si la dimension culturelle est prise en compte par la Constitution du 20 janvier 2002, il convient de mettre en place une législation qui sera la déclinaison des préoccupations patrimoniales pour répondre aux besoins des populations. Le renforcement de la protection du patrimoine nécessite des textes spécifiques sur le patrimoine archéologique, le patrimoine immatériel, patrimoine culturel subaquatique…

Ainsi, le patrimoine culturel peut retrouver son rôle de facteur d'identité nationale et de cohésion sociale dès l'instant où il sera élaboré une législation mettant en avant une culture commune s'imposant à toutes les communautés d'une part, et mettant un accent sur l'éducation à la culture de l'autre. Comme on parle des droits de liberté, des droits à l'éducation, on parlerait aussi d'un droit à la culture qui est une question fondamentale bien que distincte de la pure protection du patrimoine. Par conséquent, l'État a ce devoir d'apporter aux structures et aux activités culturelles, les soutiens matériel et juridique voulus[86]. Ces soutiens, pour être efficaces, doivent être déclinés en mesures législatives. Cette tâche incombe au premier chef à l'Etat qui en la charge d'élaborer et de mettre en œuvre la politique culturelle. A cet effet, Rémi Caron estime que « *…l'État est le dépositaire et le gardien du legs de l'histoire nationale, chargé d'assurer "la pérennité de l'être collectif*[87] … ».

Cependant, l'élaboration des textes spécifiques et d'application ne suffit pour un renforcement de la protection. Il faut aussi procéder par l'adoption d'une législation réaliste et opérationnelle.

B – L'adoption d'une législation intégrant la dimension patrimoniale et culturelle dans l'instruction publique

Le renforcement des normes de protection exige l'adoption d'une législation réaliste et opérationnelle. En effet, de nos jours, l'éducation fait l'objet de beaucoup d'attentes. Le système éducatif peut être considéré comme un moyen de préparer les enfants au rôle qu'ils sont appelés à jouer dans un monde de plus en plus incertain. Il incombe aux établissements scolaires d'aider les jeunes à développer leur confiance en

---

[86] Samuel Kidiba, *Op. Cit.* p42

[87] Rémi Caron, *L'État et la culture*, Economica 1989, Paris, p10

eux, en tant qu'individus et membres de divers groupes au sein de la société. Il leur revient également d'encourager les jeunes à développer un large éventail de compétences et d'intérêts, d'identifier et de favoriser leur potentiel et d'encourager la créativité. En effet, au cours de la décennie écoulée, l'UNESCO a œuvré de manière décisive au développement d'initiatives politiques dans le domaine de l'éducation et de la culture. En 1999, son Directeur général lançait un appel à toutes les parties prenantes dans le domaine de l'enseignement artistique et culturel pour faire en sorte que l'enseignement artistique occupe une place spéciale dans l'éducation de chaque enfant, de l'école maternelle à la dernière année de l'enseignement secondaire (UNESCO, 1999). Cet appel fut suivi d'une conférence mondiale tenue à Lisbonne, consécration d'une collaboration internationale de cinq ans entre l'UNESCO et ses partenaires dans le domaine de l'enseignement artistique et culturel. Cette conférence, qui affirmait la nécessité d'établir l'importance de l'enseignement artistique dans toutes les sociétés, donnait l'élan qui a permis la rédaction de l'ouvrage « *The Wow Factor: Global research compendium on the impact of the arts in education* » (Bamford, 2006) et de la Feuille de route pour l'éducation artistique (UNESCO, 2006), qui se voulait un plaidoyer et un guide pour le renforcement de l'enseignement artistique. Ce document affirme que l'enseignement artistique contribue à faire respecter le droit humain à l'éducation et à la participation culturelle, à développer les capacités individuelles, à améliorer la qualité de l'éducation et à favoriser l'expression de la diversité culturelle[88].

En ce sens, il convient d'intégrer l'éducation au patrimoine culturel à l'école. C'est ainsi qu'il apparaît nécessaire, pour les ministères de l'enseignement (primaire et secondaire ; technique et de la formation professionnelle ; universitaire), de mener des réflexions sur la manière d'élaborer des programmes scolaires relatifs au patrimoine culturel, car *« il y a toujours eu place pour le patrimoine dans les contenus éducatifs et, l'on a remarqué qu'il pouvait dans certains cas relever d'un ancrage nationaliste plus que d'une ouverture interculturelle. Il nous semble donc important de souligner que le changement est dans la visée d'une part (culture commune, dimension interculturelle*

---

[88] Commission Européenne, *L'éducation artistique et culturelle à l'école en Europe*, EACEA - Eurydice, 2009, p7

qui permet une ouverture à l'autre et non repli identitaire) et dans la méthode d'autre part : c'est le rôle de la pédagogie de l'éducation au patrimoine[89].

En d'autres termes, une nouvelle législation doit permettre l'intégration de la dimension culturelle dans l'instruction. Au Congo le taux de scolarisation au primaire est estimé 95,7% et de 88,4% entre les 15-24 ans[90]. C'est pourquoi, il est nécessaire d'initier, en même temps que la culture scientifique, mathématique et littéraire, une culture artistique et artisanale. D'où, l'intérêt de créer une synergie entre l'école congolaise et le patrimoine culturel national, mieux, une dynamique École-Musée[91]. Il faut reconnaître que la mise en place d'une politique culturelle en milieu scolaire est un moyen d'atteindre, par la sensibilisation, un grand nombre de citoyens congolais. En effet, c'est à l'école que l'on trouve les futurs artisans du développement de nos États. Une sensibilisation de la jeunesse scolaire s'impose de plus en plus. Elle permet d'éduquer en vue d'une réappropriation des richesses culturelles du Congo. Cependant, toute politique culturelle dans le contexte du système éducatif congolais ne pourrait s'imaginer sans penser à des emprunts[92]. Armand MATTELART pense que : « *Il serait absurde [...] de parler d'autarcie culturelle en cette fin du XXe siècle: même si elle était souhaitable, et elle ne l'est pas (les cultures ont toujours été transnationales et se sont toujours fécondées mutuellement), cette autarcie ne serait pas possible: quels que soient les brouillages et les censures, jeunes et moins jeunes savent toujours se procurer les messages littéraires, musicaux dont ils ont envie et besoin. Mais il faut parler de non-dépendance culturelle, c'est-à-dire de la capacité pour un pays à la fois de limiter les importations superflues et d'assurer une production nationale compétitive*[93]».

Le Congo a plus que jamais besoin d'une législation qui considère le patrimoine comme un facteur d'apprentissage, source d'identité nationale et du respect de la culture de l'autre. En réalité il s'agit de mettre en place une législation permettant de saisir l'importance de son patrimoine pour mieux le protéger. Cette politique permet de faciliter la construction d'une « *connaissance historique et sociale pour construire une conscience qui permette de comprendre la continuité temporelle et le lien indissociable qui existe entre ce que*

---

89 Marie Musset, Education au patrimoine : mémoire, histoire et culture. De la conservation du patrimoine à l'éducation au patrimoine in *Veille et Analyses* n°72, mars 2012, p2

90 République du Congo, Ministère de l'Économie, des Finances, du Plan, du Portefeuille Public et de l'Intégration, *Enquête démographique et de santé au Congo* (EDSC-II) 2011-2012, p3

91 Samuel Kidiba, *Op. Cit.* p46

92 *Ibid.*

93 Armand Mattelart , *La communication-monde: Histoire des idées et des stratégies*, La découverte 2013, p182

nous sommes et ce que nous avons été et pour que nous puissions décider nous-mêmes ce que nous serons[94] ».

Ainsi, il est question d'adapter l'éducation au patrimoine à la réalité et à l'identité culturelle congolaise en tenant, bien évidemment, compte des ressources humaines et financières de l'Etat congolais, car celles-ci font le plus souvent défaut. A terme, la législation relative à la protection du patrimoine culturel doit être celle qui crée sinon qui suscite le besoin d'appartenir à une communauté et de disposer d'une identité culturelle.

CONCLUSION CHAPITRE I

Les faiblesses de la protection du patrimoine culturel au Congo conduisent à proposer des perspectives pour une gestion et une protection efficaces au plan institutionnel et normatif. Si l'identification du patrimoine pour l'inscription à l'inventaire, le classement et l'obligation d'actualiser la liste du patrimoine national apparaissent évidents, il a été question de démontrer la nécessité de prendre en compte les pratiques traditionnelles. Celles-ci constituent une source de droit qui ne peut être ignorée. C'est pourquoi il a été nécessaire de démontrer l'importance de ces pratiques et de dégager leur rôle dans la protection du patrimoine culturel au Congo. En ce sens, il est plus juste de considérer que l'officialisation et la légitimation des pratiques traditionnelles de protection du patrimoine culturel sont un atout en ce qu'elle peut enrichir le droit. Il s'agit de légitimer une pratique réelle et obligatoire qui existe au sein des communautés locales. En d'autres termes, il s'agit de reconnaître ces usages traditionnels, de les prendre en compte et les insérer dans le droit du patrimoine culturel congolais.

Il faut retenir que la mise en œuvre des mesures contraignantes est le moyen le plus efficace pour obtenir des résultats perceptibles, car si la pression est insidieuse, elle est très efficace. Il s'agit ainsi, d'un volontariat incité à base de contraintes suggérées,[95] car le libre arbitre est encouragé et l'absence officielle de sanctions cache des contraintes suggérées[96]. Dans ce sens, nous pensons que l'obligation de codifier les pratiques traditionnelles de protection du patrimoine culturel est une exigence de premier ordre avec pour objectif d'assurer leur transmission de

---

[94] Julie Demeure, *L'utilisation du patrimoine dans l'acquisition du capital historique à l'école maternelle*, Education. 2012, p37

[95] « *Sur quelques aspects juridiques de la conditionnalité du FMI et leurs conséquences* », www.imf.org/fiches, consulté le 24 novembre 2014

[96] Sitsofé Serge Kowouvih, *Op, Cit.* p 495

génération en génération dans le souci d'une pérennisation. Il s'agit d'une transcription du droit oral, traditionnel et coutumier dans le droit moderne ou écrit pour ne pas opposer les deux et surtout pour les rendre complémentaires au grand bénéfice de la protection du patrimoine. Il s'agit, cependant, de ne pas opposer patrimoine et modernité, car à certains égards, la protection du patrimoine culturel peut apparaître comme un frein au développement en ce qu'elle exige parfois une conservation en l'état ou *stricto-sensu.* Un bénéfice inestimable à la construction d'un droit national du patrimoine culturel au Congo.

Ainsi, outre l'application des mesures contraignantes, le développement des mesures incitatives s'impose.

Chapitre II
Le développement des mesures incitatives complémentaires

Les mesures incitatives constituent un ensemble de règles non obligatoires mais qui sont susceptibles de produire des effets dissuasifs. Ces mesures sont des facteurs d'encouragements aussi bien de la part de l'Etat et des collectivités que de la part des personnes privées. Le développement des mesures incitatives suppose de faire participer toutes les personnes concernées (élus locaux, population locale, sachants détenteur du savoir et du savoir-faire…) dans la protection du patrimoine. C'est pourquoi, il faut envisager un élargissement du cercle de responsabilité au profit de la valorisation et de la protection du patrimoine (section 1) tout en prévoyant la mise en place des mesures financières et fiscales en faveur du patrimoine (section 2).

SECTION I
L'ELARGISSEMENT DU CERCLE DE RESPONSABILITE AU PROFIT DE LA PROTECTION ET LA VALORISATION DU PATRIMOINE

Cet élargissement s'articule autour de deux éléments : la responsabilisation des populations et des partenaires privés d'une part (paragraphe 1) et celle des chefs coutumiers et religieux (paragraphe 2) de l'autre.

PARAGRAPHE 1 : LA RESPONSABILISATION DES POPULATIONS ET DES PARTENAIRES PRIVES

La gestion participative est un mode de gestion permettant d'utiliser le potentiel créatif des différents acteurs, aux différentes étapes du processus décisionnel, en vue d'atteindre les résultats attendus dans les divers champs d'action de l'organisation[97]. Elle peut aussi caractériser une situation dans laquelle au moins deux acteurs sociaux négocient, définissent et garantissent le partage entre eux, d'une façon équitable, des fonctions, droits et responsabilités de gestion[98]. En ce sens elle suppose la participation de la population locale (I) et l'implication du partenariat privé (II).

I - La participation de la population locale

La gestion participative suppose l'intégration de la population locale dans les organes consultatifs (A). Cependant, il faut noter que la mise en place d'organes consultatifs doit tenir compte des différentes communautés locales (B).

A – L'intégration de la population locale dans les organes consultatifs

En Afrique centrale, la terre appartient à l'État et la gestion des ressources est en général extrêmement centralisée. En effet, les systèmes fonciers communautaires traditionnels ont persisté du fait de la médiocrité des infrastructures, de la faiblesse des autorités gouvernementales centrales et des établissements humains ruraux petits et dispersés, autant de facteurs qui rendent difficiles la prise de conscience et la mise en application des lois[99]. Il s'agit sans doute de l'un des facteurs qui a été à l'origine de la mise à l'écart des communautés locales dans la gestion du patrimoine culturel ou naturel.

De nos jours, il est indispensable d'intégrer la population locale dans les organes consultatifs pour une gestion et une protection efficaces du patrimoine culturel. Il s'agit non seulement de l'inciter à se réapproprier son patrimoine, mais aussi de l'intéresser à la sauvegarde de ce patrimoine. Cette intégration suppose, en même temps, une prise en compte des préoccupations communautaires dans la prise de décisions relatives à la gestion et à la protection du patrimoine culturel. En l'espèce, il s'agit de faire participer les communautés et les populations locales à la protection du patrimoine culturel. Une participation que Bocar Oumar qualifie *de « légitime dans la mesure où la concertation porte sur le*

---

97 Boucif Zaoui, *Reflexions sur la décentralisation et la déconcentration de la gestion du sport scolaire*, DESS en économie et management du sport, Université Mohamed Premier Oujda 2009, p9

98 Borrini Feyerabend cité par Boucif Zaoui, *Op. Cit.* p10

99 Chris Sandbrook (sous la dir.), *Gestion communautaire des ressources naturelles en Afrique, Impacts, expériences et orientations futures,* IIED 2009, p19

processus de planification et de gestion du patrimoine culturel et naturel. Elle peut se présenter sous forme de consultation obligatoire ou d'avis conforme[100] ». La gestion participative suppose de faire intervenir les communautés et populations locales non seulement à la prise, mais aussi à l'application des décisions relatives à la protection du patrimoine. La mise en œuvre de la décision de protection doit incomber aux communautés locales.

Au Sénégal, le décret n°2001-1065 du 11 décembre 2001 relatif à l'établissement d'un inventaire des sites et monuments du Sénégal dispose en son article 3 : « *la mise au point de cet inventaire et du travail scientifique qui l'accompagne est coordonnée par une commission du bilan du patrimoine du Sénégal. Cette commission arrête la stratégie d'élaboration de cet inventaire et en confie la réalisation aux administrations compétentes de l'Etat. Les collectivités locales, les entreprises publiques ou privées et les particuliers peuvent être sollicités dans le cadre de la confection de l'inventaire en fonction des éléments patrimoniaux dont ils disposent*[101] ». Dans le même sens que le droit Sénégalais, le droit congolais doit prévoir de manière explicite la participation des personnes publiques ou privées dans la réalisation des inventaires. En d'autres termes, la mise en place de la gestion participative suppose la participation et la contribution des populations locales à la collecte des pratiques traditionnelles. Cette gestion permet aux communautés locales de s'approprier leur patrimoine, de le connaître et comprendre ses valeurs pour construire une politique patrimoniale adaptée à leurs aspirations. En ce sens, l'appropriation du patrimoine culturel par les communautés s'avère être un facteur efficace pour sa protection. Par la gestion participative, il s'agit de réparer le fait selon lequel presque toutes les législations africaines en vigueur ignorent le droit coutumier et le rôle joué par les communautés... En général, dans les communautés, *les autorités coutumières restent confinées dans le statut de détenteur, de propriétaire et d'occupant du bien culturel. Elles subissent les effets de lois dénuées de toute approche participative*[102].

L'efficacité de la protection du patrimoine dépend donc de l'implication de tous les acteurs avec un accent particulier sur la participation des populations locales, car il s'agit de protéger un patrimoine qu'elles connaissent et qu'elles protègent tant bien que mal à travers les pratiques traditionnelles, sorte de code moral fait d'interdits et de pratiques symboliques. En effet la connaissance du patrimoine par

---

100 Oumar Bocar Kante, *Op. Cit.* p235.

101 Article 3 du le décret n°2001-1065 du 11 décembre 2001 relatif à l'établissement d'in inventaire des sites et monuments du Sénégal.

102 Vincent Negri, *Op. Cit.* p31

les communautés constitue un atout majeur dans la gestion des biens culturels. Il suffit de marquer une reconnaissance officielle ou une légitimation à cette action pour que celle-ci soit en harmonie avec le système traditionnel. Cette reconnaissance caractérise ainsi l'implication de tous les acteurs dans les prises de décision tant au niveau local que national. Une gestion communautaire qui apparaît comme une autre vison de la protection du patrimoine culturel mettant en œuvre des initiatives locales et qui a pour objectifs :

- de maintenir en l'état le bien culturel, car il fait partie du patrimoine communautaire ; le bien communautaire étant inaliénable ;
- de contribuer au maintien de l'intégrité du patrimoine en conservant ses fonctions cultuelles, religieuses, rituelles et spirituelles, car les croyances ancestrales qui se transmettent de génération en génération sont présentes dans l'esprit de ceux les appliquent.
- De conserver ainsi l'intégrité et l'authenticité des biens culturels dont les populations locales sont propriétaires.

Plus concrètement, chaque acteur doit avoir la possibilité de participer à la gestion et la protection du patrimoine notamment dans le processus de prise décision et d'exécution de projets culturels. Sur ce point, il faut noter qu'il s'agit d'une initiative irréversible. Henri-Philippe Sambuc estime que *« la protection des paysages culturels, à travers les systèmes de gestion traditionnelle, par exemple, suppose une participation de la communauté au processus de prise de décision concernant ces paysages culturels et une mise en œuvre de ces décisions* [103] *»*.

B – La mise en place d'organes consultatifs en fonction des différentes communautés locales.

Au Congo, il est indispensable de tenir compte de l'appartenance ethnique pour assurer une meilleure participation des communautés locales à la protection du patrimoine. Dès son indépendance, le Congo a semblé méconnaître cette dimension. Les conséquences entraînées par la méconnaissance de cette réalité se sont manifestées lors des différentes alternances qui se sont opérées au plan politique. Ainsi par exemple en 1959, alors que les électeurs congolais venaient de mettre en place leur assemblée territoriale dans l'optique de la loi cadre, de violents

---

103 Henri-Philippe Sambuc, *La protection internationale des savoirs traditionnels*, L'Harmattan 2003, p35

affrontements opposèrent les partisans de Youlou, d'ethnie Lari du sud du pays- alors Premier ministre, et ceux d'Opangault, représentant l'ethnie *M'bochi* du Nord du Congo[104].Cet exemple illustre assez bien la sensibilité ethnique au Congo.

En en ce sens, il convient d'organiser les populations locales, propriétaires ou non des sites et biens culturels en tenant compte de leur appartenance ethniques car on peut supposer que l'on trouve les mêmes pratiques traditionnelles au sein d'une même ethnie en raison d'un quotidien commun depuis des millénaires. A terme, l'objectif est de comprendre ces pratiques, les inventorier pour les codifier. Cependant, il faut noter que pour mettre en œuvre une gestion participative, « *il est utile de réfléchir à des étapes clés qui pourront évoluer si la mise en œuvre atteint ou pas ses objectifs. Il s'agira alors, par effet retour, d'ajuster les objectifs et les méthodes, de mieux s'adapter aux évolutions du contexte (conditions environnementales, socio-économiques) et de revoir en conséquence le plan d'aménagement pour mieux répondre à ces ajustements*[105] ». C'est dans cette perspective qu'il convient de réaliser quelques préalables comme :

- définir les objectifs de la gestion participative pour chaque communauté afin de déterminer le statut du patrimoine ou du bien culturel devant faire l'objet de la protection. Autrement dit, il s'agit de procéder à l'identification du patrimoine objet de la protection, de cibler les personnes ressources, les sachants et autorités coutumières devant servir de relais auprès de la communauté.
- Cibler les personnes ressources, sachants, autorités coutumières et religieuses devant servir de relai auprès de leurs communautés d'appartenance.
- Sensibiliser tous les acteurs pour les impliquer plus facilement dans les projets de gestion et de valorisation d patrimoine culturel. De ce fait, si aucune avancée n'est constatée, on peut comprendre que la méthode ne marche pas. Il peut en être ainsi si les personnes ressources n'ont pas servi d'intermédiaire avec la base.

En réalité, la gestion participative vise principalement le développement durable du patrimoine qu'il soit culturel et naturel. A ce propos, Lazarev affirme que « *le développement ne peut être durable que s'il est effectivement pris en charge par les populations qu'il concerne, ce qui suppose une*

104Xavier Kitsimbou, *La démocratie et les réalités ethniques au Congo*, Thèse de Sciences Politiques, Université de Nancy II, p7

105 Nima Raghunathan, Françoise Ansay, Laurent Nsenga, *Gestion participative des Ressources Naturelles dans les Réserves de Biosphère. L'expérience du WWF dans les réserves de Luki, Yangambi (RDC) et Dimonika (République du Congo)*, wwf 2013, p5

certaine libération politique et une pratique effective de la démocratisation à la base[106]… ». Cette gestion suppose d'une part, d'agir avec la population par l'intermédiaire d'élus locaux qui disposent de la légitimité conférée par l'Etat, et de créer une relation de confiance, de proximité avec la population pour mettre en place des politiques culturelles. La gestion participative permet aux populations de se sentir plus concernées par la protection de leur patrimoine. En ce sens, elles sont amenées à respecter les normes de construction et le bienfondé de la réglementation patrimoniale pour lesquels elles seront des porte-paroles.

D'une manière générale, établir une relation équilibrée avec les détenteurs du patrimoine est un gage de réussite et de pérennité. Certes, les populations doivent respecter des contraintes et s'inscrire dans la politique culturelle, mais en contrepartie elles souhaitent légitimement se voir accorder un appui et une reconnaissance. Ces notions d'équilibre et de contrepartie – qu'elles soient d'ordre spirituel ou matériel - sont essentielles[107]. Elles permettent d'accompagner les populations dans leurs initiatives locales de protection du patrimoine. A titre d'exemple, on peut citer l'implication des populations locales dans la réintroduction de l'habitat traditionnel disparu du fait de la modernisation ou leur participation aux travaux de réhabilitation et valorisation des sites culturels.

Ainsi, nous pouvons dire que la participation des communautés locales en fonction de leur appartenance ethnique est un facteur de cohésion. Elle permet d'éviter les éventuelles incompréhensions pouvant naître de rivalités conjoncturelles. Il revient donc au patrimoine de raffermir les rapports interethniques en plaçant l'identité culturelle au cœur des préoccupations.

En conclusion, le Congo ne peut pas échapper à la gestion participative qui a fait ses preuves en matière de protection du patrimoine culturel dans certains pays de l'Afrique de l'Ouest comme le Mali, (avec notamment les banques culturelles, les corporations des maçons dans la restauration des mosquées…). Les Banques culturelles proposent aux populations rurales de placer leurs objets culturels de valeur dans un musée de village plutôt que de les vendre, souvent à vil

---

106 Cité par Jean-Claude Nguiguiri, Les approches participatives dans la gestion des écosystèmes forestiers d'Afrique Centrale, in *Revue des Initiatives existantes* n°23, juillet 199, p3.

107 Arianna Ardesi (sous la dir.), *Patrimoine culturel et enjeux territoriaux en Afrique francophone. Appui aux politiques locales,* AIMF-UE 2012, p24

prix. L'objectif principal de la Banque Culturelle est de proposer une solution alternative à la vente des objets culturels par la mise en place d'un mécanisme de mise en valeur des objets culturels traditionnels en faveur de toute la communauté[108]. Une initiative qui vise à faire participer les communautés locales à la gestion et la protection de leur patrimoine.

Au Congo, l'autorité centrale est souvent débordée par un cumul de compétences qu'il faut déléguer. Malgré la décentralisation, elle conserve l'essentiel des pouvoirs procédant ainsi une décentralisation de façade. C'est pourquoi, il est nécessaire de responsabiliser entièrement les communautés locales et de procéder à la mise en place d'une gestion participative pour rendre plus efficace la protection du patrimoine culturel.

La gestion participe suppose aussi l'implication des partenaires privés dans la gestion et la protection du patrimoine culturel.

II – L'implication du partenariat privé

Au-delà de l'action traditionnelle de l'Etat dans la protection du patrimoine culturel, l'implication des partenaires privés se révèle être nécessaire. Au Congo, la protection, la promotion et la valorisation du patrimoine sont assurées exclusivement par l'Etat à travers le ministère de la culture. Celui-ci se trouve souvent débordé face aux exigences liées à ces actions. En ce sens, la protection et la valorisation du patrimoine culturel nécessitent l'intervention des acteurs et partenaires privés. C'est pourquoi il faut accentuer le rôle du mécénat dans la protection et la promotion du patrimoine culturel (A). Toutefois, il convient rationaliser ce rôle pour éviter des débordements (B).

A – La nécessité d'accentuer le rôle du mécénat dans la protection et la promotion du patrimoine culturel

Le mécénat est une démarche qui consiste, pour un individu ou une personne morale, à consacrer librement une part de ses moyens à la protection et à l'épanouissement d'activités artistiques ou même humanitaires, sans contrepartie directe[109]. Il regroupe des fondations, associations, entreprises et sociétés qui pratiquent un mécénat culturel à travers une communication par procuration. La démarche apparaît plus

---

108 Daouda Keita, *Guide de la Banque Culturelle. Basé sur les expériences au Mali*, Institut de la Banque Mondiale, février 2005, p8

109Définition Encarta 2003

authentique lorsqu'elle est annoncée par une tierce personne. C'est en effet le bénéficiaire du don de l'entreprise mécène qui se charge de « parler » de celle-ci. En contre- partie, le mécène bénéficie des nombreuses mesures de défiscalisation (déduction d'impôt égale au montant du don), l'instauration de la dation (qui donne la possibilité aux héritiers de payer leurs droits de succession en nature[110]). Patrice Marie, chef de projet à la mission « mécénat » au ministère français de la culture affirme que « *le mécénat gagnerait à être perçu davantage comme « un partenariat dont l'aide financière ne constitue qu'un aspect de l'échange »*. Les nombreux exemples d'actions de mécénat déjà menées par le passé, démontrent que le partenariat entre l'entreprise et l'organisme culturel peut être enrichissant pour les deux parties dans d'autres domaines que la simple question de l'argent (l'entreprise mécène obtient bien souvent l'accès gratuit ou à des tarifs préférentiels dans le site culturel pour son personnel ou pour ses clients[111]). C'est en ce sens que l'on note de plus en plus l'intérêt des organismes privés (associations, fondations, mécènes, ONG…) dans la participation à la protection et la promotion du patrimoine culturel.

Au niveau du continent africain, un certain nombre d'organismes œuvrent dans la protection et la promotion du patrimoine culturel. On peut citer :

- le World Monument Watch (Fonds Mondial pour les Monuments) qui fait appel aux fonds de fondations, adhérents ou donateurs privés et sociétés afin de protéger et restaurer des sites et bâtiments menacés jugés d'importance patrimoniale mondiale[112].
- le West African Museum Program (WAMP) qui s'est donné pour mission de mieux faire connaitre aux partenaires financiers et institutionnels, aux gouvernements africains et aux populations locales l'importance des musées dans le développement socio-économique des pays de la sous-région et la nécessité de soutenir ses actions. Cette institution présente l'avantage d'être la première Organisation Non Gouvernementale indépendante, africaine basée en Afrique qui se consacre spécifiquement au développement des

---

110 Alexandre Poirier, *Gestion d'un Patrimoine Culturel en France : état des lieux et perspectives*, mémoire en Métiers des Arts et de la Culture, Centre Universitaire de Formation et de Recherche de Nîmes, Vauban, 2005-2006, p57

111 Cité par Poirier, *Gestion d'un Patrimoine Culturel en France : état des lieux et perspectives*, op, cit.p58

112 http://ngo-db.unesco.org/r/or/fr/1100016222, consulté le 17 novembre 2014

musées privés, communautaires, spécialisés et publics en Afrique de l'Ouest[113].

- le Getty Conservation Institute (GCI) qui vise à faire progresser la pratique de la conservation dans le monde entier à travers le développement et la mise en œuvre de projets modèles sur le terrain qui intègrent la recherche, la planification et les objectifs pédagogiques. Dans toutes ses activités, l'Institut de conservation se concentre sur la création et la diffusion des connaissances au profit des professionnels et des organismes responsables de la conservation du patrimoine culturel du monde[114].
- La Fondation Ford qui a pour objectif d'améliorer les possibilités d'expression culturelle et artistique pour tous, et d'améliorer le niveau de vie des artistes et leurs occasions de contribuer à la société civile[115].

Ces institutions contribuent à la protection du patrimoine culturel par le financement des projets culturels, des programmes de formation, des assistances techniques. Elles aident également à organiser des levées de fonds.

Au regard de ce qui précède, on peut considérer que le Congo dispose d'une source de financement du patrimoine qui est presque inexploitée : les entreprises et sociétés privées qui évoluent dans divers secteurs tout aussi porteurs comme TOTAL-CONGO, ENI CONGO, HALLIBURTON, RENCO, SHELL, CHAVRON.pour ne citer que celles qui évoluent dans le pétrole. Celles-ci constituent des sponsors pouvant apporter une contribution à la protection et la promotion du patrimoine. Des mécènes et sponsors étrangers qui disposent des moyens financiers conséquents et qu'ilfaut amener à contribuer à la protection du patrimoine, à sa réhabilitation et à sa promotion. Ainsi, la mise en place des partenariats avec des organes privés constitue une autre source de financement de la protection du patrimoine. A ce propos, Vincent Negri estime que *« de plus en plus, des partenaires au développement sont sensibles au patrimoine et convaincus de son intérêt pour le développement et la lutte contre la pauvreté. Il est donc possible de monter des projets, ou, parfois, d'orienter les projets existants-qui peuvent alléger les charges liées à la conservation ou, indirectement, bénéficier aux populations vivant sur, ou à proximité des*

---

113 http://fr.wamponline.org/, consulté le 17 novembre 2014

114 http://www.getty.edu/conservation/about/mission.html, consulté le 19 novembre 2014

115 http://portal.unesco.org/culture/fr/ev.phpURL_ID=33326&URL_DO=DO_TOPIC&URL_SECTION=201.html, consulté le 19 novembre 2014

sites patrimoniaux[116] ». Lorsque les sites sont d'accès difficile, ces projets peuvent améliorer les conditions de vie de ces populations (création de route, accès à l'eau, transport de matériaux…) ».

D'une manière générale, les institutions publiques congolaises ont, de plus en plus, du mal à financer le patrimoine culturel. Compte tenu de la difficulté d'obtenir des subventions publiques, il est nécessaire de trouver et mettre en place des financements alternatifs comme :

- les dons d'entreprise puisés dans le budget de charité (destiné à financer la culture et le patrimoine sans contrepartie pécuniaire) qui offrent des avantages fiscaux à l'entreprise. Ces dons ne représentent pas de larges sommes, puisqu'ils ne rapportent pas de profit commercial direct à l'entreprise, mais une légère réduction des impôts annuels. Par conséquent, toute aide offerte de cette manière sera unique, limitée et non établie dans un accord multi-annuel.
- le parrainage qui est généralement financé par le budget publicitaire ou marketing d'une entreprise et représente une transaction commerciale importante. L'entreprise s'attendra à gagner un avantage quantifiable, par exemple au niveau de son image de marque, de sa publicité, de sa crédibilité ou de l'approbation du public, du divertissement, de ses relations avec ses employés et/ou la communauté. De nos jours, les entreprises prennent leur « responsabilité sociale » au sérieux, qui vise un développement local dont les facteurs englobent l'environnement et la bonne pratique des employeurs[117].

En somme, le mécénat est une alternative au financement public du patrimoine dans sa protection et sa promotion. Cependant, le rôle du mécénat doit être rationalisé pour éviter tout débordement.

B – La nécessité de rationaliser le rôle du mécénat dans la promotion du patrimoine culturel

Au Congo, l'Etat perd progressivement sa capacité de financer seul le patrimoine. Cette situation se justifie par son déficit humain, matériel et financier. En d'autres termes, le secteur culturel n'est pas épargné par ce recul de l'Etat. Le rôle de la société civile (associations, organisations non

116 Vincent Negri, *Op.Cit*, p38

117http://www.labforculture.org/fr/home/contenu/floating-pages/articles/le-parrainage-et-le-financement-alternatif-pour-la-culture, consulté le 17 novembre 2014

gouvernementales, fondations, entreprises privées) s'en trouve renouvelé. Des nombreuses législations reconnaissent d'ailleurs aux partenaires privés des compétences dans la protection, la gestion et la promotion du patrimoine culturel[118]. Pour une meilleure collaboration avec les acteurs privés, il convient de procéder à l'adoption des textes régissant les conditions d'établissement et d'exécution des partenariats avec le mécénat.

En ce sens, il faut intéresser les mécènes aux enjeux patrimoniaux, tout en renforçant leur rôle dans la protection du patrimoine culturel afin de suppléer l'Etat dans sa fonction de garant du patrimoine. Il s'agit donc de créer des conditions favorables pour le développement du mécénat culturel. Plus concrètement, il appartient aux autorités politiques de mettre en place une législation plus aboutie pour favoriser le développement du mécénat et des fondations. Pour cela, il faut :

- Mettre en place des initiatives tant normatives qu'institutionnelles permettant aux entreprises de bénéficier de certains avantages fiscaux tels que la réduction d'impôt en contrepartie de leurs actions de mécénat et la possibilité d'associer leur nom aux opérations qu'elles soutiennent.
- Mettre en œuvre une législation qui accorde un cadre juridique et fiscal au mécénat et aux fondations.

Cette législation permettra de renforcer les incitations à la générosité des particuliers et à l'action des entreprises, d'assouplir le régime de création des fondations et d'introduire des mesures particulières pour la culture et le patrimoine, qui seront complétées au gré des lois de finances suivantes au profit de la création et de la diffusion de l'art contemporain, du spectacle vivant, des monuments historiques privés, de la presse et de l'audiovisuel[119].

Pour que le mécénat s'intéresse au patrimoine culturel, il convient de lui donner une impulsion à travers une nouvelle législation qui assouplit les conditions de sa participation et détermine les avantages à en tirer.

Outre les sociétés pétrolières étrangères, le Congo peut miser sur les PME et des PMI comme MAYO SN PLASCO (capital : 1 250 000 000 F.cfa), BRASCO (capital : 24 135 748 200 F.cfa), BOLLORE AFRICA LOGISTICS (capital : 503.295.000FCFA)… A côté des PME et PMI, le

---

[118] Vincent Negri, *Op.Cit.*, p32

[119]http://archive.dgmic.culture.gouv.fr/rubrique.php3?id_rubrique=181, consulté le 19 mars 2015

secteur bancaire peut également apporter une importante contribution à la protection et la promotion du patrimoine culturel au Congo. On peut ainsi citer :

- CREDIT DU CONGO qui a un capital de 10.476.730.000 F.cfa[120] ;
- BGFIBANK CONGO au capital de 10 000 000 000 Fcfa[121] ;
- LA CONGOLAISE DE BANQUE au capital de 10.000.000 F cfa[122] ;
- BANQUE COMMERCIALE INTERNATIONALE au capital de 3.000.000.000. F CFA[123].

Ces quelques exemples ainsi cités montrent que le Congo dispose des entités privées pouvant contribuer au financement de la protection et la promotion du patrimoine culturel. Il convient, dès lors, d'établir des partenariats avec ces entités pour qu'elles apportent leur contribution et se mobilise en faveur de projets culturels, publics ou privés, d'intérêt général. Mais au préalable, il est impératif de mette en place un cadre normatif et des mécanismes pouvant offrir des avantages fiscaux aux mécènes. Il s'agit précisément de réduire leurs impôts d'un certain pourcentage déterminé par les services concernés, de leur octroyer une visibilité dans la promotion du patrimoine culturel afin de mettre en place un mécénat de compétences. Le Mécénat de compétences permet aux entreprises la mise à disposition ponctuelle et gracieuse de leurs collaborateurs auprès d'associations d'intérêt général à vocation culturelle, sociale, environnementale, humanitaire, etc, en manque de compétences spécifiques : comptabilité, finance, marketing, communication, informatique... Cette "délégation" de compétences s'effectue sur le temps de travail des collaborateurs volontaires (au moins partiellement), dans les locaux de l'association ou dans ceux de l'entreprise, et présente de nombreux bénéfices[124]...

Ce type de mécénat présente plusieurs avantages. Il est donc indispensable de déterminer à l'avance son champ d'action. Pour cela, il convient :

---

120 http://www.creditducongo.com/index.php, consulté le 19 mars 2015

121 https://www.bgfi.com/fr/21/le-groupe-bgfibank-en-bref, consulté le 19 mars 2015

122 http://www.lacongolaisedebanque.com/index.php?option=com_content&view=article&id=2&Itemid=88, consulté le 19 mars 2015

123 https://www.bci.banquepopulaire.com/mention.php, consulté le 19 mars 2015

124 Julie Delfosse, *Mécénat 2.0. Financement du patrimoine culturel via les plates formes de crowdfunding*, Mémoire de Master II en communication d'entreprise, Université Paris Est Marne-La-Vallée 2013, p10

- de cerner avec précision et de façon factuelle le travail et le domaine d'intervention au sein de la structure associative de façon à identifier clairement la compétence à même de l'exécuter.
- D'évaluer les besoins (4 à 6 mois idéalement), de façon à pouvoir mettre en place la mission sereinement avec l'entreprise partenaire.
- De mette en place une équipe de suivi des projets culturels bénéficiant du mécénat de compétence[125].

En conclusion, le Congo dispose d'atouts non explorés en matière de mécénat. Il faut donc les stimuler à travers la mise en place d'un cadre normatif et institutionnel adéquat.

Outre la mise en place de la gestion participative à travers la responsabilisation des populations locales et des partenaires privés, il convient de responsabiliser les chefs coutumiers et religieux dont le poids et le rôle sont considérables dans la société congolaise.

PARAGRAPHE 2 : LA RESPONSABILISATION DES CHEFS COUTUMIERS ET RELIGIEUX

Les débats du colloque de Bamako (*Entre tradition et modernité : Quelle gouvernance pour l'Afrique*) de janvier 2007[126] avaient mis en évidence l'importance de la « tradition » comme source de légitimité du pouvoir en Afrique. La rencontre de Yaoundé, en septembre 2013, a également mis en lumière la tradition comme une dimension incontournable pour comprendre la gouvernance en Afrique centrale[127].

Au Congo, les chefs coutumiers et religieux font l'unanimité et disposent d'un pouvoir dans leur communauté. Hommes très écoutés et influents par leur statut social, ils sont le symbole du respect de la tradition (chefs coutumiers) et de la religion (pour les chefs religieux). A ce titre, ils sont des leaders dont l'avis (celui qui compte et qui s'applique) est requis en cas de mésentente, de conflit ou de prise de décision importante. En un mot, ils interviennent et influencent la vie de la communauté. Cependant, ce pouvoir s'est heurté à celui de

---

125 *Ibid*

126 Les actes de Bamako sont disponibles sur le site internet de l'IRG à l'adresse suivante : http://www.institut-gouvernance.org/fr/ouvrage/fiche-ouvrage-28.html, consulté le 28 novembre 2014

127 Institut de recherche et débat sur la gouvernance – IRG, Actes du colloque Rencontre de Yaoundé sur *le Parcours international de propositions et de débat sur la gouvernance - Les sources de légitimité du pouvoir en Afrique centrale : une « diversité concurrentielle »*, IRG septembre 2013, p2. Url : http://www.institut-gouvernance.org/docs/partie1.pdf, consulté le 1er décembre 2014

l'administration d'autant plus que celle-ci – dans le souci d'avoir un droit de regard sur la moralité des personnes désignées – intervient parfois dans le choix des chefs[128]. Il s'agit, pour nous, de revenir sur le rôle des chefs coutumiers et religieux dans une autonomie totale sans une intervention de l'administration dans leur mode de désignation, car ils sont les garants de la tradition, du bon sens et de la cohésion sociale. C'est dans ce sens, qu'il convient de mettre à profit la contribution des chefs coutumiers (I) et des chefs religieux (II) dans la protection du patrimoine culturel.

I – La mise à contribution des chefs coutumiers

Dans la société congolaise, les chefs coutumiers sont les garants de la tradition (A) et détenteurs du pouvoir consensuel (B)

A – Le chef coutumier : garant de la tradition

Ce qui lie l'individu à sa communauté traditionnelle, c'est non pas sa présence sur, ou quelque lien qu'il aurait avec un territoire donné, mais un ensemble de valeurs, de traditions, une histoire qu'il partage avec d'autres personnes ; tous éléments qui légitiment à ses yeux la reconnaissance d'un registre particulier de relation et de vie, à côté ou en deçà de l'appartenance à un État. Quel que soit le lieu où il se trouve, l'Africain reconnaît son appartenance à une communauté anthropologique préexistant à l'État[129]. Et cette communauté à laquelle il lie son appartenance est dirigée par un chef traditionnel ou coutumier qui est le garant de la tradition, détenteur d'un pouvoir consensuel issu de sa communauté. Il est vrai que les chefs traditionnels perdent peu à peu leur place et leur prestige dans les communautés congolaises à cause de la modernité et de l'abandon des considérations traditionnelles. Cependant, ils restent détenteurs d'un pouvoir, d'un savoir et d'un savoir-faire importants en tant que garant de la tradition. En ce sens, la réalité, « *malgré son avilissement tant au sortir de la colonisation qu'à la solde d'une administration étatique post coloniale, le chef traditionnel reste l'emblème d'une certaine perpétuation des coutumes et traditions*[130] ».

---

[128] *Ibid.*

[129] Christian Trimua, *Le statut juridique de la chefferie traditionnelle au Togo : incertitudes et ambiguïtés*, Atelier de sokode sur : *« la place du chef traditionnel dans le contexte de la décentralisation* » 02-03 mars 2007, Alliance pour refonder la Gouvernance en Afrique (ARGATOGO), p9

[130] *Ibid.*

Dans la société congolaise, le chef traditionnel est le garant de la communauté ; il représente des familles, des ethnies et clans. A ce titre, son rôle de chef coutumier lui concède une grande responsabilité. Il lui revient de prendre toutes les décisions importantes de sa communauté. Selon l'ethnie, il doit incarner toutes les connaissances et l'histoire de celle-ci. Symbole de la divinité et de la tradition ancestrale, le chef traditionnel se distingue du commun des hommes par ses relations avec Dieu et son rôle de gardien des traditions ancestrales. En somme, les rôles et responsabilités du chef traditionnel sont multiples eu égard aux relations qu'il entretient avec les divinités, l'administration et le peuple placé sous son autorité. Dans un monde en pleine mutation, il a une mission complexe et paradoxale : assurer la pérennité de la tradition tout en relevant le défi de la modernité, concilier les intérêts divergents d'une population partagée entre le conservatisme et le modernisme[131].

C'est pourquoi il faut mettre à profit leur savoir, leur capacité de dissuasion et le pouvoir dont ils disposent sur les populations locales pour une contribution à la protection du patrimoine culturel. Ainsi, il convient de les associer dans les prises de décisions administratives et dans les initiatives à mettre en œuvre, car on ne peut ignorer leur position et leur importance dans la société. Sans intervention de l'Etat dans leur désignation (pour des raisons d'intégrité et de neutralité), il convient de faire de ces chefs des porteurs de projets culturels et des canaux de sensibilisation et de diffusion des mesures de protection du patrimoine culturel. Dès lors que la communauté se reconnaît en son chef, elle adhère facilement aux projets dont ce dernier est porteur ou responsable. Il faut donc mettre à profit l'influence et la position des chefs coutumiers désignés par la population locale pour éviter des situations rencontrées dans le passé. En effet, au Congo, durant la période marxiste (entre 1963 et 1992), le pouvoir politique, conscient de l'importance des chefs coutumiers, a maintenu le rôle de la coutume au sein des *« tribunaux populaires »,* mais en nommant des personnes ne disposant pas de légitimité traditionnelle, souvent des fonctionnaires du pouvoir en place : ce fut un échec[132].

Cet échec illustre l'importance et l'attachement de la population locale congolaise à ses chefs traditionnels. Une considération qui date d'avant la colonisation et qui a subi les effets de la modernité et de la mondialisation. Mais comme le note Favrod, « *là où le village est resté au*

---

131 Dieudonné Feugaing, Etre chef traditionnel - Qu'est-ce que c'est ?, in *ECOVOX* n°38, juillet-décembre 2007, p3

132 *Ibid*, p10

manioc et au mil, à la seule économie de subsistance, les structures traditionnelles ont conservé leur solidité ... les chefs et les notables demeurent les maîtres[133] ». Cette affirmation de Favrod est une illustration de ce que le chef coutumier reste un dirigeant écouté en milieu rural. Il dispose d'un pouvoir et d'une grande influence au sein de sa communauté. En leur accordant le rôle d'intermédiaire ou de canaux de diffusion, il s'agit de les amener à porter aux autorités gouvernementales les préoccupations communautaires concernant le patrimoine culturel. Souvent, les chefs coutumiers sont ceux qui se chargent de recevoir les autorités gouvernementales dans leur localité. Ils profitent de ces occasions pour exprimer l'espoir que le gouvernement construise une route dans une région donnée, ouvrent un hôpital ou modernisent l'école.

Par ailleurs, il est nécessaire, pour consolider leur rôle dans la protection et la promotion du patrimoine culturel, d'élargir leurs rapports avec l'administration chargée des questions patrimoniales à travers des consultations non seulement dans la prise de décisions, mais aussi dans leur mise en œuvre effective.

B -Le chef coutumier : détenteur du pouvoir consensuel

Détenteur d'un pouvoir consensuel, le chef coutumier est un auxiliaire de l'administration. Il est l'interface entre celle–ci et les populations locales. A ce titre, il convient de l'associer pour que les populations comprennent et s'imprègnent mieux des actions de l'administration, véhiculent les informations idoines. En retour, il se charge de transmettre à l'administration les doléances des populations sur un certain nombre de sujets relatifs essentiellement à la cohésion sociale[134]. Dans ce sens, les chefs coutumiers agissent constamment comme porte-parole de la collectivité. C'est une façon de faire connaître les besoins locaux[135]».

Le pouvoir consensuel dont ils sont détenteur peut être mis à contribution dans la protection du patrimoine culturel et, il convient de les amener à insérer les propositions relatives à la protection et la valorisation du patrimoine culturel dans leurs doléances. Puisqu'il est

---

133 Cité par Gonidec Pierre-François, *Les systèmes politiques africains*, Paris LGDJ, 1985, p56

134 Louis Sévérin Anouma, Chefs de village ou chefs coutumiers, in *Ivoir-Opinion*, 18 août 2013, Url : http://ivoir-opinion.over-blog.com/article-chefs-de-village-ou-chefs-coutumiers-119595412.html, consulté le 20 mars 2015

135 http://www.idrc.ca/FR/Themes/Governance/Pages/ArticleDetails.aspx?PublicationID=879, consulté le 28 novembre 2014

établi que les chefs coutumiers disposent toujours d'un pouvoir sur la communauté dans laquelle ils vivent, il faut les amener à faciliter la réalisation des projets culturels afin que ces derniers reçoivent un accueil favorable auprès de la population locale. A la question de savoir ce que les chefs traditionnels ont de particulier qui les autorise à participer au développement et à mobilisation de leurs collectivités ? », Donald Ray écrit :

- leur solide légitimité dont les fonctions remontent à l'époque précoloniale, « ce qui leur confère une légitimité plus solide aux yeux de la population » ;
- ils sont des avocats populaires qui portent les revendications communautaires au niveau du gouvernement[136] ;
- ils sont souvent des chefs de terre à aménager, car ceux-ci abritent tantôt un site culturel, tantôt un monument historique. A ce moment leur intervention et leur participation sont nécessaires à la réalisation de tous les travaux.

Compte tenu de la place prépondérante qu'ils occupent dans les sociétés, il est nécessaire d'en faire des interlocuteurs crédibles, des porte-paroles des populations dans chaque communauté pour tout ce qui est projet patrimonial ou culturel, car ils constituent un véritable canal de diffusion d'information. Ce genre d'initiative existe déjà pour ce qui est du patrimoine naturel notamment sur le site de *Lossi*. Sanctuaire de gorilles, *Lossi* s'étend sur 350 Km^2 se trouvant dans la forêt équatoriale au Nord-Ouest du Congo-Brazzaville. Il fait partie de la dixième région administrative appelée Cuvette-Ouest dans la Sous-préfecture de *Mbomo* et se situe non loin de la périphérie du Parc National *d'Odzala-Kokoua*). Sur ce site naturel se déroule depuis 1992 une expérience exceptionnelle sur l'habitation de gorilles de plaine « *Gorilla gorilla gorilla* » à la présence de l'homme. Le site choisi est un ensemble de terres claniques des *Mboko Alengui*[137]. Ces derniers ont un sens très poussé de la propriété foncière. Ainsi, un certain nombre de règles se basant sur le droit coutumier fixe les modalités de succession ou d'appropriation par les individus de ces terres. Le rôle des chefs traditionnels a permis, grâce au droit coutumier des *Mboko Alengui*, de déterminer les familles ayant des terres, le nombre de terres, et de délimiter (de façon consensuelle avec toutes les parties prenantes) la zone à ériger en sanctuaire en tenant compte des besoins de

136 *Ibd*
137 Habitants des terres de Lossi

la population et des règles traditionnelles de prélèvement des ressources naturelles[138].

Aussi, il est à noter que dans la réalisation et la mise en œuvre de ce projet, les chefs traditionnels sont restés incontournables parce que représentant les communautés locales et faisant l'unité au sein des groupes sociaux dans lesquels ils vivent. Concrètement, il s'agit d'officialiser sinon légitimer le rôle des chefs coutumiers dans la protection du patrimoine culturel. En réalité, les chefs coutumiers ont, à travers les pratiques traditionnelles, contribué à la protection du patrimoine culturel durant des décennies. Il apparaît nécessaire pour le ministère de la culture de se servir de cet atout pour une meilleure conservation du patrimoine. Pour ce faire, il faut procéder à :

- la responsabilisation des chefs coutumiers ;
- la reconnaissance formelle des pratiques traditionnelles de protection du patrimoine culturel ;
- la cogestion des sites culturels comme les forêts sacrées. ;
- la mise en place d'un cadre de concertation composé des chefs coutumiers, des populations locales et des autorités administratives.

En d'autres termes, il s'agit d'intégrer les chefs coutumiers dans le processus de protection du patrimoine culturel de la communauté dans laquelle il vit. En conséquence, il se dégage très clairement que les chefs coutumiers demeurent dépositaires de l'autorité communautaire, leur place prépondérante dans la société est un atout à exploiter pour la gestion et la protection du patrimoine culturel au Congo.

A l'image des chefs coutumiers, il est important de donner aux chefs religieux le même rôle.

II – La mise à contribution des chefs religieux

A l'instar des chefs coutumiers, les chefs religieux peuvent être des leviers de la protection du patrimoine culturel (A) à travers leurs structures spécialisées (B).

---

138 Norbert Gami, *Droit coutumier et création du sanctuaire Lossi «Congo»*, Mémoire soumis au XIIe congrès forestier mondial, Québec, 28 septembre 2003, p12

A – Les leaders religieux comme levier de protection du patrimoine culturel

Au Congo, les leaders religieux disposent d'une influence considérable sur leur communauté respective. D'une manière générale, ils se manifestent par des prises de position qui portent souvent bien au-delà du continent et qui témoignent qu'en Afrique, les leaders religieux sont des acteurs fondamentaux de la société, non seulement sur le plan spirituel, mais aussi dans les domaines politique et économique[139]. Pour illustrer cette importance, l'Union Africaine a consulté, les 5 et 6 novembre 2014, les chefs religieux sur son "Agenda 2063". Une initiative ambitieuse qui vise, sous l'égide de l'Union Africaine, à recueillir des contributions de toutes les composantes des sociétés africaines pour définir une stratégie globale sur 50 ans. C'est dans ce cadre qu'une consultation des organisations religieuses a été organisée les 5 et 6 novembre 2014, en partenariat avec la Commission de l'Union Africaine (CUA) et la Conférence des Eglises de Toute l'Afrique - CETA[140]).

En même temps, il faut reconnaître que le paysage religieux de l'Afrique au sud du Sahara est caractérisé par la multiplication des groupes de tous ordres qui réunissent des foules. En ce sens, l'église s'est donnée pour mission, entre autre, l'éducation de la conscience sociale des croyants[141].

Ainsi, les chefs religieux peuvent servir de leviers dans la sensibilisation à la protection et à la promotion du patrimoine culturel. En effet, aux régulations portées par les religions « institutionnelles » classiques, viennent dorénavant s'ajouter celles, de plus en plus influentes, des nouvelles *« religions populaires »,* comme les Églises du réveil. Appuyées par leurs croyances et leurs valeurs, encouragées par leur capacité à mobiliser les fidèles et à s'organiser, les religions jouent de plus en plus un rôle public, voire politique[142]. Au regard de cette

---

139 Jeuneafrique.com : Religion | Diaporama : les 15 leaders religieux africains les plus influents, 02/10/2014,
Url : http://www.jeuneafrique.com/Article/ARTJAWEB20141002133451/, consulté le 20 mars 2014.

140 http://www.cevaa.org/actualites/archives/2014/novembre/lunion-africaine-consulte-les-chefs-religieux-sur-son-agenda-2063, consulté le 20 mars 2015

141 Arnaud Join-Lambert et Ignace Ndongala (dir.), *L'Eglise et les défis de la société africaine. Perspective pour la deuxième assemblée spéciale du synode des évêques pour l'Afrique.* Actes des journées d'études 2008 à Louvain la Neuve, Série « Actes » n°2, p8

142 Institut de recherche et de débats sur la gouvernance, *Les sources de légitimité du pouvoir en Afrique centrale : une «diversité concurrentielle»,*
Url : http://www.institut-gouvernance.org/fr/chapitrage/fiche-chapitrage-142.html, consulté le 28 novembre 2014

influence, on est tenté de dire qu'au même titre que les chefs coutumiers, ceux-ci peuvent contribuer à la sensibilisation et à la valorisation du patrimoine, car ils disposent non seulement de la capacité de persuasion, mais aussi de se faire écouter.

Parler du patrimoine, de sa protection et de sa valorisation dans l'église a le mérite d'atteindre un public plus large et plus réceptif, car les communautés ecclésiales de base sont devenues des espaces de partage, de solidarité agissante, des cadres de mobilisation des ressources financières par les offrandes ou les dons des fidèles. Elles deviennent progressivement des lieux d'éducation civique et électorale, des espaces pour susciter un nouveau type de leadership sociétal qui puissent constituer une alternative aux autorités locales[143]. Il s'agit de procéder à l'éducation à la culture et au patrimoine dans les églises.

En Afrique, plusieurs personnalités, très écoutées, ont été portées par le peuple au-devant de la scène publique allant jusqu'à présider des conférences nationales souveraines. C'est le cas de Mgr Ernest Kombo au Congo, Mgr Laurent Monsengwo en RDC, Mgr Isidore de Souza au Bénin… lors des « transitions démocratiques » de l'après monopartisme.

Au Congo particulièrement, les religions classiques regroupées en mouvement œcuménique (catholique, protestante, salutiste) disposent d'une forte crédibilité et font l'objet d'une écoute notoire. Il est donc nécessaire de faire participer ces religions à l'éducation à la culture et au patrimoine à travers une transformation de mentalités tant au niveau local que national. Parallèlement, la situation religieuse du Congo présente des aspects positifs comme notamment la « recherche fiévreuse de Dieu » qui se traduit notamment par une pratique parfois assidue, notamment dans la fréquentation élevée de la messe quotidienne, mais aussi l'enthousiasme dans la liturgie et les différentes actions d'Église[144]. C'est donc cette croyance qu'il convient de mettre à profit pour sensibiliser à la protection du patrimoine culturel à travers notamment les chefs religieux. Il s'agit ainsi d'éduquer les « fidèles » à la protection du patrimoine culturel.

En outre, il est à noter que la plupart des monuments historiques sont des églises, cathédrales ou édifices religieux. C'est le cas de la basilique Sainte-Anne et du stade Eboué de Poto-poto, de la Cathédrale Sacré

---

143 *Ibid*

144 Isabelle Jonveaux, Philippe Mabiala, *Le Congo-Brazzaville et son Église : le défi de la démission* », Archives de sciences sociales des religions, 2013, p164

Cœur du centre-ville, de l'église catholique de *Linzolo* (la première mission catholique du Congo). Une raison de plus pour que les chefs religieux apportent leur contribution à la protection de ce patrimoine dont ils sont détenteurs à travers notamment la mise à profit de leur crédibilité et par la mise place de stratégies liant la croyance et la conscientisation au patrimoine culturel. Le but étant de faire face aux enjeux de la protection, de la sauvegarde et de la promotion du patrimoine culturel. Cette contribution des chefs religieux peut se faire à travers des structures spécialisées.

B – Les structures religieuses spécialisées comme organes de soutien à la protection du patrimoine

Au Congo, les églises à grosse obédience disposent en leur sein des structures qui regroupent les leaders religieux. Au sein de l'église catholique, les évêques sont regroupés au sein d'une institution appelée la Conférence Episcopale et l'église évangélique dispose de la même structure dénommée Conseil Synodal. Instances suprêmes de ces églises, ces institutions peuvent être mises à profit pour qu'elles procèdent, d'une part à des suggestions relatives à la protection du patrimoine au sein des communautés, et d'autre part à la conception et la mise en œuvre des politiques de protection. Par ailleurs, elles peuvent être amenées à faire des recommandations et propositions aux autorités tant locales que nationales sur les mesures à prendre pour résoudre les problèmes rencontrés dans la sauvegarde de leur patrimoine. Dans ce sens, il est question d'intéresser et d'amener ces institutions à accorder plus d'intérêt au patrimoine aussi bien culturel que religieux. Ces actions vont consister en la sensibilisation et l'information de la communauté à la valeur de cet héritage commun qui mérite d'être pris en compte pour la paix et la cohésion sociale.

L'église catholique, à travers la Conférence Episcopale joue déjà un important dans la construction et la consolidation de la paix au Congo. En effet, dans son enseignement social, l'Eglise n'a cessé de souligner qu'« *il n'y a pas de paix sans justice, il n'y a pas de justice sans pardon* » et qu'on ne peut construire la paix sans le développement. C'est dans cet esprit que l'Eglise s'efforce de travailler pour la paix au Congo. A titre d'exemple, l'Eglise catholique a joué un rôle décisif à travers Mgr Louis Portella, évêque de Kinkala (Président de la Conférence Episcopale) dans le dénouement de la crise armée de la région du Pool. Un accord a été signé entre Ntoumi, le chef du CNR (Conseil National pour la

Résistance) en rébellion et le gouvernement en mars 2003[145]. C'est dire combien le rôle de l'église catholique est important dans la communauté congolaise.

Pour sa part, le conseil synodal, en sa qualité d'organe exécutif exerçant les fonctions de synode de l'Eglise évangélique du Congo, s'est fixé comme objectif d'accroître son engagement en matière de développement. Elle a choisi de faire face en priorité aux problèmes de ses communautés pour les aider à un épanouissement dans tous les domaines (spirituel, social, économique, écologique, culturel, etc[146]). Cet engagement peut être axé dans la protection du patrimoine. En clair, il s'agit de responsabiliser l'Eglise congolaise pour contribuer à la protection du patrimoine et servir de relai entre les communautés religieuses et l'administration.

De leur côté, les églises dites de *« réveil »* (Béthanie, Pentecôte, Rehoboth, Sinaï, pour ne citer que celles-là...) qui constituent un ensemble d'églises évangéliques et d'institutions d'enseignement nées du pentecôtisme forment une communauté de quelques cinq cents entités religieuses regroupant entre 15.000 et 20.000 adeptes[147]. Elles peuvent jouer le même rôle, car celles-ci invitent des foules entières à abandonner les « antivaleurs » (polygamie, magie et corruption par exemple). Elles tentent de faire émerger une nouvelle conception d'un pouvoir qui doit reposer sur un certain nombre de valeurs que l'on retrouvait dans la société traditionnelle (intégrité, bonne moralité, responsabilité des dirigeants) et qui ont disparu dans les années 1970-1980[148].

Pour rappel, les églises de réveil s'implantent au Congo juste après la libéralisation des cultes coïncidant avec l'esprit de la Conférence nationale souveraine de février 1991. A ce jour, il est aisé de constater que ces églises se sont implantées dans presque toutes les localités du Congo. Très concrètement, elles constituent des lieux de culte où se développent de nouvelles manières de pratiquer avec un pouvoir de persuasion et de dissuasion remarquable. Cet aspect peut permettre une sensibilisation à la protection et la valorisation du patrimoine en mettant au centre de cette action la croyance des fidèles. Ces églises qui offrent

---

145 Louis Pambou, *Le rôle institutionnel de l'Eglise dans la construction de la paix au Congo Brazzaville*, Url : evry.catholique.fr/IMG/pdf/role_eglise_congo_brazza.pdf, consulté le 20 mars 2015

146 http://www.cevaa.org/la-communaute/fiches-deglises/afrique-occidentale-centrafrique/eeco-eglise-evangelique-du-congo, consulté le 22 mars 2015

147 Muriel Devey, Eglises de réveil ou d'endormissement, in *Congo forum* 2014, p6

148 *Ibid*

un encadrement peuvent contribuer à l'éducation au patrimoine auprès des fidèles.

De manière générale, le pouvoir de dissuasion de ces églises n'est plus à démontrer et, en vertu de cet aspect, elles méritent d'être mises à contribution pour qu'elles participent aux changements de mentalités dans la conception et la protection du patrimoine culturel. En ce sens, on peut leur faire jouer un rôle actif dans la conception, l'exécution et le financement des projets culturels pour répondre aux défis de la protection et participer pleinement au processus décisionnel. Au besoin, l'Etat peut leur accorder des responsabilités précises dans ce domaine en tenant compte de la séparation des pouvoirs entre le « religieux » et le « politique ». En d'autres termes, l'Etat œuvre pour l'élaboration d'un cadre juridique et institutionnel de protection du patrimoine et les églises se chargent de la mise en œuvre de la politique définie par ce cadre. Pour ce qui est de la gestion participative, il est nécessaire de mettre en place une institution qui sera le cadre de concertation entre l'Etat et les églises afin de permettre une collaboration à la sensibilisation, à la conservation et à la valorisation du patrimoine culturel. Il serait donc souhaitable que l'Etat accorde aux églises et aux chefs religieux des responsabilités à travers notamment l'information et la sensibilisation sur le rôle du patrimoine culturel.

Ainsi, après avoir souligné l'importance d'élargir le cercle de responsabilité au profit la protection et la valorisation du patrimoine, il convient de relever la nécessite de mettre en place des mesures financières et fiscales en faveur du patrimoine au Congo.

SECTION 2 : LA MISE EN PLACE DES MESURES FINANCIERES ET FISCALES EN FAVEUR DU PATRIMOINE

Au Congo, le patrimoine souffre de l'absence des mesures financières et fiscales en faveur de sa protection et sa promotion. C'est pourquoi il est important d'encourager les incitations financières et fiscales pour renforcer la protection du patrimoine. Il faut, cependant, noter que la mise en place de ces mesures exige, d'une part, l'instauration d'une nouvelle réglementation financière et fiscale (paragraphe1) et, d'autre part, la mise en place la coopération culturelle (paragraphe 2).

PARAGRAPHE 1 : L'INSTAURATION D'UNE NOUVELLE REGLEMENTATION FINANCIERE ET FISCALE

La réglementation financière et fiscale congolaise relative à la protection du patrimoine mérite d'être consolidée (I) tout en procédant à la détaxation des biens et services culturels (II).

I – La consolidation du financement du patrimoine

Elle suppose la gestion effective par les collectivités territoriales de leur budget (A) et la contribution des autres institutions publiques concernées par le patrimoine culturel (B).

A – La gestion effective par les collectivités territoriales de leur budget

Consolider le financement du patrimoine culturel suppose une gestion effective par les collectivités locales de leur budget et de leurs ressources humaines. Au Congo, les collectivités locales disposent d'une autonomie financière prévue par la loi N°7-2003 du 06 février 2003 portant organisation et fonctionnement des collectivités locales et d'un transfert de compétences dont les domaines sont déterminés par la loi[149]. Conformément à cette loi, les ressources de la collectivité locale comprennent :

- les impôts, les droits et taxes, ainsi que le produit des amendes et des pénalités prévus par le code général des impôts dont la perception est faite au profit des collectivités locales, notamment : les contributions des propriétés bâties ; les contributions des propriétés non bâties les centimes additionnels à la taxe sur la valeur ajoutée ; les contributions des patentes ; autres impôts non inventoriés.
- Les subventions et les dotations de l'Etat ;
- les fonds de concours ;
- les dons et legs ;
- les droits d'enregistrement : taxe additionnelle aux droits d'enregistrement sur les mutations à titre onéreux ;
- les rétrocessions de l'Etat ;
- les emprunts garantis par l'Etat ;

---

[149] Article 12 Loi n°9-2003 du 6 février 2003 fixant les orientations fondamentales de la décentralisation.

- le produit de l'exploitation du domaine et des services de la collectivité locale.

On peut cependant s'interroger sur l'effectivité de cette autonomie financière et sur les ressources dont disposent réellement les collectivités locales. Le Congo est un pays qui fonctionne avec les recettes fiscalo-douanières et la loi de finances 2014, dans son article premier dispose : *« les impôts, produits, revenus, droits et taxes affectés à l'Etat, aux collectivités locales, aux établissements publics et aux organismes divers habilités à les percevoir, sont prélevés pour l'année 2014, conformément aux lois et règlements en vigueur ainsi qu'aux dispositions de la présente loi de finances*[150] *»*. Et selon les lois et règlements en vigueur, la perception de ces ressources est assurée uniquement par le ministère des finances qui est seul habilité à cet effet en application des articles 73 et 91 de la loi n°20 du 3 septembre 2012 portant loi organique relative au régime financier de l'Etat[151]. C'est dire qu'en réalité, et de façon générale, les collectivités locales ne disposent pas d'une réelle autonomie financière. Par conséquent, elles ne peuvent assurer un financement adéquat de la culture. A ce propos, Jean Pierre Elong-Mbassi affirme que « *le nouveau régime de collectivités locales prévoit des transferts de ressources. Le principe d'un transfert concomitant de compétences et de ressources. La formulation des termes de la loi reste parfois ambiguë et ne permet pas aux collectivités locales d'avoir une lisibilité claire de leurs perspectives budgétaires…* ». [152] Dépourvues de lisibilité claire pour leur budget et se trouvant dans l'impossibilité de collecter l'impôt local (qui est la principale source de revenu), les collectivités locales ont du mal à prévoir et dégager un budget pour la protection du patrimoine culturel. La principale solution à apporter ici consiste à accorder plus d'autonomie financière aux collectivités locales en leur reconnaissant par exemple le droit de récolter l'impôt et les taxes locales.

Au Congo, l'Etat continu d'assurer seul la protection du patrimoine culturel. Pour preuve, il a, à travers le ministère de la culture, fait édifier divers monuments, dont le plus ambitieux a sans conteste été le Mémorial Pierre Savorgnan de Brazza, ou en participant à la restauration de la Basilique Sainte-Anne[153]. D'autre part, le fait selon lequel l'Etat

---

[150] Article premier de la loi de finances 2014

[151] Alinée 3 de l'article premier de la loi de finances 2014

[152] Jean Pierre Elong-Mbassi, *Etat de la décentralisation en Afrique, Congo Brazzaville*, KARTHALA Editions, 2003, p140

[153] Organisation Internationale de la Francophonie, *Profil culturel des pays du sud membres de la francophonie*, Cameroun, Congo-Brazzaville, Gabon, OIF 2012, p51

assure seul la protection du patrimoine s'illustre par un exemple concret : en 2008, le ministère en charge de la culture en partenariat avec le ministère de l'environnement a proposé les sites les plus significatifs sur la liste du patrimoine mondial en vue de leur inscription au patrimoine mondial. Il s'agit d'un inventaire du patrimoine culturel et naturel dont le financement a été assuré par l'Etat congolais. Il s'agit principalement de :

- l'Ancien port d'embarquement des esclaves de Loango (12/06/2008)
- Du Domaine royal de Mbé (12/06/2008)
- Du Parc National de Conkouati-Douli (12/06/2008)
- Du Parc National d'Odzala-Kokoua (12/06/2008)

Le Parc National de Nouabalé Ndoki (12/06/2008) ayant été inscrit sur la Liste du Patrimoine Mondial lors de la 36e session du Comité (Saint-Pétersbourg – 24juin au 6 juillet 2012). Il y a donc deux sites « culturels » et trois sites « naturels. Il sera toutefois intéressant de voir les liens qui demeurent entre ces demandes de classification et Brazzaville. Les trois parcs nationaux mettent en avant leurs patrimoines naturels tant au niveau de la flore que de la faune.

L'ancien port d'embarquement des esclaves de Loango a une valeur universelle indéniable quant au souvenir de l'esclavage. Le domaine royal de *Mbé*, quant à lui, est le site le plus proche de Brazzaville, car c'est là où fut signé le 10 septembre 1880 le traité entre Pierre Savorgnan de Brazza et *Makoko Iloo* 1er, donnant ainsi naissance à la ville de Brazzaville[154] . A cela, il faut ajouter le Festival Panafricain de Musique (FESPAM) qui est la réalisation du rêve des Pères fondateurs de l'Afrique indépendante qui voulaient voir ce continent s'afficher aux côtés de bien d'autres et jouer un rôle capital. La culture avait ainsi été retenue comme une arme que l'Afrique pouvait brandir pour se faire entendre dans le cénacle des nations du monde. Institution sous la tutelle du Ministère congolais de la Culture et des Arts, le FESPAM se tient tous les deux ans principalement à Brazzaville[155] . Pendant une semaine de fête, artistes, producteurs, mélomanes, chercheurs, muséologues, musicologues, ethnologues, historiens, journalistes, touristes, etc. d'Afrique, d'Europe, d'Asie, d'Amériques se retrouvent à ce rendez-vous éminemment culturel.

---

154 http://www.patrimoine-congo-brazzaville.com/presentation/brazzaville-un-patrimoine-universel/, consulté le 16 septembre 2014

155 Festival panafricain de musique, FESPAM: première session ordinaire, réunion du Comité de direction, Brazzaville, Congo, 1998, p29

Financé par l'Etat congolais, le FESPAM 2015 dispose d'un budget de plus de 6 milliards de F CFA[156] . Le FESPAM est donc le miroir du savoir et du savoir-faire congolais à travers l'exposition du patrimoine culturel (musique, danse).

Par ailleurs, le patrimoine architectural congolais est un patrimoine colonial qui est devenu vétuste. Depuis le début des années 2000, le gouvernement Congolais s'est lancé dans un programme de réhabilitation de ce patrimoine. Ainsi a été réhabilitée la basilique Sainte-Anne, du Congo, sanctuaire historique de la France-Libre. Débutée en 2009, la réhabilitation de cette basilique s'est achevée en 2011 ; des travaux financés en grande partie par l'Etat congolais[157] . Endommagé pendant les conflits armés de 1997, cet édifice historique a été inauguré le 25 mars 2011, au terme d'intenses travaux de réhabilitation estimés à plus de 3 milliards de francs CFA financés par l'Etat congolais[158] .

Pour ce qui est du domaine royal de M'bé, il convient de noter qu'un plan d'action sur la préparation du dossier d'inscription a été produit, avec l'appui du Bureau UNESCO de Brazzaville. Ce travail passe par la réalisation de travaux de recherche complémentaires et la mise en place d'une réglementation et de mécanismes de gestion (en ce qui concerne notamment les pratiques culturelles et forestières). La Convention France-UNESCO apporte un soutien technique et financier à la préparation du dossier d'inscription qui selon l'avancement des travaux devait être déposé d'ici la fin 2015. Le Centre du patrimoine mondial, avec l'appui de la France dans le cadre de la Convention France-UNESCO, a apporté un appui aux autorités congolaises pour mettre en œuvre le processus d'inscription. Un atelier, organisé par la Direction Générale du Patrimoine et des Archives (DGPA) avec le soutien du bureau de l'UNESCO de Brazzaville a donné des axes de réflexion et de recherche sur les attributs et valeurs du site en vue d'une meilleure délimitation. Deux missions techniques ont eu lieu afin d'identifier les valeurs et les éléments de gestion avec le financement de l'Etat congolais. Aussi, il paraît nécessaire de préciser que depuis 2008, le financement de la culture par l'Etat a pris un autre tournant : celui de « *promouvoir la culture et les arts en un maillon du développement durable*[159] ». Absente des premières versions du Document de stratégie pour la réduction de la pauvreté

---

[156] Rapport financier de la neuvième édition du FESPAM, p7

[157] Jean-Alexis Mfoutou, *Dictionnaire des sigles et acronymes en usage au Congo-Brazzaville*, L'Harmattan 2013, p42

[158] http://atelier.rfi.fr/m/blogpost?id=1189413%3ABlogPost%3A191583, consulté le 17 septembre 2014

[159] Préambule du DSRP 2008

(DSRP), la culture a été finalement ajoutée en tant que priorité dans la version définitive adoptée en 2008. Dans cette perspective, trois orientations stratégiques sont envisagées :

- le renforcement du cadre institutionnel dans les domaines de la culture et des arts ;
- la promotion de la culture et la protection du patrimoine culturel ;
- la promotion des arts.

De ce fait, il ressort clairement que l'Etat assure seul la protection du patrimoine. Un fait qui illustre la concentration du pouvoir par l'autorité centrale qui décide souvent seule de toutes les questions relatives à la protection et la promotion du patrimoine culturel. Ainsi, il convient pour l'Etat d'accorder plus d'autonomie aux collectivités locales dans la recherche de leurs ressources financières et la gestion de leurs ressources humaines. La réelle autonomie des collectivités locales permet, d'une part, de diversifier le financement du patrimoine et de déconcentrer l'Etat, parfois débordé par ses nombreuses missions, d'autre part.

En somme, il s'agit de répartir les rôles entre l'Etat et les collectivités locales dans la protection du patrimoine culturel. L'Etat définit la politique culturelle dans une cohésion nationale et les collectivités territoriales en assurent l'exécution au niveau local.

B – La contribution des autres institutions publiques concernées par le patrimoine

Au Congo, il apparaît clairement que le ministère de la culture demeure la seule institution à œuvrer pour la protection, la réhabilitation et la promotion du patrimoine culturel alors que d'autres institutions sont concernées. Débordé par les exigences de sa tâche, il finit par être inefficace. Il doit alors déléguer ses pouvoirs à d'autres[160]. Au-delà de la délégation des pouvoirs, il convient de faire participer d'autres institutions étatiques au financement du patrimoine culturel. Dans ce sens, il est logique pour le ministère du tourisme de contribuer à la protection, à la réhabilitation et à l'entretien du patrimoine culturel. Bien que ce ministère n'ait pas vocation de protéger ou valoriser le patrimoine culturel, il peut y contribuer. Xavier Greffe estime que : *« le tourisme est le*

---

[160] François-Albert Angers, *Essai sur la centralisation : analyse des principes et perspectives canadiennes*, Presses de l'Ecole des Hautes Etudes Commerciales - Librairie Beauchemin 1960, p. 92

premier secteur bénéficiaire de notre patrimoine[161] ». Il peut en être de même pour le Congo. Le secteur du tourisme, a du mal à décoller, l'écotourisme doit se conjuguer avec le tourisme culturel pour améliorer l'offre touristique, car malgré ces difficultés, le Congo a récemment été classé troisième destination touristique d'Afrique par le quotidien américain le New York Times. Elle occupe cette position sur 46 destinations à visiter durant l'année 2013, derrière le Ghana et l'Afrique du Sud. Sur le plan mondial, le Congo est classé 39e après la Lituanie et les villes de Changbaishan en Chine, Porto Rico aux Etats-Unis et Bangkok en Thaïlande. Cette position se justifie notamment par sa biodiversité, l'ouverture au tourisme exotique des parcs comme *Nouabalé-Ndoki* et *Odzala-Kokoua* au nord, puis Conkouati au sud[162]. Le ministère du tourisme devrait donc être amené à contribuer à l'entretien du patrimoine, car il bénéficie de cet actif qui constitue un objet touristique. En effet, le coût de l'entretien du patrimoine est supporté uniquement par le ministère de la culture. Il convient pour le ministère du tourisme de participer à l'entretien et la valorisation du patrimoine.

Tout comme le ministère du tourisme, celui de l'économie forestière et du développement durable doit aussi apporter sa pierre à cet édifice dans la protection, la valorisation et financement du patrimoine. En effet, ce ministère a la charge des parcs naturels proposés sur la liste indicative à savoir le Parc National de *Conkouati-Douli* (12/06/2008) et le Parc National *d'Odzala-Kokoua* (12/06/2008) ainsi que le Parc National de *Nouabalé Ndoki* inscrit depuis 2012 sur la Liste du Patrimoine Mondial lors de la 36e session du Comité. Pour contribuer à la consolidation financière du parc, le ministère de l'économie forestière et du développement durable doit axer les activités de ces parcs sur le développement et la mise en œuvre des systèmes efficaces et des stratégies de protection, de recherche, de surveillance et de l'administration. Il lui revient aussi de mettre en place d'importants programmes de renforcement des capacités notamment sur la gestion évolutive des structures et du personnel en place, afin de répondre aux menaces émergentes dans le paysage[163]. En clair, il convient de mettre un accent particulier sur la formation des ressources humaines pour une

---

161 Cité par Françoise Benhamou et David Thesmar, *Valoriser le patrimoine culturel de la France*, Rapport, Direction de l'information légale et administrative. Paris, 2011, p70

162 « *The News York Times* » du 11 janvier 2013, cité par Eugène Gampaka, Url : http://mediaf.org/?p=5080, consulté le 09 septembre 2014

163 http://www.congo-site.com/Parc-de-Nouabale-Ndoki-une-reserve-forestiere-naturelle-et-intacte_a958.html, consulté le 20 septembre 2014

meilleure visibilité du patrimoine. Le but étant de réinvestir les recettes touristiques dans la protection de ce patrimoine.

Le ministère des Petites, Moyennes entreprises et de l'Artisanat n'est pas en reste. Il est important qu'il concoure au financement du patrimoine, car il est charge de l'artisanat qui représente l'expression d'une production du savoir et du savoir-faire souvent traditionnel. A ce titre, il se démarque de l'industrie. Au Congo, ce ministère a été créé en 2005 par décret 327 du 29 juillet 2005. Parmi ses missions, ce département est chargé de participer à la recherche des financements relatifs aux études et aux investissements dans les domaines des petites et moyennes entreprises et de l'artisanat[164]. Il récolte une part des taxes exigées à l'achat ou la vente des œuvres d'art autorisées à quitter le territoire national. C'est dans ce sens qu'il apparaît logique que ce département apporte un soutien aux artistes.

D'une manière générale, il convient, pour toutes les institutions concernées par le patrimoine culturel, d'œuvrer de façon concertée à la consolidation de son financement.

II – La détaxation des biens et services culturels

Les biens et services culturels sont taxés excessivement aux frontières congolaises. Cette taxation constitue un frein à la valorisation et à la promotion du patrimoine culturel. Pour y remédier, il convient de procéder à la mise en pratique des nouvelles mesures fiscales en faveur du patrimoine (A), facteur d'ouverture de ce patrimoine à l'international (B).

A – La mise en pratique des nouvelles mesures fiscales en faveur du patrimoine

Le marché de l'art au Congo a connu des moments fastes jusqu'au début des années 1990, période à laquelle ce marché s'est effondré en raison des crises sociopolitiques successives que le pays a connues. Ces événements l'ont rendu de moins en moins fréquentable par les touristes qui constituent la demande potentielle des œuvres d'art congolaises. Timidement, le marché de l'art est en train de se refaire. D'ailleurs, à Brazzaville, deux galeries viennent d'ouvrir leurs portes (Ngalifourou et Beaux-Arts) au marché du plateau, à côté de la galerie « *An'case* » qui existent depuis environ trois ans environ, sans compter l'ancien marché des œuvres d'art au centre-ville. Ce dernier est le plus fréquenté de tous

---

[164] Article 2 dudit décret.

par les collectionneurs ou amateurs d'art[165]. Au niveau du bassin du fleuve Congo, la République du Congo peut se prévaloir d'une riche tradition de sculpture sur bois, réputée au niveau international et aussi diversifiée que le sont les ethnies qui composent le pays. Cette tradition se perpétue aujourd'hui à travers une abondante production d'objets d'art (masques, statues, objets quotidiens) fabriqués de façon artisanale dans les nombreux ateliers qui se concentrent à Brazzaville et à Pointe-Noire. Selon les artistes congolais, l'un des principaux freins à leur activité est la taxation excessivement à l'aéroport, lorsque les touristes étrangers et les expatriés rapportent dans leur pays certains articles achetés sur place. Il en découle un effet grandement dissuasif pour les acheteurs potentiels de passage, alors que le tourisme reste une opportunité de premier ordre pour le secteur en termes de débouchés[166]. Pourtant l'article 22 de la Charte culturelle africaine dispose : *« Les Etats doivent créer un environnement favorable au renforcement de la créativité dans toute sa diversité, à travers notamment : … l'aide fiscale et les mesures incitatives, notamment la détaxation des biens et services culturels africains… »*. En conséquence, il est nécessaire, pour l'Etat congolais de mettre en place une réglementation particulière concernant la vente et l'exportation des biens culturels.

Cependant, il faut noter qu'il existe des biens culturels qui ne peuvent sortir du territoire national pour quelque motif que ce soit. Dans ce sens, l'article 45 de la loi sur la protection du patrimoine culturel au Congo dispose : *« la sortie du territoire national des biens culturels classés est interdite »*. C'est dire que les biens qui n'entrent pas dans cette catégorie peuvent être exportés comme le confirme l'article 46 de la même loi qui dispose *« toute exportation des biens culturels non classés, anciens ou modernes, est soumise à une autorisation de sortie dont les modalités sont fixés par les services compétents du ministère en charge de la culture »*. Parmi donc les mesures à prendre pour la détaxation des biens et services culturels au Congo, il y a l'adoption d'une loi sur la défiscalisation des œuvres d'art à l'image de la législation française qui permet, en matière de fiscalité, de bénéficier d'une réduction d'impôts pour l'achat ou la location de certaines œuvres artistiques. Cette mesure présente l'avantage d'ouvrir le marché de l'art au niveau régional, sous régional et même international. En réalité, il s'agit de mettre en place une législation fiscale propre aux biens et services culturels afin de favoriser la vente à l'étranger des œuvres d'art : expression de la promotion du patrimoine culturel congolais. Cette

---

165 Louis Kouéna Mabika, *La place et le rôle des œuvres d'art dans le développement africain : cas du Congo-Brazzaville,*Communication à la 11e Assemblée Générale du CODESRIA (Décembre 2005, Maputo), p7

166 OIF, *Profil culturel des pays du sud membres de la francophonie*, *Op. cit.* p50

politique permettra aux artistes congolais de vendre leurs œuvres au pays et à l'étranger. Ce genre d'initiative a le mérite de favoriser une libre circulation des œuvres d'art et des professionnels d'art que ce soit pour les expositions ou pour les ventes à des évènements internationaux (foire, festival…) ; lesquels peuvent assurer une plus grande visibilité du patrimoine congolais.

Cependant, il faut noter qu'il ne s'agit nullement de laisser libre cours à toute sortie des biens et services culturels. Il s'agit plutôt de concilier la légitime protection du patrimoine culturel, qui est d'ailleurs prévue par le droit congolais du patrimoine culturel, avec un marché de l'art qui se mondialise de plus en plus. La mise en place d'une telle politique nécessite la réunion d'un certain nombre de conditions relatives à la qualité des bénéficiaires et la nature des biens, d'une part, et à la qualité des services culturels, d'autre part. Pour cela, seules les personnes résidentes dans un pays autre que le Congo au moment de l'achat et celles de passage peuvent bénéficier de cette détaxation.

B – L'ouverture du patrimoine à l'international

Le droit congolais, à travers la loi du 26 juillet 2010 portant protection du patrimoine national culturel et naturel (titre5) organise la circulation des biens culturels. Ceux pouvant faire l'objet de sortie du territoire national sont ceux qui sont non classés, anciens ou modernes, mais soumis à une autorisation de sortie délivrée par les services compétents du ministère de la culture[167]. En d'autres termes, il s'agit de mettre en place des mesures fiscales en faveur de la culture et du patrimoine culturel comme l'allègement ou la réduction de la TVA, l'exonération des taxes professionnelles pour les peintres, sculpteurs, graveurs et dessinateurs ne vendant que le produit de leur art[168] ; les artistes lyriques et dramatiques, les auteurs et compositeurs, professeurs de lettres, de sciences et d'arts d'agrément, s'ils ne possèdent pas de véritables établissements ouverts au public[169]. En outre, sachant que les artistes tirent profit de leurs œuvres, il convient de prévoir un allègement en matière de taxation de revenus et de bénéfices, car moins les bénéfices des artistes sont taxés, plus ils auront envie de travailler pour le rayonnement de la culture et du patrimoine.

---

167 Article 46 de la loi 26 juillet 2010 portant protection du patrimoine national culturel et naturel

168 Article 1460-2° du code général des impôts

169 Articles 1460-3° et 1460-4° du code général des impôts

En un mot, il s'agit de repenser la politique fiscale pour l'orienter vers des mesures pouvant favoriser l'éclosion du marché de l'art au Congo. Cette nouvelle politique exige une structuration de l'économie culturelle dont l'objectif reste le développement culturel qui consiste à penser à l'artiste dans son environnement, puis à agir sur cet environnement pour qu'il puisse y exploiter au mieux sa créativité[170]. D'autre part cette initiative consiste à faire de la culture un facteur de développement, non seulement par l'éducation, mais aussi par les échanges économiques qu'induisent les créations culturelles[171]. C'est dans ce sens que s'impose l'exception culturelle, un ensemble de dispositions qui vise à faire de la culture une exception dans les traités internationaux, notamment auprès de l'Organisation mondiale du commerce (OMC). Ces dispositions ont pour but de spécifier que les États sont souverains et fondés à limiter le libre-échange de la culture sur le marché pour soutenir et promouvoir leurs propres artistes, véhicules et porte-parole de leur culture. Etant donné que la culture ne devait pas être un bien marchand comme les autres, il mérite un sort spécial dans les échanges internationaux[172]. Les professionnels de la culture et du patrimoine congolais doivent donc mener ce *« combat légitime »* pour ériger la libre circulation des biens et services culturels en principe juridique au niveau sous régional et régional.

En conséquence, détaxation des biens et services culturels et mondialisation doivent aller de pair pour un passage vers l'universalisation de la culture. Pour sortir de la marginalisation mondiale, le patrimoine culturel congolais doit pouvoir s'exporter, bien entendu dans le respect de la législation en vigueur. *A contrario*, il incombe au législateur congolais de renforcer l'arsenal juridique pour assurer la protection du patrimoine culturel contre le trafic illicite des biens culturels qui est le revers de la médaille d'une exportation incontrôlée ; et aux autorités douanières de veiller à l'application de ladite législation. De ce constat général, il se dégage que l'Afrique a longtemps été victime de l'exportation illicite de son patrimoine culturel vers d'autres continents. Elisabeth Annam- Yao estime que: *« à vrai dire cette mondialisation a fabriqué*

---

170 Séverine Cappiello, *Développer l'économie de la culture : un enjeu pour demain,* Compte rendu des rencontres professionnelles du MASA 93 sur le statut social de l'artiste et les sociétés de droits d'auteur, 15 août 2007

171 Olivier Barlet Rabat, Le séminaire sur les industries culturelles de Rabat, Compte rendu, mai 2003, Url : http://www.africultures.com/php/?nav=article&no=2918, consulté le 23 octobre 2014

172 Jacques Rigaud, *L'exception culturelle. Culture et pouvoirs sous la Ve république*, Grasset, Octobre 1995, p7

une Afrique nouvelle de plus en plus extravertie, mais intégrée dans un monde purement Africain, une Afrique perdant son âme pour la remplacer par une autre hybride ; une Afrique essayant de toutes forces de prendre son destin en main sans toutefois pouvoir le contrôler ni sur les plans social, économique, politique, technologique écologique, ni culturel (...) force est de constater qu'en tant que continent sous-développé, l'Afrique tient une position de faiblesse dans le système mondial et vit, donc ce phénomène comme une contrainte[173] ». C'est pourquoi il est primordial, pour réussir, de comprendre les enjeux de l'exportation des biens et services culturels. Et, sur ce point, l'un des enjeux majeurs de la mondialisation culturelle est la coexistence des cultures qui, à terme, accentuera le poids des cultures africaines dans la mondialisation. En fait la défiscalisation des biens et services culturels ne vise que le développement du secteur de la culture qui a longtemps délaissé les relations de coopération au niveau international comme l'affirme Saliou Ndour « *force est de reconnaître que le plan passe sous silence un secteur essentiel dont la richesse et la diversité en font une denrée précieuse pour l'Afrique : la culture. Souvent, celle-ci n'est pas prise en compte dans les politiques de développement*[174] ».

En conclusion, il s'agit de mettre en œuvre des initiatives de nature à contribuer à la revitalisation de la culture et du patrimoine congolais. Longtemps délaissé tant au plan régional que sous régional, ce secteur nécessite une révision de la règlementation fiscale. Un allègement de celle-ci peut valablement contribuer à l'éclosion des talents et à la promotion des œuvres d'art hors des frontières congolaises. Cependant l'instauration d'une nouvelle réglementation financière et fiscale en faveur au patrimoine culturel ne suffit pas. C'est pourquoi, il est indispensable de considérer la coopération culturelle comme source de financement du patrimoine.

---

173 Elisabeth Annah-Yao, citée par Saliou Ndour, *Le développement des industries culturelles : une exigence de l'Afrique dans le contexte de la mondialisation*, Cours sur l'industrie musicale au Sénégal, Université Gaston Berger, Saint-Louis, Sénégal, p2, Url : http://www.acpcultures.eu/_upload/ocr_document/Ndour_DvpIndustriesCulturelles%20ExigenceAfrique%20ContexteMondialisation.pdf, consulté le 23 octobre 2014

174 Saliou Ndour, *Op, cit.* p4

PARAGRAPHE 2 : LA COOPERATION CULTURELLE COMME SOURCE DE FINANCEMENT DU PATRIMOINE

La coopération culturelle permet d'associer plusieurs acteurs (publics et privés) dans l'organisation et le financement du patrimoine. Il s'agit d'un mécanisme qui offre un cadre souple, mais stable pour gérer la culture et le patrimoine. Elle doit cependant se faire à deux niveaux : national (I) et international (II).

I – La coopération culturelle nationale

Elle suppose la mutualisation des projets culturels interministériels (A) et la structuration des réseaux culturels publics-privés (B)

A- La mutualisation des projets culturels interministériels congolais

Au niveau national, il nous a été donné de constater que le ministère de la culture est longtemps resté le seul département du gouvernement chargé de la protection et la promotion du patrimoine culturel congolais. Il est donc nécessaire d'envisager la contribution des autres institutions publiques nationales à cette protection. Plus concrètement, il a été lancé au Congo depuis 2004, le programme dit « *de municipalisation accélérée* » destiné à équiper en infrastructure et moderniser les départements du pays afin de dynamiser leur économie et d'améliorer les conditions de vie des populations. Dans le cadre de ce programme, des grands travaux sont réalisés dans chaque département par le ministère à la Présidence de la République chargé de l'aménagement du territoire et de la délégation générale aux grands travaux avec des budgets conséquent[175]. En ce sens des partenariats peuvent être noués avec ce ministère pour intégrer le financement des sites culturels dans ce budget. Etant donné que le programme de *municipalisation accélérée* nécessite la réalisation d'importants travaux, le ministère de la culture peut demander que soit réalisés, en amont des études d'impacts, et en aval, des fouilles archéologiques et des inventaires du patrimoine avant l'exécution des travaux sur les sites concernés.

Dans le même sens, le Ministère de la construction, de l'urbanisme et de l'habitat doit tenir compte de l'intégrité des monuments historiques,

---

175 Pour exemple. Municipalisation du département du Pool : 531 milliards de F CFA. Municipalisation du département des Plateaux : 438 milliards de FCFA. Municipalisation de la Lekoumou : 450 milliards FCFA. Sources : http://www.grandstravaux.org/search/municipalisation+acceleree/, consulté le 02 août 2014

des immeubles classés et des sites culturels dans l'octroi des permis d'aménager, d'occuper ou de construire. En un mot, en l'absence du code de l'urbanisme, les autorisations d'urbanisme doivent prendre en compte tout le patrimoine culturel et ses abords. Il s'agit de mettre en place des organes communs regroupant les professionnels de chaque secteur (culture, environnement, habitat, urbanisme…) dans le but de rendre plus efficace l'action de protection, de sauvegarde et de mise en valeur du patrimoine. Une manière d'accentuer la protection du patrimoine immobilier notamment les monuments inscrits ou classés au titre de la législation.

Il faut également souligner le rôle important que doit jouer le ministère de postes et télécommunication et des NTIC. Ce département ministériel est chargé de concevoir et de mettre en œuvre la politique relative aux postes et télécommunications et au développement des nouvelles technologies de l'information et de la communication (NTIC). À ce titre, il est également responsable de la politique sectorielle concernant la presse et les médias[176]. Ce département peut contribuer et participer au financement de la culture en aidant à mettre en place des outils multimédia comme les sites internet et les bases de données destinés au patrimoine culturel congolais. En effet, les NTIC constituent un outil de valorisation et de transmission du patrimoine culturel dans la mesure où elles font partie du quotidien des usagers, les institutions culturelles ne peuvent les ignorer. Gardons à l'esprit que l'introduction des NTIC dans l'environnement muséal a induit de nombreux changements. Parmi eux: le renouvellement des pratiques culturelles (consultation en ligne, mobilité…), l'utilisation de nouveaux outils de médiation (simulation, 3D, RA, surfaces tactiles, RFID…), la participation des visiteurs (implications, interactions, annotations, publication de contenus[177]…). Le ministère des postes et télécommunication et des NTIC est donc l'institution qui peut faciliter l'accès du patrimoine à travers les nouvelles technologies.

Par ailleurs, il y a la nécessité d'un partenariat entre le ministère de l'enseignement et le ministère de la culture pour l'introduction des cours sur la connaissance du patrimoine culturel dès le cycle primaire. En effet, l'école est par excellence un lieu de transmission de la culture :

---

176 OIF, *Op. Cit.* p38

177 Audrey Defretin, L'utilisation des NTIC pour la valorisation et la transmission du patrimoine culturel, intervention aux journées d'études, février 2010, Url : http //fr.slideshare.net/adefretin/lutilisation-des-ntic-pour-la-valorisation-et-la-transmission-du-patrimoine-culturel, consulté le 23 octobre 2014

connaissance du patrimoine, esprit critique, sens des valeurs font partie du bagage que tous les jeunes doivent avoir acquis à l'issue de leur scolarité et qui fait de chacun un membre de la communauté nationale et un citoyen du monde. Cette fonction humaniste de la formation est d'abord portée par les enseignements - ce que rappelle avec force le socle commun de connaissances et de compétences, qui en fait un des principes directeurs de la scolarité obligatoire[178]. Il ne s'agit pas de mettre en place des vastes programmes, mais plutôt des ateliers spécifiques et ciblés pour familiariser le patrimoine à un public jeune. En clair, il s'agit de mettre en place une politique d'éducation au patrimoine culturel au sein des programmes scolaires. On peut ainsi partir d'initiatives simples dans le cadre de l'école élémentaire et du second degré. Plus concrètement, il est question de procéder à la mise en place des enseignements aux formes et aux intitulés variés (classes Patrimoine, séjours découverte, « adopter son patrimoine », ateliers de pratique artistique, itinéraires de découverte, enseignement d'exploration, Histoire des arts...), associés aux disciplines Arts Plastiques, Histoire-Géographie-Education Civique, Musique, Français[179]... Il convient de faire de l'enseignement du patrimoine à l'école un élément essentiel de la protection du patrimoine culturel au Congo.

Pour sa part, le Ministre de l'Economie forestière et du Développement durable est un acteur majeur dans la protection du patrimoine qu'il soit culturel, naturel ou mixte (culturel et naturel). En effet, le Congo dispose des paysages culturels qui, à la fois, sont des sites naturels et culturels. Indéniablement le ministère de la culture dans son rôle de promoteur et protecteur du patrimoine culturel doit mettre en place des programmes communs. Il s'agit, pour les deux ministères, de renforcer la mise en place d'un réseau d'aires protégées (puisqu'il existe déjà[180]) mais aussi et surtout d'élaborer des outils communs pour une meilleure protection et une meilleure visibilité. L'Union internationale pour la conservation de la nature (UICN, 1994) définit une aire protégée comme : *« une portion de terre et/ou de mer vouée spécialement à la protection et au maintien de la diversité biologique, ainsi que des ressources naturelles et culturelles*

[178]http://eduscol.education.fr/cid47155/l-ecole-transmission-culturelle.html, consulté le 18 novembre 2014

[179]« *Pourquoi enseigner le patrimoine* ? », Journée d'étude, Calenda, Publié le vendredi 22 juillet 2011, http://calenda.org/205019, consulté le 18 novembre 2014

[180] Article 5 de la loi 37-2008 du 28 novembre 2008 sur la faune et les aires protégées.

associées et gérées par des moyens efficaces, juridiques ou autres[181] ». La République du Congo dispose d'un réseau d'aires protégées qui atteint 3.655.402 ha, soit 10,68% du territoire national[182]. Il convient donc de prendre en compte l'aspect culturel, outre l'aspect environnemental, car il s'agit des sites naturels qui renferment un mode de vie, une histoire et des pratiques communes à un groupe communautaire.

B – La structuration des réseaux culturels publics-privés

A ce jour, le Congo n'a pas encore mis en œuvre la politique de réseaux culturels nationaux alors qu'il s'agit des structures qui concurrent à la protection du patrimoine. En effet, les réseaux culturels participent à la recomposition des territoires au même titre que les autres types de maillages – les infrastructures de communication, de télécommunication, les groupes économiques, les politiques de coopération institutionnelles... La culture est un enjeu économique et idéologique que les politiques essayent de contrôler[183]. C'est pourquoi, il convient de mettre en place une politique législative et règlementaire relative à l'émergence des réseaux et des labels dans certains domaines comme : la musique traditionnelle, la sculpture, les récits oraux (contes et légendes), les spectacles vivants.

Cependant, il faut noter que la mise en œuvre d'une telle politique doit tenir compte de certaines réalités à savoir :

- la mise en place des structures publiques chargées de gérer ces réseaux culturels. A ce propos, la loi n° 9 – 2010 du 26 juillet 2010 portant orientation de la politique culturelle en République du Congo dispose, en son article 26 « *il est créé dans tous les chefs-lieux de département et districts et dans chaque commune ou arrondissement, un centre culturel sous la forme d'un établissement public doté de la personnalité morale et de l'autonomie financière placé sous la tutelle du ministère en charge de la culturel* ». C'est dire que les dispositions légales relatives à la mise en place des réseaux culturels existent et qu'il faut procéder à l'élaboration et l'adoption des textes d'application pour que ces mesures soient effectives.

---

181 http://www.mddelcc.gouv.qc.ca/biodiversite/aires_protegees/registre/#entend, consulté le 18 novembre 2014

182 http://www.congo-site.com/Les-Aires-protegees-au-Congo_a808.html, consulté le 18 novembre 2014

183 Jean-Pierre Wolff, *Réseaux de villes et réseaux culturels dans l'Ouest l'exemple du théâtre et de la musique classique*, Norois [En ligne], 190 | 2004/1, mis en ligne le 03 septembre 2008, URL : http://norois.revues.org/81, consulté le 20 mars 2015.

➢ L'alignement des activités de ces réseaux sur une politique définie par l'Etat d'autant plus que l'article 28 de la même loi dispose « l'organisation *et le fonctionnement des centres culturels sont fixés par un décret pris en conseil de ministres* ». En réalité, il convient de donner aux manifestations culturelles locales un écho national à travers des canaux de diffusion et de promotion de ces évènements. A ce titre les festivals occupent une position marquante dans le paysage culturel et patrimonial congolais. Dans la pratique, le Congo connaît quelques festivals organisés par des particuliers. On peut citer :

- le festival Feux de Brazza, biennale dédiée aux musiques traditionnelles du Congo et d'Afrique. Feux de Brazza se déplace dans la ville, chaque édition mettant en valeur l'histoire et l'identité d'un quartier spécifique en associant pleinement les différentes communautés brazzavilloises via différentes activités : exposition, village artisanal, colloques scientifiques, etc.
- Les Sanzas de Mfoa créées en 2003. Ils attribuent des récompenses aux meilleurs artistes congolais et africains dans de nombreux domaines : musique, littérature, sculpture, peinture, cinéma, mode.
- Les Tam-tams d'or, plus spécifiquement consacré à la musique, ils récompensent chaque année les meilleurs artistes de la musique congolaise à travers 11 catégories. Depuis sa création en 2005, plus d'une centaine d'artistes ont ainsi été primés
- La nuit du Congo, un concept qui obéit au triptyque suivant : promouvoir l'identité culturelle dans le monde ; promouvoir la diplomatie entre États ; projeter une image positive du Congo à l'étranger. En partenariat avec un opérateur privé, cet évènement consiste à organiser chaque année dans une ville du monde une soirée dédiée à la musique congolaise sur la thématique « musique, tourisme et élégance »[184].

En somme, il convient d'accorder aux réseaux culturels congolais un cadre légal et des moyens humains et financiers pour que leur action sur la protection et la promotion du patrimoine soit plus efficace. Ces réseaux peuvent assurer une viabilité et un rayonnement du patrimoine culturel tant au niveau territorial que national. Pour des actions de protection et de promotion efficaces, il convient d'impliquer et de mettre

---

184 Bureau UNESCO de Brazzaville, Communiqué de presse - Conférence de presse du Conseil Africain de Musique : Le CAM s'engage à soutenir le développement de l'industrie musicale en Afrique, 15 janvier 2014, p4

ensemble les partenariats et les réseaux existants, les structures privées ou publiques et les opérateurs nationaux. En réalité, il s'agit de structurer les réseaux culturels nationaux publics ou privés.

Cependant, il est nécessaire de mettre un accent sur la coopération culturelle international qui vise à établir des rapports entre Etats, collectivités ou autorité territoriale de deux ou plusieurs parties autres que les rapports de coopération transfrontière[185].

II – La coopération culturelle internationale

Avant qu'elle ne soit culturelle, la coopération internationale vise d'abord une action conjointe et coordonnée des deux ou plusieurs Etats et des personnes privées dans un domaine déterminé, en vue de parvenir à des résultats communs dans un ou plusieurs domaines de la vie internationale. Cette expression est utilisée lorsque des collectivités territoriales sont appelées à collaborer non seulement avec les collectivités voisines, mais aussi avec celles ou Etats éloignés qui présentent une communauté d'intérêts[186]. Ainsi, la coopération culturelle internationale doit trouver ses bases dans l'engagement interministériel régional et sous régional (A) et dans la mise en place d'institutions interafricaines (B).

A – L'engagement interministériel régional et sous régional

Faire de l'Etat congolais l'acteur principal de la coopération culturelle internationale nécessite de décrire les rapports à mettre en œuvre par rapport aux entités interétatiques qui ont les mêmes statuts que lui et avec lesquels il doit assurer la coopération internationale.

En effet, l'article 178 de la Constitution congolaise du 20 janvier 2002 pose le principe de la coopération internationale. Il dispose « *le Président de la République négocie, signe et ratifie les traités et les accords internationaux* ». Il lui appartient donc d'établir des accords bilatéraux ou régionaux relatifs à la protection et la promotion du patrimoine culturel. Le cadre juridique étant posé au niveau national et international, il est nécessaire, au-delà de ses propres capacités, de mettre en œuvre une coopération culturelle

---

185 Lire à ce propos (avant-projet de convention sur la coopération internationale des collectivités ou autorités territoriales adopté par la Résolution 248, 1993 de la conférence permanente des pouvoirs locaux et régionaux de l'Europe), auquel cité par LEVRAT (N), Le droit applicable entre collectivités publiques infra-étatiques, PUF, Paris, 1994, p.385.

186 Jean Salmon, (dir), Dictionnaire de droit international, Bruylant, Bruxelles, 2002, p270

internationale basée sur une multitude de partenaires. Il s'agit précisément de mettre en place une politique culturelle internationale avec pour principaux partenaires des Etats disposant d'une riche expérience en matière de protection et de valorisation du patrimoine culturel.

Dans le même sens, il convient de préciser que la coopération culturelle internationale est prévue à l'Article 3 de la Déclaration de l'UNESCO sur les principes de la coopération culturelle internationale du 4 novembre 1966. Cet article dispose« *la coopération culturelle internationale s'étendra à tous les domaines des activités intellectuelles et créatrices relevant de l'éducation, de la science et de la culture* ». Et l'article 4 du même texte dispose « *la coopération culturelle internationale, sous ses formes diverses - bilatérale ou multilatérale, régionale ou universelle - aura pour fins :*

1. De diffuser les connaissances, de stimuler les vocations et d'enrichir les cultures ;
2. De développer les relations pacifiques et l'amitié entre les peuples et de les amener à mieux comprendre leurs modes de vie respectifs ;
3. De contribuer à l'application des principes énoncés dans les Déclarations des Nations Unies rappelées au préambule de la présente Déclaration ;
4. De permettre à chaque homme d'accéder à la connaissance, de jouir des arts et des lettres de tous les peuples, de participer aux progrès de la science accomplis dans toutes les parties du monde et à leurs bienfaits, et de contribuer pour sa part à l'enrichissement de la vie culturelle ;
5. D'améliorer, dans toutes les parties du monde, les conditions de la vie spirituelle de l'homme et de son existence matérielle ».

En vertu de leurs liens historiques et culturels, il existe une réelle coopération culturelle entre la France et le Congo à travers l'Institut Français du Congo (IFC). Près de 255 millions de F CFA ont été investis par l'Etat français pour assurer, en 2013, le seul fonctionnement des Instituts Français du Congo qui ont pour but de concourir à la diffusion de la culture française et francophone et à promouvoir l'émergence des nouveaux talents congolais. Par ailleurs, l'IFC valorise la langue française et la coopération universitaire y compris la recherche scientifique. En 2013, l'IFC a participé au festival « Etonnants voyageurs » qui s'est tenu du 13 au 17 février 2013[187], à la célébration de la Francophonie, à la Fête de la Musique, au colloque scientifique « Image et Histoire »,au colloque

[187] Le festival « Etonnants voyageurs » est un festival dédié aux littératures du monde, à la découverte de l'Orient, de l'Amérique latine ou de l'Afrique. Il rassemble chaque année des écrivains, cinéastes, musiciens.

« Brazzaville capitale de la France libre », au festival Mantsina sur scène[188], au séminaire de formation en archivistique et un en architecture[189]. Ainsi, il convient de stimuler l'élan de coopération régional ou sous régional, selon les cas, pour mettre en place des mesures pouvant avoir des retombées financières dans le but de contribuer à la protection du patrimoine culturel. Au niveau de la sous-région Afrique centrale, il manque un organe fédérateur pouvant servir de cadre de concertation, de coopération et de financement des questions patrimoniales et culturelles. La mise en place d'une institution régionale ou sous régionale chargée de mutualiser les compétences et servant d'échange d'expériences tout en faisant la promotion du patrimoine culturel est donc nécessaire.

La France est quasiment le seul pays qui investit autant dans la culture et le patrimoine congolais en vertu des liens historiques entre les deux pays. C'est pourquoi, au niveau régional et sous-régional, il est nécessaire de stimuler l'engagement interministériel en raffermissant les liens entre le Congo et les Etats qui disposent d'une riche expérience en matière de protection et de promotion du patrimoine culturel. Concrètement, il convient de mettre en place, des structures communes de gestion, de valorisation et de protection du patrimoine culturel. En ce sens, l'engagement interministériel peut, entre autre, porter sur la création d'un fonds sous régional de protection de promotion du patrimoine à l'image des structures européennes comme :

- le Fonds Européen de Développement Régional (FEDER) qui participe au développement des régions les plus défavorisées en facilitant leur ajustement structurel, notamment par le cofinancement d'infrastructures ou d'investissements en faveur du patrimoine rural.
- Le Programme Culture qui vise à promouvoir la mobilité transnationale des personnes travaillant dans le secteur culturel, à encourager la circulation transnationale des œuvres d'art et des produits culturels, à encourager le dialogue interculturel en Europe.
- Le programme « Europe créative » qui vise à soutenir le secteur culturel et créatif. Il se présente sous la forme d'un programme cadre qui réunit trois axes complémentaires de soutien : un volet "Culture",

188 Mantsina sur scène est la grand-messe culturelle qui réunit, au Congo, metteurs en scène, comédiens, poètes, chorégraphes, danseurs, musiciens, chanteurs et plasticiens. Il célèbre les arts dramatiques, en plaçant l'artiste au centre du développement culturel.
189 Dossier de presse, Coopération française en République du Congo, Bilan des actions de coopération en 2013 Ambassade de France 2013, p21

un volet "Média" et un instrument financier de soutien à l'entrepreneuriat culturel. Il marque la prise en compte par l'Union de l'importance du secteur culturel et créatif dans l'emploi, la croissance et l'innovation européenne, comme de la nécessité d'investir spécifiquement dans son renforcement et sa compétitivité dans un contexte de mondialisation et de changements forts liés au numérique[190].

Autant d'initiatives européennes qui contribuent à la protection, au financement et au rayonnement du patrimoine des Etats membres et celui de la communauté. Le but de ce genre d'initiative est de soutenir le secteur de la culture à travers les aides financières afin de migrer vers une approche plus intégrée au niveau national et européen et, enfin, à faire de l'Europe un laboratoire d'innovation axée sur le patrimoine[191].

L'élargissement du cercle de responsabilité dans la protection du patrimoine inclut l'engagement interétatique pour la mise en place des actions communes de protection réputées plus efficaces. C'est l'esprit de la Charte de la renaissance culturelle africaine du 24 janvier 2006 qui dispose à son article 30 : « *les Etats africains reconnaissent qu'il est vital de mettre en place une coopération culturelle interafricaine en tant que contribution à la compréhension et à l'enrichissement mutuels des cultures africaines et entre l'Afrique et le reste du monde en particulier avec la diaspora africaine* ». L'article 31 dispose : *« aux fins énoncées à l'article précédent, les Etats africains conviennent de:*

- *renforcer les capacités, notamment des institutions spécialisées de la Commission de l'Union africaine afin de leur permettre de coordonner, d'assurer le suivi, l'évaluation et l'harmonisation des meilleures pratiques concernant les politiques, les programmes et les réseaux ;*
- *organiser des événements culturels tels que les festivals, les symposiums, les manifestations sportives et les expositions artistiques ;*
- *créer des centres de recherche et encourager les échanges de programmes culturels ;*
- *s'engager à garantir que les valeurs culturelles africaines sont exprimées avec le maximum d'impact afin de promouvoir et de renforcer le sens d'identité africaine chez les Africains ».*

---

190 Stratégie européenne 2014-2020, in *Relais Culture Europe, Site d'information sur l'Europe et la culture,* consulté le 23 octobre 2014, Url : http://www.relais-culture-europe.eu/strategie-europeenne-2014-2020/europe-creative-presentation-generale

191 http://europa.eu/rapid/press-release_IP-14-854_fr.htm, consulté le 22 octobre 2014

En réalité le cadre juridique de coopération régionale ou sous régionale a été posé par la Charte de la renaissance culturelle africaine de 2006 qui remplace la Charte culturelle de juillet 1975. Il s'agit donc de mettre en œuvre ces dispositions pour que cette coopération soit effective. Celle-ci soulagerait énormément les seuls Etats qui font face à des difficultés financières dans la protection de leur patrimoine culturel.

Une fois que l'Etat congolais a rempli son rôle d'acteur principal de la coopération culturelle internationale, il faut envisager d'accentuer le partenariat avec les institutions culturelles internationales pour un meilleur rendement (B).

B –Le renforcement du partenariat existant et la mise en place d'institutions interafricaines

Le Congo est membre des institutions culturelles internationales comme l'UNESCO, l'ICCROM, l'ICOMOS qui jouent un rôle majeur dans la protection et la valorisation du patrimoine culturel. Il est donc impératif d'envisager un renforcement de partenariat avec ces organismes pour un meilleur rendement. Plus concrètement, le partenariat entre le Congo et l'ICOMOS doit être fondé sur un principe majeur : fédérer autour du patrimoine. Il s'agit, par cette initiative, de mettre au profit du Congo des chercheurs, scientifiques, spécialistes du droit du patrimoine, économistes, ingénieurs, artisans, professionnels, professeurs, consultants privés, élus, représentants des Etats, etc.. Toutes ces compétences réunies peuvent aider à accentuer le partenariat au bénéfice du patrimoine culturel congolais.

Le but est de mettre les diverses compétences, les savoirs et les savoir-faire en commun, dans un esprit de collégialité et dans le respect des différences culturelles et cultuelles[192]. En sa qualité d'ONG, l'ICOMOS est l'une des trois organisations consultatives de la Convention du patrimoine mondial. Pour élaborer son avis institutionnel, il fait appel à un réseau d'experts, choisis pour leurs compétences et leur expérience, qui donnent leur avis technique en toute indépendance et dans le respect des règles déontologiques. C'est pourquoi nous pensons que le Congo, en accentuant sa coopération avec cet organisme, peut mettre en place des échanges solides avec les autres pays membres ayant de l'expérience et pouvant l'inspirer dans son objectif de renforcer la protection et la promotion du patrimoine culturel. Par ailleurs, l'ICOMOS œuvre pour la sensibilisation au

---

192 http://www.icomos.org/fr/jce/a-propos-de-licomos/mission-et-vision/licomos-en-bref-2, consulté le 23 mars 2015

patrimoine. Il participe à des actions de formation, accueille et implique de jeunes chercheurs et professionnels autour de ses enjeux et de ses actions. Dans le cadre de la formation des ressources humaines, l'ICOMOS dispose d'un programme dénommé « Le Fonds International Raymond Lemaire ». Celui-ci octroie des bourses d'étude aux jeunes espoirs pour compléter leur éducation ou parfaire leur expérience professionnelle[193]. Le Congo peut trouver par ce Fond un moyen de former les professionnels et les agents du patrimoine prévus par la loi de 2010 sur la protection du patrimoine national culturel et naturel.

Dans la même logique, l'ICCROM a pour ambition d'améliorer la qualité de la pratique de la conservation et d'accroître la sensibilisation du public à l'importance de préserver le patrimoine culturel. Cet organisme contribue ainsi à la conservation du patrimoine culturel dans le monde, aujourd'hui et pour le futur, à travers cinq grands domaines d'activité : formation, information, recherche, coopération et sensibilisation. L'ICCROM a posé les bases de la coopération internationale en précisant que toutes ses activités voient la participation de partenaires institutionnels et professionnels. La coopération prend la forme de conseil technique, de visites de collaboration, d'éducation et de formation[194]. A travers le programme PREMA (Prévention dans les Musées Africains), cette institution peut aider le Congo en matière de conservation préventive des collections de ces musées.

Outre les institutions culturelles, il est important d'élargir le partenariat à d'autres structures régionales comme la Communauté Economique et Monétaire de l'Afrique Centrale (CEMAC) et la Communauté Économique des États de l'Afrique Centrale (CEEAC) qui disposent des lignes budgétaires destinées au patrimoine.

La CEMAC une organisation internationale regroupant six pays d'Afrique centrale (le Cameroun, le Congo, le Gabon, la Guinée Équatoriale, la République de Centrafrique et le Tchad) créée pour prendre le relais de l'Union douanière et économique de l'Afrique centrale (UDEAC). La nécessité d'intensifier leur coopération a poussé certains Etats de l'Afrique Centrale à signer le 8 décembre 1964 à Brazzaville le traité instituant l'Union Douanière et Economique de l'Afrique Centrale (UDEAC). Cette organisation sous régionale fut certainement la plus ancienne de toutes les organisations africaines

193 *Ibid.*

194 http://www.iccrom.org/fr/about/what-is-iccrom/, consulté le 23 mars 2015.

d'intégration et devait, malgré d'énormes difficultés de parcours quelques fois, survivre une trentaine d'années. Elle avait su surmonter des crises aiguës des années 1966 avec le retrait-réintégration de la RCA et du Tchad. Toutefois, avec les crises économiques successives des années 1980-1990, il avait paru indispensable de relancer le processus d'intégration économique et sociale sous une nouvelle forme plus dynamique, avec la signature le 16 mars 1994 à N'djamena au Tchad du Traité instituant la Communauté Economique et Monétaire de l'Afrique Centrale[195] (CEMAC). Cette organisation a pour mission :

- l'établissement d'une union de plus en plus étroite entre les peuples des Etats membres pour raffermir leurs solidarités géographique et humaine.
- la promotion des marchés nationaux par l'élimination des entraves au commerce intercommunautaire, la coordination des programmes de développement, l'harmonisation des projets industriels.
- le développement de la solidarité des pays membres au profit des pays et régions défavorisés.
- la création d'un véritable marché commun africain[196].

Aussi, dans son préambule, le Traité constitutif de la CEMAC du 16 mars 1994 reconnaît la nécessité de protéger le patrimoine culturel. Il précise : « … *désireux de renforcer la solidarité entre leurs peuples dans le respect de leurs identités nationales respectives*[197] … »

Le Congo peut faire valoir cet objectif pour bénéficier d'un apport en matière de protection du patrimoine culturel, car les rapports entre les peuples nécessitent que soient sauvegardés la culture et le patrimoine des communautés.

La Communauté Économique des États de l'Afrique Centrale (CEEAC) quant à elle a été créée en octobre 1983 et compte actuellement 10 États membres à savoir l'Angola, le Burundi, le Cameroun, la Centrafrique, le Congo, le Gabon, la Guinée Equatoriale, la RD Congo, Sao Tome & Principe et le Tchad. Les missions de la CEEAC sont définies au chapitre II de l'article 4 du Traité qui stipule que « *le but de la Communauté est de promouvoir et de renforcer une coopération harmonieuse et un développement équilibré et auto-entretenu dans les domaines de*

---

195 Ouomba-Diassivy, *La souveraineté de l'état et l'intégration sous régionale en Afrique centrale : le cas de la CEMAC*, Mémoire de Master en relations internationales, Institut des Relations Internationales du Cameroun 2009, p26

196 http://www.cemac.int/apropos, consulté le 24 mars 2015

197 Préambule du Traité constitutif de la CEMAC du 16 mars 1994

l'activité économique et sociale, en particulier dans les domaines de l'industrie, des transports et communication, de l'énergie, de l'agriculture, des ressources naturelles, du commerce, des douanes, des questions monétaires et financières, des ressources humaines, du tourisme, de l'enseignement, du perfectionnement, de la culture, de la science et de la technologie et du mouvement des personnes en vue de réaliser l'autonomie collective, d'élever le niveau de vie des populations, d'accroître et de maintenir la stabilité économique, de renforcer les étroites relations pacifiques entre les Etats membres, et de contribuer au progrès et au développement du continent africain[198]». La CEEAC a déjà participé à la mise en œuvre de plusieurs projets dans les domaines de paix et de sécurité, des transports, de l'environnement[199]… Il est possible d'orienter le financement des projets culturels comme la réhabilitation ou la revalorisation de certains sites culturels ou encore l'organisation des expositions nationales et internationales assorties des conférence-débats sur le patrimoine congolais.

CONCLUSION CHAPITRE II

Les mesures contraignantes doivent être accompagnées des mesures non obligatoires, mais persuasives. Leur mise en œuvre devra se faire dans un cadre par fixé de commun accord entre les différents partenaires concernés par la protection du patrimoine. C'est pourquoi il est nécessaire d'élargir le cercle de responsabilité dans la protection du patrimoine à travers la gestion participative c'est-à-dire l'implication des communautés locales et des chefs traditionnels ou coutumiers. Il est clair que la participation de la population locale permet une meilleure appropriation, une meilleure compréhension, une meilleure connaissance et une meilleure assimilation du patrimoine par les communautés locales. C'est pourquoi il a été important d'illustrer la nécessité de mettre en place une politique patrimoniale adaptée à leurs aspirations.

Par ailleurs, il a été question de mettre en évidence le rôle des partenaires privés qui, de plus en plus, manifestent un intérêt grandissant pour le patrimoine. Avec l'essoufflement avéré de l'Etat (en tant que seul responsable de la protection du patrimoine) dans la protection et la gestion du patrimoine, la participation des mécènes pour une contribution à l'élargissement du cercle de responsabilité devient indispensable. Faire intervenir les partenaires privés constitue une

---

198 Article 4 du Traité du 18 octobre 1983 instituant la CEEAC

199 http://www.ceeac-eccas.org/index.php/fr/a-propos-de-la-ceeac/presentation, consulté le 24 mars 2015.

contribution supplémentaire dans la gestion et la protection du patrimoine.

En outre, il a été question de dégager l'importance du rôle des chefs coutumiers ou traditionnels et des chefs religieux. En ce qu'il dispose d'un pouvoir considérable au sein de leur communauté respective, il apparaît important de les faire participer à la protection et à la valorisation. Une responsabilisation commune avec pour objectif un partage commun des avantages découlant de l'utilisation du savoir et savoir-faire traditionnel de nature patrimoniale et qui vise une justice qui combine le commutatif et le distributif[200]. Il faut inciter les chefs coutumiers et religieux à mettre leur influence et leur savoir à profit dans le cadre de la gestion participative.

D'autre part, il est nécessaire de revoir la réglementation fiscale à travers notamment la consolidation du financement de la culture et la détaxation des biens et services culturels. Celle-ci, une fois allégée, peut valablement contribuer à l'éclosion des talents et la promotion des œuvres d'art hors de nos frontières.

Par la suite, il a fallu démontrer que la coopération culturelle constitue une mesure incitative pouvant contribuer à la protection et la gestion du patrimoine. C'est pourquoi, il nous a paru nécessaire de prouver dans quelle mesure elle est indispensable car elle peut soulager énormément les seuls Etats qui font face à des difficultés financières et de formation de ressources humaines.

L'élargissement du cercle de responsabilité dans la protection du patrimoine suppose donc une implication des communautés locales, des chefs traditionnels et religieux, des partenaires privés. Il est évident que l'Etat seul ne peut continuer à assurer la protection du patrimoine. Les autres entités et institutions doivent s'y mettre, car elles bénéficient des retombées du patrimoine. La gestion participative s'impose donc dans la protection du patrimoine culturel au Congo. Toutes ces mesures vont permettre d'assurer une transition entre la gestion et la valorisation du patrimoine.

---

200 Jacques Ghestin, *La formation du contrat*, LGDJ, 2e éd. N°182, p. 197. La justice distributive consiste à remettre à chacun la part qui lui revient selon la nature, diront les uns, selon les impératifs sociologiques et économiques diront les autres.

TITRE II : DE LA GESTION A LA VALORISATION DU PATRIMOINE CULTUREL

Les relations entre le patrimoine et le développement doivent être envisagées comme un atout pour la préservation du patrimoine, la diffusion des valeurs qu'il renferme et le développement culturel, social et économique des populations[201]. En ce sens, la gestion du patrimoine culturel doit tenir compte non seulement des retombées de sa valorisation, mais aussi des acteurs locaux. Le but est de faire profiter aux populations locales des retombées de la valorisation de leur patrimoine. L'apport du patrimoine en ce domaine est relatif à sa valorisation économique sous toutes ses formes. En premier lieu, « *il s'agit des revenus apportés par le tourisme… Mais, l'existence du patrimoine est aussi une occasion de donner un supplément de valeur aux produits locaux en leur conférant un caractère distinctif de produits concurrents*[202] ».

La valorisation du patrimoine abouti à la création d'emplois avec l'amélioration des conditions de vie des communautés locales détentrices de ce patrimoine. Cependant, cette valorisation fait peser sur le patrimoine des menaces de destruction soit naturelles, soit humaines. Pour faire face à toutes ces menaces, il convient pour l'Etat, les collectivités, les populations et tous les acteurs, de mettre en œuvre une politique commune visant à préserver cette ressource non renouvelable. Ainsi, quoi qu'il arrive, « *les intérêts économiques ne doivent pas l'emporter sur la préservation du patrimoine. Même s'il a été démontré que la présence d'un patrimoine significatif est susceptible d'attirer de nouveaux résidents et de nouvelles activités et, donc, de contribuer à une évolution démographique favorable*[203] », les autorités en charge du patrimoine ne doivent pas perdre de vue leur rôle principal :

---

201 ICOMOS, Préambule de la Déclaration de Paris Sur le patrimoine comme moteur du développement. Adoptée à Paris, siège de l'UNESCO, le jeudi 1e décembre 2011,

202 Michel Vernières, *La contribution du patrimoine au développement local : enjeux et limites de sa mesure,* Intervention lors du colloque sur « La mesure du développement », Paris 1-2-3 février 2012, p8

203 *Ibid.* p7

celui d'œuvrer pour la préservation d'un héritage commun qui est le patrimoine. Il s'agit donc d'encadrer la valorisation par l'adoption d'une série d'initiatives et d'actions visant à promouvoir un développement qui intègre dans son processus le patrimoine culturel matériel et immatériel comme composante indispensable de sa durabilité et de sa dimension humaine.

Une valorisation non encadrée entraîne un tourisme de masse avec son principal corollaire : l'érosion du patrimoine et des valeurs culturelles à travers une dégradation soit naturelle, soit humaine. C'est pourquoi, il est nécessaire d'instaurer une nouvelle approche qui exige de considérer la gestion du patrimoine culturel comme facteur du développement local et national (chapitre 1). Cette nouvelle approche devra, en même temps, envisager l'intégration du patrimoine dans une politique touristique durable (chapitre 2) afin d'éviter des débordements dans la mise en valeur du patrimoine culturel.

Chapitre I : La gestion du patrimoine culturel comme facteur du developpement local et national

La gestion du patrimoine culturel doit tenir compte des enjeux du développement pour les matérialiser par des réalisations communautaires. D'où la nécessité de la prise en compte du patrimoine dans le développement local et national (section 1) et de l'intégrer dans les politiques publiques d'éducation (section 2).

SECTION I : LA PRISE EN COMPTE DU PATRIMOINE DANS LE DEVELOPPEMENT LOCAL ET NATIONAL

Les territoires africains, urbains ou ruraux, constituent un des noyaux de l'identité culturelle africaine à travers les échanges sociaux, spirituels, culturels et économiques qui s'y sont déroulés au fil du temps, et qui ont donné naissance à des créations uniques au monde qui s'expriment à travers leurs patrimoines immatériels et matériels. La valorisation de ces richesses culturelles et patrimoniales, à l'intérieur des communes qui représentent de nouveaux espaces de cohérence, renforcerait la dimension culturelle de celles-ci, et apportera sans aucun doute, une amélioration aux conditions de vie des populations africaines[204].

Le Congo ne devrait pas échapper à cette logique. C'est pourquoi faire du patrimoine un enjeu du développement suppose un renforcement de son attractivité. Lorsqu'il accroît son attractivité, le patrimoine génère des retombées financières importantes qui doivent contribuer à l'amélioration des conditions de vie des populations (paragraphe 1). Pour cela, sa valorisation doit avoir pour objectif l'attractivité du public (paragraphe 2).

---

204 Craterre-ENSAG / Convention France-UNESCO, *Patrimoine culturel et développement local. Guide à l'attention des collectivités locales africaines*, *Op, Cit*, p5, (Avant-propos de Nouréini Tidjani-Serpos et Jean Faure).

PARAGRAPHE 1 : LE PATRIMOINE COMME ENJEU DU DEVELOPPEMENT LOCAL ET NATIONAL

Pour qu'il contribue au développement, le patrimoine culturel doit être mis en valeur au profit des communautés locales et nationales (I) tout en plaçant les élus locaux au centre de ce développement (II).

I – La mise en valeur du patrimoine au profit des communautés locales et nationales

La mise en valeur suppose une contribution du patrimoine au développement local et national (A). Cependant, il convient de garder à l'esprit que cette contribution varie selon le type de patrimoine (B)

A – La contribution du patrimoine au développement local et national

Les territoires africains, urbains ou ruraux, constituent un des noyaux de l'identité culturelle africaine à travers les échanges sociaux, spirituels, culturels et économiques qui s'y sont déroulés au fil du temps, et qui ont donné naissance à des créations uniques au monde qui s'expriment à travers leurs patrimoines immatériels et matériels. La valorisation des richesses culturelles et patrimoniales, à l'intérieur des communes qui représentent de nouveaux espaces de cohérence, renforcerait la dimension culturelle de celles-ci, et apporterait sans aucun doute, une amélioration aux conditions de vie des populations africaines[205]. C'est dire qu'il existe un lien de développement entre le patrimoine et les collectivités locales qui en sont détentrices. Ainsi, on peut se permettre de rappeler qu'à partir des indépendances, les Etats africains ont pris en main leur destinée. Dans cette nouvelle ère, ils devaient, entre autre, se préoccuper des questions de développement, de santé publique mais également de développement culturel[206]. De nos jours, le patrimoine culturel est de plus en plus au cœur des préoccupations locales. Il se diversifie et apparaît comme un maillon central de développement économique. Gardons à l'esprit qu'il ne s'agit nullement de créer des patrimoines pour des fins économiques mais de réhabiliter et de valoriser celui qui existe pour qu'il contribue au développement local. Dès lors, « *préserver, valoriser et faire vivre nos patrimoines, constitue un enjeu majeur, non seulement pour la qualité de vie de nos*

---

205 Nouréini Tidjani-Serpos, Sous-Directeur général adjoint de l'UNESCO pour l'Afrique, *Patrimoine culturel et développement local, guide à l'intention des collectivités locales africaines* (avant-propos), CRAterre-ENSAG/Cconvetion France-Unesco 2006, p5

206 PatrickEFfiboley, *Le financement de la culture au Bénin : quelques éléments d'analyse de la politique de l'Etat*, Journées d'études internationales 26-27 Juin 2013, Ecole des Hautes Etudes en Sciences Sociales, p2

populations, mais aussi pour la stabilité sociale. Nos sociétés sont multiculturelles, évolutives, parfois sous tensions. Encourager les expressions culturelles, favoriser la pérennité des savoirs et savoir-faire traditionnels, c'est aussi encourager le dialogue et permettre la cohabitation pacifique des différentes communautés[207] ».

Il s'agit d'analyser la contribution sinon l'apport du patrimoine culturel dans l'activité économique et sociale des populations locales. C'est pourquoi, il convient de faire du patrimoine culturel un facteur de développement local. Le patrimoine culturel étant une ressource présentant des caractères spécifiques propres à chaque territoire, il est considéré comme un atout important pour leur développement. Au sein des collectivités locales congolaises, malgré les difficultés à financer le patrimoine, on constate un intérêt aux valeurs patrimoniales et culturelles.

D'autre part, la mondialisation entraîne le besoin sinon la nécessité pour les collectivités locales de se développer. Face aux enjeux pressants du développement, il apparaît nécessaire de souligner le rôle du patrimoine dans le développement local. En effet, la culture joue un rôle capital dans le développement local. Si la culture est une source d'emplois, d'exportations et de revenus à l'échelon national, elle l'est aussi au niveau local. Dans les villes, les métropoles et les régions, la culture est une composante essentielle du cadre de vie, une source de revenus liés au tourisme, ainsi qu'un levier de créativité pour la production de biens et services nouveaux. Dans ce sens, il paraît important de faire remarquer qu'en économie de la culture, les œuvres d'art font partie du patrimoine historique d'une nation. De par la spécificité de leur offre et de leur demande dont l'évaluation s'avère difficile, ces types de biens spéciaux intègrent le système économique et participent à la production locale et nationale, à travers leurs ventes, les frais touristiques et les taxes liées aux métiers de la culture et des arts, y compris les frais d'exportation[208]. Ainsi, il n'est pas étonnant que les élus locaux souhaitent encourager le tourisme culturel, les districts culturels, ou les quartiers culturels[209]. Mais, il faut noter ici que cette contribution varie selon le patrimoine.

---

[207]Arianna Ardesi (sous la dir.), *Patrimoine culturel et enjeux territoriaux en Afrique francophone. Appui aux politiques locales*, UE-AIMF 2003, p7

[208]Kouéna Mabika Louis, *La place et le rôle des oeuvres d'art dans le développement africain : cas du Congo-Brazzaville*, Communication à la 11e Assemblée Générale du CODESRIA (Décembre 2005, Maputo), p4

[209] OCDE, *Développement économique et création d'emplois locaux (LEED)- La culture et le développement local*, OCDE 2002, 4ème page.

B –Une contribution qui varie selon le type de patrimoine

Réfléchir au patrimoine, c'est avant tout s'interroger sur le territoire. Entité géographique et culturelle, le territoire reflète la façon dont les sociétés humaines se sont insérées dans leur environnement, ont appris à en exploiter les ressources naturelles pour répondre à leurs besoins et assurer leur développement[210]. Ainsi, il convient de mentionner les efforts réalisés, au Congo, dans l'action que le patrimoine culturel peut avoir sur le développement local. D'une manière générale, l'enquête réalisée en 2011 auprès des professionnels de la culture a permis de mettre en lumière le dynamisme de certaines filières qui, bien que peu structurées, se développent rapidement. Sont particulièrement concernées les filières de la musique, de l'artisanat et du tourisme culturel. Selon les estimations de l'Organisation Internationale de la Francophonie, le secteur de la culture emploierait au moins 2 625 personnes et génèrerait un chiffre d'affaires cumulé d'au moins 813 millions de francs CFA et 3,9 milliards de francs CFA si l'on prend en compte le très important budget du FESPAM. A ce chiffre, il convient d'ajouter toutes les retombées indirectes induites par le biais du tourisme en termes d'emplois et de revenus. Peu élevée, cette estimation révèle en tout cas l'importante marge de progression dont disposent les autorités pour faire du patrimoine culturel une véritable ressource pour le développement économique du pays, notamment à travers une stratégie globale de promotion du tourisme[211].

Le secteur qui contribue le plus au développement local est celui de la musique traditionnelle, tradi-moderne ou moderne, qui est devenu un patrimoine commun à tous les Congolais. En effet, chaque groupe ethnique dispose des chants et musiques qui lui sont propres et qui sont exécutés à l'occasion de certains événements (naissance, passage à l'adolescence, mariage, intronisation d'un roi, décès…). Ces musiques et danses constituent un savoir et un savoir-faire qui, au fil des temps, sont devenus un patrimoine symbolisant l'appartenance à une ethnie ou un groupe social.

Ce secteur est l'un de ceux qui est resté le plus dynamique au Congo depuis l'accession à l'indépendance. Cette musique produite à travers différents dialectes est une richesse singulière au regard de la qualité intrinsèque de ses chants et ses musiques folkloriques, transmis oralement depuis des siècles. Ces musiques tribales ont une

---

210 Nouréini Tidjani-Serpos, *Op. Cit.* p30

211 Organisation Internationale de la Francophonie, Profil culturel des pays du sud, membres de la francophonie, Cameroun, Congo-Brazzaville, Gabon, OIF 2012, p44

instrumentation diversifiée, des rythmes variés, des mélodies colorées, une inspiration, un assemblage de mots. En tout, un art appartenant à des groupements sociaux[212].

Pour ce qui est de la participation de ce secteur de la culture au développement local, l'enquête conduite auprès des professionnels de la musique et du spectacle a permis d'identifier 71 structures, pour un total de 381 emplois. Avec un taux de réponse de 92 %, le chiffre d'affaires du secteur a été estimé à 3,889 milliards de francs CFA, sachant cependant que près de 82 % de ce résultat est imputable à l'énorme budget du Festival panafricain de musique financé presqu'intégralement par l'État congolais. Si l'on retranche ce budget, on peut envisager une estimation à 707,15 millions de francs CFA. Quoiqu'il en soit, ces chiffres doivent être relativisés en raison du poids du secteur informel[213]. Aussi, à la fin de l'année 2002, pour mieux règlementer les produits de la création culturelle, le Bureau Congolais des Droits d'Auteurs (BCDA) a annoncé qu'il percevrait, désormais, la somme de 16.000 f cfa (25 euros environ) par année et par bus et taxi diffusant de la musique[214]. Une mesure mise en place pour permettre aux artistes de tirer profit de leurs œuvres.

Outre la musique traditionnelle, le secteur de l'artisanat traditionnel apporte une modeste contribution au développement local. Le Congo dispose d'une vieille tradition de sculpture sur bois à travers des objets d'art comme les masques, statues, objets quotidiens... Dans ce sens, le poids de l'artisanat traditionnel commence à se faire sentir dans l'économie locale. Il n'est certes, pas aisé d'évaluer exactement la valeur ajoutée de ce secteur dans le développement local, mais on ne peut s'empêcher de mentionner son impact au niveau local. Bien qu'il soit difficile de quantifier précisément l'importance en termes d'emplois et de chiffre d'affaires en raison de la prépondérance de l'informalité, l'enquête réalisée n'a ainsi permis d'identifier que 12 structures qui emploient au minimum 21 personnes. Tous ces chiffres sont, bien entendu, largement minorés et masquent le fort potentiel du secteur pour le développement économique du pays[215]. (Ci-dessous le tableau synthétique des chiffres collectés).

Le tourisme culturel (qui inclut la visite du patrimoine culturel comme les monuments historiques, les sites et paysages culturels...) connaît un

---

212 http://www.congoforum.be/fr/congodetail.asp?subitem=37&id=25652&Congofiche=selected, consulté le 19 septembre 2014.

213 Organisation Internationale de la Francophonie, *Op.Cit*, p47

214 Laurier Yvon Ngombe, *Le droit d'auteur en Afrique*, L'Harmattan 2009, p172

215 Organisation Internationale de la Francophonie, *Op.Cit*, p50

regain d'intérêt. En effet, ce secteur a fortement été endommagé par les conflits successifs que le Congo a connus en 1993, 1997 et 1998. Depuis la fin de la guerre civile, l'Etat s'est attelé à réhabiliter des sites culturels tels que la basilique Sainte-Anne de Brazzaville, le mémorial P.S De Brazza ainsi que les sites culturels de M'bé et de Loango.

Hormis le patrimoine culturel, le patrimoine naturel contribue également au développement local. Le Parc National de *Nouabalé-Ndoki* qui est une réserve naturelle située dans le Nord-Ouest du bassin du Congo est le premier site de la République du Congo à être intégré à la Liste du patrimoine mondial de l'UNESCO. Il est un parfait exemple de collaboration transfrontalière pour la sauvegarde d'un patrimoine commun[216] (voir annexe-figure 12). Ce site qui présentait déjà des intérêts nationaux et départementaux a vu son importance s'accroître depuis son inscription au patrimoine mondial en 2012. La contribution de ce patrimoine au développement local consiste dans la construction des écoles, dans la formation scolaire et professionnelle, dans l'emploi avec les retombées du tourisme. En effet, le nombre d'employés du parc a presque doublé depuis 2012. Il compte désormais un Directeur National, un Conservateur et trois Conservateurs Adjoints. Le parc emploie 93 agents dont 59 écogardes en activité sur le site. Aussi, pour freiner l'exploitation des ressources naturelles du Parc, la société d'exploitation forestière Thanry Congo en partenariat avec la direction du Parc tente d'offrir des possibilités d'emploi dans la mesure du possible[217].

II – La responsabilisation des élus locaux dans le développement des communautés

Le Congo est un pays qui a connu le processus de décentralisation depuis le début des années 1990 avec l'avènement de la démocratie. Mais, à ce jour cette décentralisation n'est pas effective du fait de la concentration des compétences par l'Etat central. C'est pourquoi, il convient de développer les compétences patrimoniales des élus locaux (A) tout en accordant une réelle autonomie financière aux collectivités locales dans la valorisation du patrimoine culturel (B).

---

216 http://www.patrimoine-congo-brazzaville.com/lieux/le-parc-national-de-nouabale-ndoki/, consulté le 17 septembre 2014.

217 Henri Boukoulou (Dir.), *Braconnage autour des aires protégées : cas du Parc national de Nouabalé-Ndoki*, Institut de Développement Rural, Laboratoire des Productions Animales et Biodiversité, Université Marien NGOUABI 2010, p203

A- Le développement des compétences patrimoniales des élus locaux

La gestion du patrimoine culturel au Congo est assurée par les structures de gestion publique, c'est-à-dire l'Etat à travers le ministère en charge de la culture et ses organes décentralisés (directions générales, départementales, centraux[218]...). Elle illustre une forte centralisation des compétences qui n'est pas sans produire des effets sur le mode de gestion du patrimoine culturel. C'est dire que la gestion du patrimoine culturel au Congo est une gestion étatique. Dans les faits, c'est l'Etat central qui décide de tout, au détriment des élus locaux.

En effet, la décentralisation a été instaurée au Congo Brazzaville au début des années 1990 avec l'avènement de la démocratie et impulsée dans les années 2003 avec la promulgation des lois, décrets et arrêtés définissant le cadre dans lequel devrait être mis en œuvre ce processus. Elle a connu deux principales étapes :

- la première étape s'est ouverte dans la décennie 1990. La loi du 3 juin 1994 fixant les orientations fondamentales de la décentralisation, la loi 16-95 du 14 septembre 1995 portant organisation et fonctionnement des régions et communes de plein exercice ainsi que la loi du 24 octobre 1997 portant promulgation de l'Acte Fondamental de la transition ont organisé un transfert de certaines compétences du gouvernement aux collectivités locales qui sont constituées des régions et communes. Ces textes bouleversent les conceptions traditionnelles de fonctionnement de l'administration connues depuis l'indépendance[219]. Selon cette nouvelle nomenclature, chaque collectivité dispose d'un organe de décision et d'exécution. Mais seule la commune exerce ses fonctions sous lesdites lois parce que l'Etat ne pouvait organiser les élections régionales, ni accompagner les mesures des finances appropriées.
- La seconde étape concerne les lois prises sous la transition flexible de 1997 à 2002. Une transition mise en place après les troubles sociopolitiques de 1997 pour une durée de 5 ans. Elle pouvait être rallongée dans l'hypothèse du prolongement du conflit. Ces lois prévoient la substitution des régions en département tandis qu'une

---

218 Voir organigramme – Annexe 19 et 20

219 Paul Nicolas Gomes Olamba, *Décentralisation, démocratie et développement local au Congo-Brazzaville*, L'Harmattan 2013, p23

loi de janvier 2002 modifie la division administrative en augmentant le nombre de départements[220].

Ces initiatives visent à décentraliser l'administration centrale en vue d'améliorer l'efficacité de son action. Une décentralisation qui s'est faite par le transfert de certaines attributions aux collectivités locales. La Constitution du 20 janvier 2002 a accentué le processus de décentralisation au Congo. Celui-ci a abouti à un mouvement de délégation de pouvoir dans la gestion de l'Etat. Cette Constitution traite, aux articles 174 à 177, des collectivités locales qui sont des personnes morales de droit public distinctes de l'État et qui bénéficient à ce titre d'une autonomie juridique et patrimoniale. Elles ont, à cet effet, de compétences, des personnels et des budgets propres. Les collectivités disposent donc d'un statut qui leur confère un pouvoir de décision. Les élus délibèrent et prennent des décisions au sein de leur conseil qui seront ensuite mises en pratiques par les pouvoirs exécutifs locaux. Une disposition consacrée par l'article 175 de ladite Constitution qui dispose *« les collectivités locales s'administrent librement par des conseillers élus et dans les conditions prévues par la loi, notamment en ce qui concerne leurs compétences et leurs ressources »*.

Une série de textes juridiques ont été adoptés pour rendre effective cette décentralisation. On peut citer à cet effet, la loi n°7-2003 du 6 février 2003 portant organisation et fonctionnement des collectivités locales et la loi n°10-2003 du 6 février 2003 portant transfert de compétences aux collectivités locales.

Le droit congolais prévoit donc une décentralisation générale. Or en l'espèce, il s'agit de prévoir une décentralisation relative la gestion du patrimoine culturel. Celle-ci doit être assurée par les collectivités locales et les directions départementales du patrimoine et des archives. En effet, l'article 174 de la Constitution congolaise du 20 janvier 2002 dispose «… *les collectivités locales de la République du Congo sont le département et la commune. Les autres collectivités locales sont créées par la loi* ». Ces dispositions sont renforcées par l'article 2 de la loi N°3-2003 du 17 janvier 2003 fixant l'organisation administrative territoriale. Celui-ci précise que : « *l'organisation administrative territoriale divise le territoire national en : départements ; communes ; arrondissements ; districts ; communautés urbaines ; communautés rurales ; quartiers ; villages* ».

---

[220]Aymar Kibembe-Lemba, *La souveraineté de l'Etat au début du vingtième siècle, l'exemple du Congo-Brazzaville*, Mémoire de master en droit et sciences politiques, Université de Poitiers, p57

Cependant, il faut noter qu'il s'agit des textes généraux sur la décentralisation. La gestion du patrimoine culturel ne dispose pas de textes spécifiques de décentralisation. Malgré l'existence de ces textes, la gestion du patrimoine culturel reste le fait de l'Etat congolais qui assure une gestion exclusive à travers le ministère de la culture. « *Il faut donc admettre que la centralisation, parfaite en théorie, exige en pratique de nombreuses adaptations. Nous sommes alors en face d'un véritable paradoxe, à savoir que la centralisation réalise d'autant plus sûrement son idéal que le domaine à administrer sera moins étendu. Au fur et à mesure que le champ d'action s'étend, l'administrateur centralisateur s'aperçoit qu'il ne peut plus suffire à tout. Débordé par les exigences de sa tâche, il finit par être inefficace. Il doit alors déléguer ses pouvoirs à d'autres*[221] ». Il est donc nécessaire mettre en œuvre « *la décentralisation culturelle pour permettre au préfet, dépositaire de l'autorité de l'Etat, de mettre en œuvre son pouvoir de contrôle et de gestion du patrimoine culturel dans les collectivités locales. En effet, le département dont il a la charge constitue l'échelon de conception, de programmation, d'harmonisation, de soutien, de coordination et de contrôle des actions et des opérations de développement économique, social et culturel qui s'y réalisent grâce à l'intervention de l'ensemble des services des administrations civiles de l'Etat*[222] ».

La décentralisation culturelle consiste en un transfert de compétences et de pouvoirs de décision pour ce qui est de la protection et la gestion du patrimoine culturel dans les collectivités décentralisées. Elle vise les objectifs suivants :

- Encourager les régions à mettre en œuvre une politique de développement culturelle de leur territoire.
- Encourager la constitution de réseaux de villes pour développer la coopération culturelle notamment par la constitution d'EPCI (qu'il convient de mettre en place au Congo).
- Enrichir le contenu culturel de certaines politiques d'aménagement du territoire.
- Soutenir certains secteurs culturels dont la distribution géographique est inéquitable sur le territoire[223].

---

221 François-Albert Angers, *Essai sur la centralisation : analyse des principes et perspectives canadiennes*, Presses de l'Ecole des Hautes Etudes Commerciales - Librairie Beauchemin 1960, p92

222 Article 8 de la loi n°3-2003 du 17 janvier 2003 fixant l'organisation administrative territoriale en République du Congo

223 Alain Lefebvre, *Sur et sous la décentralisation culturelle*, résumé d'une intervention lors du Festival de Vic-Fezensac le 26 juillet 2003

Il s'agit donc d'accorder aux autorités locales des réels moyens (humains, financiers, pouvoir de décision...) pour qu'elles participent pleinement à la protection et la valorisation du patrimoine local.

En d'autres termes, pour que le patrimoine soit un enjeu du développement local, les élus locaux doivent se voir doter des compétences croissantes dans les projets d'aménagement, de réhabilitation et de valorisation du patrimoine. Ils doivent aussi être associés dans la prise de décision concernant la conservation du patrimoine. Il ne s'agit nullement d'amoindrir le pouvoir de décision de l'Etat, mais plutôt d'accorder une certaine autonomie aux élus locaux dans l'exécution de la politique patrimoniale définie soit par eux, soit par les autorités centrales de l'Etat. Une complémentarité des rôles qui peut bénéficier à la protection et de la promotion du patrimoine culturel au Congo.

B – La réelle autonomie financière des collectivités locales dans la valorisation du patrimoine culturel

Tous les Etats unitaires d'Afrique francophone prônent une politique de centralisation. Celle-ci ne constitue nullement une délégation de compétences car les moyens financiers susceptibles de réaliser une entreprise restent concentrés entre les mains du gouvernement. Le Congo est un Etat unitaire décentralisé. La vision politique de la décentralisation admet que certains intérêts locaux ont un caractère spécifique[224] et doivent s'exprimer parallèlement à l'intérêt général ou national exprimé par les organes de l'Etat. Si en France la décentralisation est soit territoriale, soit technique, au Congo on est loin de cette logique. Il apparaît des difficultés dans l'exercice des attributions de certains conseils départementaux dues à une confusion de mission entre le conseil municipal et le conseil départemental à l'image des départements de Pointe-Noire et de Brazzaville. En effet, l'article 2 de la loi n°11-2003 du 6 février 2003 portant statut particulier de la ville de Brazzaville et de la ville de Pointe-Noire dispose : « *la ville de Brazzaville et la ville de Pointe-Noire, telles que définies à l'article précédent, sont chacune une circonscription administrative et une collectivité locale. Brazzaville est le siège du département de Brazzaville et de la commune de Brazzaville. Pointe-Noire est le siège du département de Pointe-Noire et de la commune de Pointe-Noire* ». Ainsi, le même conseil possède une double fonction qui pèserait sur les

224 Makoudzi -Wolo, Cours de droit constitutionnel, Université de Brazzaville, inédit.

contribuables. Ce conseil est à la fois le conseil municipal et départemental comme le conseil de Paris[225].

On peut observer qu'au Congo, les compétences des collectivités locales sont très limitées au point où elles ne peuvent librement exercer leur pouvoir de décision en matière financière. En outre, elles ne disposent pas de ressources financières propres car leur budget dépend de l'Etat de central. Or, l'autonomie financière des collectivités locales est un moyen d'optimiser l'offre des biens collectifs et, *in fine*, de rationaliser la gestion publique. Une consolidation de l'autonomie financière des collectivités locales dans les pays de l'Afrique noire francophone est donc nécessaire[226].

L'absence d'autonomie financière affecte réellement les collectivités locales congolaises. En effet, il faut faire remarquer que le problème ne se pose pas seulement au Congo ; les pays voisins ont les mêmes réalités et Landry Ngono Tsimi parlant du Cameroun affirme que « *l'autonomie administrative et financière qui en est issue demeure source de confusions, eu égard aux autres principes fondamentaux de la décentralisation territoriale. L'hypothèse est que l'autonomie consacrée n'est ni la libre administration, ni la reconnaissance d'une personnalité autonome des collectivités territoriales, mais plutôt une notion spécifique* [227]». C'est pourquoi on peut affirmer que la décentralisation et source de beaucoup de confusion en Afrique en général et au Congo en particulier. Si les collectivités locales existent, elles ne disposent ni d'autonomie, ni d'indépendance dans les domaines qui sont les leurs. En conséquence, les rapports entre l'administration centrale et les collectivités locales sont assez difficiles. En réalité, le pouvoir central qui incarne l'Etat met en œuvre une compétence *intuitu personae* qui, à la fin, devient une restriction au principe démocratique qu'est la décentralisation. Il est clair que l'absence d'autonomie financière des collectivités locales constitue un affaiblissement à la protection du patrimoine culturel. C'est pourquoi, nous pensons qu'il faut accorder une réelle autonomie financière aux collectivités locales pour que les élus locaux participent pleinement au développement de leurs localités.

Afin d'éviter tout débordement éventuel dans la gestion des projets culturels ou patrimoniaux, il appartient à l'Etat de mettre en place un

---

225 Aymar Kimbembe-Lemba, *Op. Cit.*, p18

226 Alexis Essono-Ovono, *L'autonomie financière des collectivités locales en Afrique noire francophone. Le cas du Cameroun, de la Côte-d'Ivoire, du Gabon et du Sénégal*, CERDIP, Juin 2012, p1

227 Landry Ngono Tsimi, *L'autonomie administrative et financière des collectivités territoriales décentralisées : l'exemple du Cameroun*, Thèse de droit public, Université Paris Est – Créteil 2010, p10

système qui obligerait non seulement à rendre compte mais aussi avoir une société civile bien structurée et forte. Il s'agit de mettre au point un système qui encourage l'amélioration des institutions de la gouvernance locale aux fins du développement[228]. Le Congo doit consentir une réelle autonomie financière aux collectivités locales pour une protection complémentaire du patrimoine culturel. Du fait de cette absence d'autonomie, les collectivités locales congolaises ne peuvent assurer un financement adéquat du patrimoine. Par conséquent, il est nécessaire de leur accorder des budgets nécessaires pour la gestion de leur patrimoine. Il convient aussi de leur accorder des compétences dans la prise d'initiatives afin de faire du patrimoine culturel un élément de réduction de la pauvreté et de l'amélioration des conditions de vie des populations locales. C'est dire toute l'importance du renforcement de l'autonomie et des moyens des collectivités locales. Ce renforcement de compétences contribue à l'efficacité de la protection du patrimoine culturel.

En conséquence, un transfert de compétence de l'Etat vers les collectivités locales, et une meilleure coordination administrative et financière sont indispensables. Cette démarche a le mérite d'inscrire les projets relatifs au patrimoine dans une logique de collaboration entre les différentes entités de l'Etat. A ce propos, le Programme de Renforcement et d'Equipement des Collectivités Locales (PRECOL) au Sénégal est un exemple de ce type d'approche à un niveau national. Ce programme, cofinancé par l'Agence Française de Développement et la Banque mondiale, mis en œuvre par une Agence de développement municipal (ADM), concerne l'ensemble des villes sénégalaises. Il se caractérise notamment par l'utilisation de financements mixtes dotations-prêts pour les communes et l'introduction du Contrat de ville comme outil de management et de régulation des relations Etat-collectivités locales. L'AFD intervient au sein de ce programme plus spécifiquement sur l'agglomération du Grand Dakar et en particulier pour la mise en place de structures intercommunales[229].

Cependant, il sied de préciser que le développement local nécessite une attractivité du patrimoine pour son effectivité.

---

228 Aymar Kimbembe-Lemba, *Op. Cit.*, p19

229 http://www.afd.fr/home/projets_afd/villes/strategie-cld/renforcement-autonomie-collectivites, consulté le 23 mars 2015.

PARAGRAPHE 2 : LE PATRIMOINE COMME SOURCE D'ATTRACTION DU PUBLIC

Valoriser le patrimoine culturel, c'est aussi développer sa capacité d'attirer le public. Or le patrimoine culturel congolais, malgré sa richesse et sa diversité, n'est pas encore attractif. Bien que la valorisation du patrimoine ne vise pas essentiellement les retombées financières, il convient, tout de même, de mettre en œuvre une politique d'appropriation de cette richesse par les populations locales (I) et de procéder à la reconnaissance des intérêts collectifs inhérents au patrimoine (II).

I – L'appropriation du patrimoine par la population locale

Cette appropriation permet aux populations locales de redécouvrir son patrimoine (A) et de reconnaître l'importance des richesses patrimoniales locales (B).

A – La redécouverte du patrimoine par les communautés locales

De nos jours, on s'accorde à reconnaître l'importance du patrimoine et du tourisme pour le développement de la qualité de vie d'un peuple connu comme sources qui affirme une identité et en même temps qui génère des revenus sans compromettre l'avenir[230]. En ce sens, l'appropriation du patrimoine culturel est un moyen efficace permettant l'implication des communautés locales dans la préservation du patrimoine, la conception et la mise en œuvre d'un tourisme. En effet, les populations locales sont souvent détentrices d'un patrimoine qu'elles connaissent sans avoir les outils de sa valorisation. En ce sens, une grande partie du patrimoine culturel africain est sous la responsabilité de ses détenteurs traditionnels. Les détenteurs traditionnels ont des relations diverses au patrimoine, depuis la propriété (pas toujours formalisée) à la charge ou encore à la responsabilité, liée au rang ou au statut social particulier, individuel ou collectif.

Au-delà de ces liens sociaux ou spirituels qui sous-tendent le rapport des individus ou groupes aux diverses facettes du patrimoine culturel, il s'agit la plupart du temps d'un système complexe… Même si les traditions sociales ont largement évolué ces dernières années, les détenteurs traditionnels restent souvent les personnes les plus habilitées à la conservation du patrimoine car en possession des savoirs et des

---

230 Toiwilou Mze Hamadi, *L'appropriation du patrimoine par les communautés, outils pour la durabilité du développement du tourisme à ngazidja, Union des Comores*, ICOMOS 2011, p1055

savoir-faire qui leur sont liés[231]. Il s'agit des savoirs et savoir-faire liés à la conservation de la nature et des pratiques rituelles. Cette pratique met à l'écart, *de facto*, les autres membres de la communauté dans le processus de protection et de valorisation du patrimoine culturel. C'est pour cette raison qu'il convient d'instituer une valorisation du patrimoine par un plus grand nombre des membres de la communauté. Il convient de faire participer toutes les communautés locales à la protection du patrimoine à travers des campagnes de sensibilisation et la mise en place des projets communautaires pouvant les impliquer pleinement.

Pour ce faire, l'appropriation du patrimoine par l'ensemble des membres d'une communauté est un moyen efficace de sa valorisation. Il est nécessaire de faire de l'appropriation du patrimoine un facteur de renforcement de la cohésion sociale. Cette démarche consiste à réaliser plusieurs initiatives parmi lesquelles : l'amélioration de la lisibilité du patrimoine existant, la connaissance pratique des us et coutumes de chaque groupe social, l'organisation des cellules d'informations sur l'état et la valeur du patrimoine. Nassima Dris estime que « *l'appropriation collective du patrimoine crée une forme d'intégration sociale. Elle crée un attachement des habitants à leur ville, son histoire, son site et son paysage. Dans cette perspective, les opérations de protection et de valorisation du patrimoine s'inscrivent dans une politique locale de développement et constituent un moyen pour signifier les valeurs identitaires de la ville*[232] ».

L'appropriation de son patrimoine exige l'organisation permanente des séances de sensibilisation, d'information et de formation à l'endroit de la population locale par un personnel préalablement formé. Le but étant de faire connaître le patrimoine à ses détenteurs pour qu'à leur tour ils le fassent connaître et disposent ainsi d'outils de valorisation. Ce procédé a le mérite de créer une dynamique et un engouement à protéger et à valoriser le patrimoine. A travers cette réappropriation, il s'agit de revendiquer et de faire découvrir les richesses et identités culturelles de chaque groupe ethnique pour en faire un objet de valorisation. Ainsi, on peut considérer que « *revendiquer la protection et la valorisation d'un espace donné, en mettant en avant des qualités patrimoniales, c'est tenter de le défendre et de se l'approprier, réellement ou symboliquement. C'est tenter d'acquérir une légitimité et d'exercer une forme de pouvoir sur cet espace. Le patrimoine s'inscrit désormais parmi ces normes qui contribuent à légitimer le pouvoir des élites, qu'elles soient*

231 Craterre-ENSAG / Convention France-UNESCO, *Op, cit.* p28

232 Nassima Dris Patrimoine et développement local : l'appropriation collective du patrimoine comme forme d'integration sociale, *Revista Internacional de Desenvolvimento Local.* Vol. 8, N. 13, Sept. 2006, p1

internationales (UNESCO), nationales (Président de la République) ou locales (chefs traditionnels)[233] ».

Dans ce sens, le développement du tourisme doit concourir à transformer la perception et l'appropriation des populations locales de leur patrimoine, lesquelles prennent conscience de l'intérêt que suscitent les vestiges du passé. Par conséquent, le développement du tourisme suppose à considérer les valeurs patrimoniales pour les décliner en « valeur marchande ». Il s'agit de dépasser cette conception traditionnelle du patrimoine pour considérer ce qui attire les visiteurs afin de vivre directement ou non du tourisme[234]. En clair, le fait pour la population locale d'être détentrice du patrimoine ne suffit pas à la valoriser. Il faut, en outre, proposer à cette population une politique patrimoniale qui lui permet de mieux intégrer sa gestion dans le temps et l'espace. En d'autres termes, il est nécessaire de développer une politique patrimoniale visant à fournir à la population les moyens de s'approprier "son" patrimoine, et d'en permettre, sur le terrain, une "pratique" citoyenne et démocratisée. L'enjeu est de responsabiliser, structurer et former les citoyens pour en faire des acteurs compétents et responsables, pouvant en toute connaissance de cause aborder sur le terrain un patrimoine protégé, car remarquable, fragile ou menacé[235].

L'appropriation permet aux populations locales de valoriser leur patrimoine, un patrimoine connu par elles, en intégrant la connaissance de leur patrimoine dans sa valorisation. La valorisation du patrimoine crée des opportunités d'emploi au sein des communautés locales car elle permet, par exemple, d'employer les populations locales comme des guides (parce qu'elles connaissent leur patrimoine). Elles peuvent aussi participer à l'hébergement des visiteurs[236]. Des débouchés qui méritent d'être pris en considération. Cependant, pour y parvenir, le ministère de la culture et élus locaux doivent organiser, de manière ponctuelle, des

---

233Maria Gravari-Barbas et Vincent Veschambre, Patrimoine : derrière l'idée de consensus, les enjeux d'appropriation de l'espace et des conflits, Presses universitaires François-Rabelais de Tours 2004, Url :
http://books.openedition.org/pufr/1831?lang=fr, consulté le 18 novembre 2014.

234 Marie-Laure Guilland, Mise en tourisme du patrimoine colombien : désappropriation, appropriation et réappropriation en territoires indigènes, *Études caribéennes* du 20 décembre 2011, mis en ligne le 07 février 2013, consulté le 18 novembre 2014. URL : http://etudescaribeennes.revues.org/5454

235http://www.bas-rhin.fr/culture/patrimoine/appropriation-patrimoine, consulté le 18 novembre 2014.

236 Stéphane ANGO, *La valorisation des parcs nationaux*, mémoire, Ecole Nationale d'Administration - Conseiller des Affaires Etrangères, Libreville 2009, p32

formations à l'endroit des guides touristiques et de toutes les personnes (issus des communautés locales) concernées par l'accueil des tourismes.

B – La reconnaissance de l'importance des richesses patrimoniales locales

Les richesses patrimoniales locales souffrent d'un manque de reconnaissance au Congo. Ce manque de reconnaissance est sans doute lié aux problèmes que connaît le patrimoine culturel dans son ensemble (problèmes de main d'œuvre qualifiée, de budget, d'autonomie dans la gestion…). Pourtant, la valorisation, la protection et la sauvegarde du patrimoine culturel congolais est la mission première du ministère de la culture et des arts. Le patrimoine n'est pas seulement une charge, il est un atout majeur pour l'attractivité des territoires, l'équilibre économique, l'identité et la cohésion sociale[237].

En effet, les localités congolaises recèlent une diversité du patrimoine culturel (matériel et immatériel[238]). Valoriser ce patrimoine suppose en premier lieu une appropriation par les communautés locales. Certes ces populations connaissent assez bien leur patrimoine, mais il faut les amener à le valoriser de façon à ce qu'il constitue un levier pour le développement de leur territoire. Dans le même sens, les autorités locales, dans leur politique de valorisation du patrimoine, doivent entreprendre un certain nombre d'initiatives visant à intégrer l'importance des richesses culturelles au sein de la population locale. Ces initiatives doivent notamment porter sur :

- la mise en place d'un dispositif d'accompagnement des porteurs de projets de protection et de valorisation du patrimoine ;
- La mise en place d'un service chargé d'apporter une expertise dans le montage des projets culturels et de fournir une assistance au porteur de projet ;
- La mise en place d'un cadre de discussion, d'échange, de concertation et de coopération entre les différents acteurs qui interviennent dans la valorisation du patrimoine culturel.

La mise en œuvre de ces imitatives contribue à la promotion de l'offre culturelle locale. Ainsi, la reconnaissance de l'importance des riches patrimoniales locales apparaît comme un élément de son attractivité. En réalité, la revalorisation des patrimoines locaux suppose la mise en œuvre

237 http://www.vie-publique.fr/politiques-publiques/politique-patrimoine/valorisation/, consulté le 24 mars 2015

238 Voir annexe - Figure 14 : Liste indicative du patrimoine culturel congolais

d'une stratégie à partir de laquelle le patrimoine de chaque communauté peut être mis en circulation. En conséquence, l'appropriation communautaire du patrimoine culturel exige au préalable une bonne connaissance des populations locales de leur patrimoine culturel afin que ces dernières puissent faire profiter de leurs savoirs et savoir-faire. Le but à atteindre est l'intégration de la connaissance des communautés locales dans la gestion de leur patrimoine. A ce propos Stéphane ANGO estime que « *patrimoine matériel et immatériel constitueraient ainsi des ressources non négligeables pour le développement d'activités touristiques et des éléments permettant aux communautés locales de participer à la gestion du patrimoine*[239] ».

L'appropriation du patrimoine culturel par les communautés locales exige d'instituer un texte juridique (arrêté du ministre en charge du patrimoine) qui précise les modalités de cette gestion. Cette reconnaissance officielle constituera une avancée significative dans la protection du patrimoine culturel au Congo. Elle peut améliorer le niveau de vie de ces populations. En effet, « *la motivation des populations pour la gestion et la conservation des ressources naturelles et culturelles devrait faire apparaître une catégorie des populations mieux formées, à même de s'organiser, de prendre des décisions, d'occuper des emplois, de consommer sur la base de leurs propres revenus, en meilleure santé et pouvant assurer à leurs enfants un niveau de scolarité plus élevé, devraient passer de l'état de charge pour l'Etat à celui de contribuer à l'économie nationale*[240] ». Il appartient donc à l'Etat de prendre en compte, dans sa politique patrimoniale, les moyens, pour les communautés locales de s'approprier leur patrimoine. L'enjeu est de responsabiliser, structurer et former les citoyens locaux pour en faire des acteurs compétents et responsables, pouvant en toute connaissance de cause aborder sur le terrain un patrimoine protégé, car remarquable, fragile ou menacé[241].

En conclusion, l'appropriation est un moyen de reconnaître l'importance des richesses patrimoniales locales. Elle permet de prendre conscience des liens (sociaux, culturels, historiques…) qui existent entre les communautés et de mettre en œuvre la protection et la valorisation d'un patrimoine dont on est détenteur. Cette étape est indispensable pour une reconnaissance des intérêts collectifs dans le domaine du patrimoine.

---

239 Stéphane Ango, *Op. Cit.*, p22

240 *Ibid.*

241 http://www.bas-rhin.fr/culture/patrimoine/appropriation-patrimoine, consulté le 24 mars 2015.

II - La reconnaissance des intérêts collectifs dans le domaine du patrimoine

Elle nécessite la mise à disposition du patrimoine à un plus grand nombre de publics (A) et la prise en compte des enjeux communautaires du patrimoine (B).

A – La mise à disposition du patrimoine à un plus grand nombre de publics

Les efforts de protection, de conservation et de collecte, ainsi que la connaissance du patrimoine n'auraient pas de justification en soi si l'objectif poursuivi n'était pas de mettre les richesses patrimoniales à la disposition du plus grand nombre de personnes. Les actions de promotion et de diffusion assurent le rayonnement du patrimoine, qui devient lieu de rencontre et d'échange, vecteur du développement économique, touristique et local[242]. Ainsi, promouvoir l'offre culturelle locale, suppose une valorisation avantageuse du patrimoine local. Il s'agit donc de « *la mise en valeur d'une source de richesse (…) l'activité consistant à faire valoir un bien, à accomplir les actes nécessaires, selon sa nature et sa destination, à sa mise en valeur*[243] ».

La culture contribue, de manière significative, à l'économie et à la richesse locale. Développer et assurer une offre culturelle intéressante dynamise le territoire. Le développement de l'offre culturelle locale permet non seulement à toute la population d'accéder à des produits et services culturels de qualité, mais ouvre aussi des portes en matière d'attraction et de rétention de nouveaux arrivants qu'ils soient d'ici ou d'ailleurs. Source de développement économique, la culture est créatrice d'emplois[244]. Cependant, pour qu'elle soit créatrice d'emplois au niveau local, la valorisation du patrimoine doit être axée sur la promotion de l'offre culturelle locale. En effet, les communautés locales disposent d'un savoir-faire traditionnel qu'elles se transmettent de génération en génération. Celui-ci porte soit sur l'art de traiter le raphia, la vannerie, la sculpture… Il est question de promouvoir ce savoir et savoir-faire à travers la création des marques et modèles propres à chaque communauté afin de créer des produits touristiques. En ce sens, sont mises en avant les qualités techniques des populations locales ainsi que la

---

242 http://www.vie-publique.fr/politiques-publiques/politique-patrimoine/valorisation/, consulté le 20 novembre 2014

243 Association Henri. Capitant, Cornu, G (sous la dir.), *Vocabulaire Juridique*, Presse Universitaire de France, 7e édition, Paris 2006, p.385

244 http://www.crebsl.org/social/arts-et-culture, consulté le 19 novembre 2014

qualité patrimoniale de leur savoir-faire. Pour cela, les élus locaux doivent mettre en place des politiques culturelles locales pour promouvoir la création et la diversité de la richesse culturelle. Cette politique a le mérite de mettre en valeur le territoire à travers la promotion des produits locaux. Cette mise en valeur permet de développer l'accès des produits culturels et créatifs locaux aux marchés extérieurs. De manière générale, cette politique doit viser l'élaboration des stratégies de promotion ayant une portée locale, nationale et internationale.

En ce sens, il convient d'amener les collectivités locales à jouer le rôle d'interface entre les créateurs et leurs publics, de manière à favoriser leur rencontre. Ces derniers pourront développer les opportunités de « commercialisation » des produits culturels. Beaucoup d'initiatives sont possibles. À titre d'exemple, une localité peut organiser, en partenariat avec les structures et les commerçants locaux — les écoles, les bibliothèques ou les librairies — des « saisons culturelles » où sont mises à l'honneur certaines créations culturelles à travers l'organisation d'expositions, de stands et d'activités artistiques[245].

D'une manière générale, il convient, pour les autorités locales, de jouer le rôle d'intermédiaire entre les « producteurs » et les « consommateurs » des produits culturels en mettant un accent particulier sur la diffusion des savoir-faire locaux, accordant ainsi aux populations locales des espaces d'expression et de vente de leurs créations artistiques.

Cependant, il faut rappeler que les localités congolaises ne disposent pas d'espaces culturels adéquats capables de contribuer à l'éclosion des talents. Le but est donc d'élaborer des politiques d'aménagement prenant en compte des lieux de diffusion culturelle comme les salles de concert ; les complexes culturels au sein des sites culturels et touristiques.

Les communautés locales congolaises, du nord au sud, disposent d'un savoir et d'un savoir-faire liés à l'artisanat traditionnel, la fabrication du raphia, la vannerie, la poterie, la forge pour la fabrication des outils aratoires, des parures, etc.). La promotion de l'offre culturelle locale vise principalement à encourager et développer la commercialisation des produits culturels du terroir à travers le tourisme. Mais elle ne doit pas être le fait des seules collectivités locales. Dans cette démarche, elles

---

245 http://www.unesco.org/new/fr/culture/themes/cultural-diversity/diversity-of-cultural-expressions/tools/policy-guide/gerer-laction-publique/developper-les-opportunites-commerciales-pour-les-operateurs-culturels-et-creatifs/
, consulté le 19 novembre 2014

doivent se faire accompagner par des partenaires privés, notamment les regroupements de professionnels. C'est ainsi qu'il faut faire de la valorisation des produits locaux, le pilier de la promotion de l'offre culturelle locale. Ainsi, l'échelon local doit endosser la responsabilité de « vendre » la diversité culturelle des terroirs, de ses produits artisanaux, de son savoir et son savoir- faire, de tous les éléments culturels essentiels à valorisation de son identité, de sa tradition et de son mode de vie. L'objectif étant d'améliorer les conditions de vie des populations locales à travers une amélioration de leurs revenus. Une stratégie qui vise la réduction de la pauvreté par l'amélioration du niveau de vie des communautés à travers la commercialisation de leurs produits culturels.

L'objectif fixé est d'aider à l'organisation des acteurs pour offrir des gammes de produits de qualité, à valeur ajoutée destinées aussi bien au marché national qu'international. La stratégie retient également pour principes de développer la connaissance des produits, d'optimiser la commercialisation, de mettre en place un cadre adéquat et stimulant pour les professionnels, de créer des synergies positives avec d'autres secteurs de l'économie et de contribuer à la préservation et à la gestion durable des ressources et des produits[246]. La promotion de l'offre culturelle locale vise essentiellement un public touristique étranger à ce patrimoine. Ainsi, la valorisation ne concerne pas seulement le savoir et le savoir-faire local ; elle vise aussi l'aménagement et la réhabilitation des sites culturels locaux à travers une politique de mise en valeur par les communautés (populations et élus locaux) du caractère symbolique de certains espaces ayant pour la communauté une valeur, soit liée à leur caractère sacré, soit à leur fonction sociale - aires de jeux, espaces conviviaux et lieux de rencontres[247].

D'autre part, il faut noter que l'une des caractéristiques du patrimoine culturel congolais réside dans l'immatériel, le symbolisme avec une forte présence des traditions et expressions orales, des arts du spectacle (danses, transes...), des pratiques sociales, rituelles et événements festifs, des connaissances et pratiques concernant la nature et l'univers, du savoir et du savoir-faire liés à l'artisanat et à la médecine traditionnelle. Tous ces aspects du patrimoine peuvent être valorisés par les communautés locales et à leur au profit.

246Aziz Akhannouch, *La valorisation des produits de terroir: ligne d'action du pilier 2 du Plan Maroc Vert*, Rabat, Url : http://agrimaroc.net/sam8_dossier_3.htm, consulté le 18 novembre 2014

247Craterre-ENSAG / Convention France-UNESCO, *Op, cit.* p67

B – La prise en compte des enjeux communautaires du patrimoine

La promotion de l'offre culturelle locale a pour but le développement d'initiatives communautaires visant à connaître, à faire connaître, à reconnaître et à valoriser un patrimoine propre à une communauté ou à une localité. L'objectif, ici, est de susciter plus d'intérêt de la part des populations pour leurs richesses culturelles et leur environnement le plus immédiat. Il s'agit aussi, pour elles, de voir reconnaître la valeur de leurs connaissances traditionnelles et de les exploiter pour un développement local harmonieux. Ce développement vise des retombées économiques liées au renforcement des activités touristiques. Sur ce point, les retombées sont multiples.

Du point de vue économique, les avantages peuvent être considérables. En proposant un modèle de qualité (tourisme durable et éthique), il est possible de créer des emplois sur les sites visités, de revitaliser l'artisanat, ou encore de dynamiser l'hôtellerie et la restauration et faire bénéficier aux populations des retombées économiques, directes et indirectes, générées par le tourisme[248].

Du point de vue culturel et social, faire connaître le patrimoine d'un village ou d'une communauté permet de valoriser les cultures locales et de renforcer le sentiment de « bien vivre son patrimoine », c'est-à-dire de se rendre compte de son importance et de son utilité. D'importants messages peuvent en effet être véhiculés à un public qui prend conscience de la richesse de ses traditions, de son histoire, de sa culture. C'est l'occasion de faire du patrimoine en facteur de cohésion sociale et d'identité commune.

D'autre part, la promotion de l'offre culturelle locale, en ce qu'elle suppose la connaissance de son patrimoine par la population locale, permet de la sensibiliser sur les éventuels dangers pouvant menacer son patrimoine dans son authenticité et son intégrité. Elle permet aussi de prendre conscience de ce que chaque groupe ethnique peut représenter des spécificités culturelles. Une manière de responsabiliser chaque groupe dans la conservation des richesses culturelles et patrimoniales locales dont il est titulaire. Il convient donc de faire des initiatives communautaires un facteur porteur d'une démarche forte en faveur du développement culturel local avec pour ambition de maintenir une vitalité et une richesse permettant d'affirmer une identité et un dynamisme facteurs d'attractivité (rayonnement national, voire

[248]*Ibid.*

international du territoire). Pour ce faire, deux grandes orientations doivent être développées :

- préserver et valoriser le patrimoine existant ;
- encourager l'offre culturelle locale[249].

Pour le premier point, il s'agit, pour les communautés locales d'apporter un soutien dans la réhabilitation des sites culturels qui se trouvent sur leur territoire. En effet, la plupart des sites culturels congolais sont presque à l'abandon. Ils connaissent une dégradation soit du fait de l'homme, soit du fait de la nature. C'est pourquoi nous proposons une réhabilitation et une valorisation par les initiatives communautaires. Cette démarche vise à renforcer le lien d'appartenance à une communauté et le sentiment de s'approprier son patrimoine. En ce sens, il appartient à l'Etat d'encourager et apporter un soutien aux initiatives communautaires. Ce soutien peut consister en la formation d'une main d'œuvre locale concernant la réalisation des travaux de restauration et de réhabilitation ou la formation des guides touristiques. Au-delà, il vise un renforcement des communautés locales sous tous les aspects (économiques, sociaux, culturels, identitaires, environnementaux) avec une prédominance sociale et l'intégration des notions du développement durable.

Pour le second cas, il s'agit pour l'Etat d'encourager les évènements festifs déjà existant dans les territoires. On peut citer :

- le festival international des arts de Dolisie (FIADOL) qui réunit les artistes, les opérateurs, les journalistes culturels, les associations et ONG culturelles mettant au centre des activités la question de l'artiste à travers les formations, les conférences, les expositions, les spectacles de musique et de théâtre. Ce festival est organisé par le Chapitre National Arterial Network Congo (réseau social panafricain dirigé par des acteurs culturels africains) qui procède par des plaidoyers et des lobbyngs auprès des décideurs politiques du continent, pour la prise en compte du travail de l'artiste et l'amélioration de ses conditions de travail, de vie, de création[250].
- Le Festival *N'Sangu Ndji Ndji* qui est un festival international des musiques et des arts qui accueille chaque année au mois de juin à Pointe-Noire, des artistes venus d'Afrique et d'ailleurs. Il se veut un espace de promotion de la diversité culturelle et du dialogue des cultures à travers la musique et les arts. Un accent particulier est

---

249 UNESCO, *Valoriser le patrimoine local*, Unesco 2009, p149

250 http://www.ficdc.org/cdc5199, consulté le 24 mars 2015

mis sur la visibilité des artistes en développement. C'est aussi un moment de rapprochement des arts avec les populations des quartiers historiques et populaires car le Festival s'y installe et offre des concerts, des spectacles, des ateliers et des animations aux jeunes[251].

- Le Festival Feux de Brazza qui est un Festival Populaire et International des Musiques Traditionnelles qui se déroulent à Brazzaville en République du Congo. Cet événement culturel tourné essentiellement vers la musique traditionnelle est un festival international accueille des groupes d'artistes d'Afrique, musiciens et danseurs artistes peintres et chercheurs. Il a lieu une fois tous les deux ans en alternance avec le festival panafricain de musique (FESPAM) et privilégie les échanges culturels traditionnels[252].
- Le Festival TUSEO (Festival du rire en langue Kongo) qui est le premier festival international du rire en République du Congo. Depuis octobre 2004, il œuvre pour la promotion de la création contemporaine des humoristes d'Afrique, des Caraïbes et du Pacifique. Organisé chaque année par l'association des femmes artistes du Congo (UFAC), le festival *Tuseo* rassemble de nombreux humoristes et artistes professionnels afin d'échanger leurs expériences entre Africains mais aussi avec des humoristes d'ailleurs[253].

Ces évènements ont lieu grâce à la participation des communautés locales qui les abritent et sur initiative des personnes privées. C'est pourquoi, il convient d'accorder un soutien conséquent à ces activités d'une part, de consolider, de susciter et d'encourager d'autres événements de ce genre pour fédérer l'adhésion des communautés locales au tour de la solidarité car *« elles préconisent à travers leurs processus respectifs le renforcement du sentiment d'appartenance (identité communautaire) et de fierté des acteurs en cause [254]».*

En tous les cas, le renforcement du sentiment d'appartenance doit être perçu comme une finalité. Juan-Luis Klein et Sylvie PARENT démontrent que le renforcement du sentiment d'appartenance est aussi une condition pour créer un processus cyclique de création systémique à travers l'entreprenariat social. Pour ces auteurs, *« l'action collective renforce le*

---

251 http://nsangundjindjifestival.com/la-naissance-du-projet/, consulté le 24 mars 2015

252 http://lesfeuxdebrazza.free.fr/, consulté le 2 avril 2015

253 Entretien avec Lauryathe Céphyse Bikouta, promotrice de culture africaine, initiatrice et directrice du festival tuSeo le 13 avril 2013 à Paris.

254 http://lesfeuxdebrazza.free.fr/, consulté le 24 mars 2015

sentiment d'appartenance des acteurs au territoire local ce qui laisse des traces durables dans leurs organisations et institue des pratiques collectives et des mécanismes de régulation locales des conflits. La conscience territoriale amène les acteurs à nuancer leurs différences au profit de la collectivité […]. Cette conscience constitue une base essentielle pour l'action conjointe des acteurs locaux sociaux et économiques, une base d'entreprenariat partenarial[255] ».

L'autre objectif du développement des initiatives communautaires porte sur la prise en charge locale du développement patrimonial. Gardons à l'esprit que le cadre juridique de protection du patrimoine culturel congolais mérite d'être renforcé sur le plan normatif et institutionnel. En ce sens, une prise en charge locale des questions patrimoniales soulagerait l'Etat central qui reste le seul à assurer la protection du patrimoine. D'où toute l'importance de mettre un accent particulier sur les initiatives communautaires entrepreneuriales, voire de développement d'une approche entrepreneuriale afin de mobiliser le capital socio-territorial des collectivités locales. *« Le capital socio-territorial rend compte du cadre social dans lequel la mobilisation des ressources est opérée par des acteurs. Ce cadre est celui des relations humaines, plus précisément des rapports sociaux, donc des liens horizontaux et verticaux qui s'actualisent au quotidien entre des acteurs*[256] ».

Au regard de ce qui précède, nous arrivons à la conclusion selon laquelle « *Exploiter le savoir-faire traditionnel c'est avant tout le protéger et le faire fructifier*[257] ». En ce sens, pour rendre cette action plus efficace, il convient de mutualiser les projets culturels locaux et leurs porteurs afin de les accompagner dans la réalisation. Cette mutualisation justifie la nécessaire implication de plusieurs partenaires autour des projets de valorisation du patrimoine.

Enfin, il faut noter que la valorisation du patrimoine suppose son intégration dans les politiques publiques d'éducation

SECTION II : L'INTEGRATION DU PATRIMOINE DANS LES POLITIQUES PUBLIQUES D'EDUCATION

Le Congo dispose d'un patrimoine culturel assez riche[258] qui nécessite une valorisation dans le cadre d'une promotion adéquate. Cependant, ce

---

255 Sylvie Parent et al., *Le développement communautaire local et le tourisme communautaire : une analyse conceptuelle comparative*, ESSACHESS, Vol 2, No 2(4) 2009, p83

256 *Ibid.*

257Sitsofé Serge Kowouvih, *Le savoir-faire traditionnel : Contribution à l'analyse objective des savoirs traditionnels*, Thèse de droit, Université de Limoges 2007, p329

258 Voir liste indicative du patrimoine culturel congolais – Annexe 21

patrimoine, est menacé soit du fait de l'homme, soit du fait de la nature. C'est dans ce sens qu'il convient de mettre au centre du renforcement des mesures de sauvegarde du patrimoine un ensemble de politiques et mesures culturelles en rapport étroit avec les réalités socio-culturelles congolaises, les habitudes des populations détentrices de ce patrimoine et son environnement le plus immédiat. Point n'est besoin de dire que cet ensemble de politiques et mesures culturelles a, jusque-là été déficient pour des raisons de compétences (ressources humaines), de moyen financiers (absence de volonté dans l'allocation des budgets adéquats), ou de leur inadéquation avec les réalités socio-culturelles locales.

Le patrimoine immatériel est menacé par plusieurs phénomènes tels que l'exode rural qui entraîne un délaissement des pratiques traditionnelles de protection du patrimoine, l'extinction des sachants détenteurs du savoir et du savoir-faire traditionnels, la mondialisation qui « agresse » les culturelles traditionnelles avec pour conséquence l'adoption des valeurs étrangères. Le patrimoine matériel, quant à lui, subi l'effet du temps en l'absence de politiques culturelles adéquates. Ainsi, il convient de développer une culture patrimoniale (paragraphe 1) dans le but d'assurer une transmission pérenne du patrimoine (paragraphe 2).

PARAGRAPHE 1 : LE DEVELOPPEMENT D'UNE CULTURE PATRIMOINALE

Les Nouvelles Techniques de l'Information et de la Communication (NTIC) et la sensibilisation par une large concertation constituent des outils efficaces de vulgarisation du patrimoine par leur capacité d'atteindre un large public. C'est pourquoi, il convient de mettre en place des outils de formation (I) et de sensibilisation au patrimoine (II).

I – Les outils de formation au patrimoine

Parmi les outils de formation au patrimoine, on peut envisager l'éducation par les NTIC (A) et la sensibilisation à destination de tous les publics (B).

A – L'éducation au patrimoine par les NTIC

Dans le contexte de la mondialisation et du brassage des cultures, la prise de conscience de l'importance du patrimoine apparaît comme un facteur déterminant de vulgarisation de ce patrimoine. A cet effet, la vulgarisation du patrimoine culturel congolais exige la mise en place d'outils informatiques comme internet. La couverture internet au Congo est assurée par les sociétés de téléphonie mobile comme : CONGO TELECOM (société étatique) qui couvre l'ensemble du territoire congolais, MTN (476 localités), AIRTEL (786 localités) et, WARID CONGO (8 localités en dehors de Brazzaville et Pointe-Noire)[259]. En effet, internet permet de porter à la connaissance d'un très large public le contenu et la nature du patrimoine.

Au Congo, la politique de vulgarisation nécessite une mise en ligne de l'ensemble du patrimoine culturel à travers un site internet géré par le ministère en charge de la culture. La mise en ligne présente l'avantage de mettre à la disposition du public les résultats des recherches patrimoniales, des travaux y relatifs, les résultats des fouilles archéologiques et le nouveau patrimoine après chaque inventaire. Faire découvrir son patrimoine à travers un site internet permet, dans une démarche ouverte au plus grand nombre, d'accroître la visibilité d'une localité au patrimoine extraordinaire. Ainsi le site internet propose une lecture aisée des découvertes récentes grâce à la mise en œuvre de nouvelles technologies[260].

D'une manière générale, les NTIC constituent des outils efficaces de vulgarisation du patrimoine culturel. Elles constituent une assise mondiale permettant d'accentuer la visibilité du patrimoine. En ce sens, internet présente plusieurs avantages : d'abord il permet de ne pas opérer de distinction dans le patrimoine à valoriser car il permet de faire découvrir tout le patrimoine culturel. Ensuite, il met au même niveau de visibilité les grandes, les moyennes et les petites structures culturelles. Les sites Web sont pour l'essentiel, des portails[261]. La diffusion par internet permettrait ainsi au Congo de donner un aperçu de son patrimoine pour inciter à le découvrir.

Pour ce qui est du PCI, internet peut valoriser, par la mise en ligne, les langues locales et les pratiques traditionnelles qui constituent à la fois un

---

259 Gahouama Gamvoula, *Rôle de stratégie dans les sociétés les entreprises de téléphonies mobiles au Congo*, Mémoire de maitrise en économie et organisation de l'entreprise, Université Marien Ngouabi, 2007, p32

260 Visite du site de fouilles à Saillac - La Perte du Cros. Une occupation humaine du Mésolithique à l'Âge du Bronze, Url :
http://myosotis.tuxfamily.org/spc/?page=valorisation, consulté le 29 octobre 2014.

261 Severin Bill, l'informatique comme outil de promotion du patrimoine culturel camerounais. Exemples pratiques et limites s'il y a lieu, in *EXPOSÉS,* du 24/mars2010, p7, consulté le 29 octobre 2014 ; Url:http://le-pedagogue.over-blog.com/article-l-informatique-comme-outil-de-promotion-du-patrimoine-culturel-camerounais-exemples-pratiques-et-limites-s-il-y-a-lieu-47287831.html

patrimoine et des mesures de protection de ce patrimoine. Internet est aussi un outil pédagogique efficace dans l'enseignement du patrimoine au primaire, au collège et au supérieur. En effet, la création des logiciels adaptés peut aider à l'apprentissage du patrimoine. Il faut, pour cela doter les établissements d'outils informatiques nécessaires (connexion, ordinateurs...) à la mise en œuvre de cette politique. Un partenariat entre le ministère de la culture et celui des NTIC peut aider à la réalisation de telles initiatives.

Au niveau des musées, internet permet d'organiser des expositions virtuelles ou numériques qui sont une manière de valoriser son fonds tout en touchant un large public et en rendant son site Web attrayant[262]. Ces expositions n'ont d'autre but que de viser la connaissance des collections des musées, des sites culturels, et des expressions culturelles dans le cas du Congo où ils sont sous-estimés sinon sous valorisés. Internet peut constituer un outil important de vulgarisation du patrimoine. Ainsi, nous pouvons penser que l'exposition virtuelle ou numérique présente plusieurs avantages parmi lesquels :

- un accès libre avec la consultation par un très large public surtout jeune accroché aux NTIC.
- Un temps de visite déterminé par le visiteur virtuel lui-même
- Une valorisation multimédia qui rend l'exposition interactive
- Une protection des documents originaux
- Une absence contraignante de conservation
- Un coût souvent moindre dans la conservation des collections.
- Des besoins moins importants en moyens humains[263].

En ce sens, les NTIC permettraient aux musées de Brazzaville et de Pointe-Noire d'accentuer les expositions visuelles et virtuelles. Pour cela, il convient de procéder à l'identification et la numérisation de toutes les collections (ce qui n'a pas encore été fait) pour leur mise en ligne. Dans un premier temps, on peut se contenter de la réalisation d'expositions simples faites d'illustrations pour chaque type de patrimoine à vulgariser. Cette activité a le mérite non seulement de susciter la découverte du patrimoine mais aussi incite l'internaute à effectuer le déplacement pour apprécier ce patrimoine. Pour cela, il faut mettre en ligne un catalogue sur le patrimoine culturel congolais pour avoir des outils de production

---

[262]France Gautier, *Concevoir une exposition virtuelle en bibliothèque : enjeux et méthodologie*, Mémoire d'étude, Ecole Nationale Supérieure des Sciences de l'Information et des Bibliothèques 2002, p2

[263] https://www.ligeo-archives.com/data/expositions.pdf, consulté le 29 octobre 2014

moderne comme les sites internet, les DVD, les CD-ROM… Ainsi, les expositions virtuelles ou numériques, tout en assurant la vulgarisation du patrimoine permettent à un large public de le connaître ; qu'il s'agisse d'un public communautaire, national qu'international.

B – La sensibilisation à destination de tous les publics

Outre l'outil informatique à travers internet, la sensibilisation de base est un moyen efficace de vulgarisation du patrimoine culturel. En effet, la sensibilisation est un moyen efficace pour procéder à la gestion participative. Cet outil de vulgarisation nécessite, cependant, que soit posés quelques préalables comme la prise en compte de la multitude d'acteurs à tous les niveaux. Il s'agit :

- de la communauté villageoise, composée de l'ensemble des individus - hommes, femmes, enfants - souvent organisés en groupements, associations ou comités ;
- des notables et autorités traditionnelles ou religieuses, gardiens des coutumes et habitudes de la collectivité. Ceux-ci peuvent avoir une forte influence culturelle, religieuse ou sociale sur la communauté ;
- des différentes catégories socioprofessionnelles, dont les commerçants et autres opérateurs économiques, en contact direct avec la population ;
- des partenaires du développement, projets, ONG[264]...

Par ailleurs, il convient de mettre un accent particulier sur la formation des personnes ressources devant sensibiliser l'ensemble de la population à la sauvegarde et la protection du patrimoine. Cette formation, animée par une équipe pédagogique de profil varié (architectes, experts du patrimoine, urbanistes, géographes, juristes…), consiste en l'organisation des ateliers et séminaires à l'endroit des personnes ressources. Elle doit être dispensée par les agents et les professionnels du patrimoine tout en laissant une large place aux experts et personnes ressources nationales (issues notamment des directions du Patrimoine ou des universités[265]).

D'autre part, la sensibilisation nécessite des échanges d'expériences entre élus d'une part, et entre personnes ressources, d'autre part au niveau, notamment, de la sous-région d'Afrique centrale. En effet,

---

264 FAO, Département du développement durable, *Approche participative, communication et gestion des ressources forestières en Afrique sahélienne: Bilan et perspectives*, FAO 1995, consulté le 30 octobre 2014, Url : http://www.fao.org/docrep/v9974f/v9974f03.htm#3

265 AIMF-UE, *Patrimoine culturel et enjeux territoriaux en Afrique francophone*, *Op.cit.*, p16

certaines aires culturelles constituent des communautés appartement à plusieurs pays (aires culturelles téké ou Kongo par exemple). Il est possible, dans le cas d'espèce, de mettre en place des cadres de coopération culturelle entre le Congo, la RDC et le Gabon (qui sont des pays voisins). Ce cadre peut servir à mettre en place des mesures communes de vulgarisation du patrimoine à l'image des langues communes comme le *Kongo*, le *Téké*, le *Lingala*, le *Kituba* ou les rites d'initiation pour l'intronisation ou le décès d'un roi ou d' un dignitaire de la cour royale, les techniques traditionnelles liées à certaines activités comme la pèche, la chasse, la naissance des jumeaux, le mariage…

En d'autres termes, le principe consiste en une mise en réseau du patrimoine et de ses acteurs pour une meilleure visibilité de cet héritage commun. Pour rappel, les réseaux sont des lieux d'échange d'expériences et des bonnes pratiques. Ils permettent de mutualiser des moyens, de gagner en efficacité et en expertise. A l'image de la France, il est indispensable, pour le Congo, d'organiser des réseaux nationaux comme :

✓ l'Association des biens français du patrimoine mondial chargé de :

- de créer les conditions d'échange et de partage de connaissances et d'expériences à l'échelle nationale et internationale dans les domaines de la conservation, la protection, la mise en valeur, l'animation et la gestion du patrimoine,
- d'être force de proposition et de réflexion dans les domaines cités ci-dessus auprès des acteurs du patrimoine en France et à l'international,
- de promouvoir les sites inscrits sur la Liste du patrimoine mondial auprès du public et des opérateurs touristiques.

✓ L'Association nationale des Ville et Pays d'art et d'histoire et Villes à secteurs sauvegardés et protégés qui réunit plus de 170 villes et territoires porteurs d'un label "Ville et Pays d'art et d'histoire", d'un secteur sauvegardé, d'une ZPPAUP ou qui constituent un dossier VPAH, qui souhaitent partager leurs interrogations et leurs expériences sur les politiques de protection et de valorisation du patrimoine. L'association nationale constitue une plateforme d'échanges et de travail.

✓ L'organisation des villes du patrimoine mondial qui a pour buts :

- De favoriser la mise en œuvre de la Convention du patrimoine mondial,

- D'encourager la coopération et l'échange d'information et d'expertise ayant trait à la conservation et à la gestion du patrimoine.
- De développer un sens de la solidarité parmi ses villes membres. Dans ce but, l'OVPM organise des congrès mondiaux, des conférences, des séminaires et des ateliers de formation portant sur les défis à relever en matière de gestion ainsi que sur les stratégies de mise en valeur et de conservation des ensembles historiques[266].

Au niveau des réseaux internationaux, le Congo fait partie des structures comme l'ICOMOS (qui œuvre pour la conservation des monuments et sites dans le monde), l'ICCROM (qui se consacre à la protection du patrimoine culturel), le CRAterre (qui œuvre la reconnaissance de l'architecture en terre) qui ont toutes pour vocation la protection, la sauvegarde, la vulgarisation et la transmission du patrimoine. Il convient d'accentuer sa présence dans ces structures pour bénéficier du concours international dans la vulgarisation de son patrimoine. Dans le même sens, la vulgarisation exige la mise en œuvre d'outils de sensibilisation au patrimoine.

II – Les outils de sensibilisation au patrimoine

La culture est un facteur d'attractivité touristique. Certains festivals ou offres culturelles spécialisées ont des retombées économiques fortes localement[267]. Ainsi, la mise en place des projets et événements ponctuels comme les festivals et les carnavals, d'une part (A), les expositions, les séminaires et conférence-débats (B), d'autre part, constituent un moyen efficace pour la sensibilisation au patrimoine.

A – Les festivals et carnavals comme outils de sensibilisation au patrimoine

Les festivals sont des moyens de sauvegarde, de promotion et de diffusion de la culture traditionnelle, en particulier à travers les genres d'expression tels que la musique, la danse, les rites, les coutumes, le savoir-faire des artisans et d'autres arts. Pour contribuer de manière significative à la préservation et à la valorisation de l'identité et de la

---

266 http://www.strasbourg.eu/developpement-rayonnement/metropole-culturelle/patrimoine-culturel/strategie-patrimoniale/strasbourg-reseaux-patrimoine, consulté le 29 octobre 2014

267 Association pour le Développement en Réseau des Territoires et des Services, *La culture au service du lien social et territorial*, PACA 2012, p4

diversité culturelle, un festival doit être réalisé dans un contexte culturel approprié[268]. En ce sens, Philippe TOUSSAINT, Président de France Festivals, pense que : *« les festivals sont des créations originales, toutes différentes les unes des autres, quant à leur taille, aux lieux qui les accueillent, à leur programmation. Ce sont toujours des organisations animées par un esprit de fête et de convivialité ; ce qui favorise l'émergence de publics nouveaux qui le formalise parfois, des saisons d'hiver rebute quelque peu. Dans les équipes se côtoient des professionnels et de bénévoles. Il n'y a pas de modèle unique de festival mais je crois qu'on peut dire qu'il y a en France un 'esprit festival qui souffle à travers toutes nos régions*[269] ».

Cette affirmation permet de comprendre que les festivals constituent un atout majeur pour la promotion et la vulgarisation du patrimoine local. En effet, il existe plusieurs danses au sein des communautés locales congolaises. Celles-ci peuvent faire l'objet de promotion à travers les festivals. A titre d'exemple, il y a la danse traditionnelle et initiatique «*Kiébé-Kiébé*[270]» qui est pratiquée dans les contrées *Téké*, *Koyo* et *Mboshis* dans les départements de la Cuvette, de la Cuvette-Ouest. Cette danse a déjà fait l'objet d'une exposition internationale au Brésil en septembre 2013 et son rayonnement peut être mis à profit par l'organisation des festivals locaux pour promouvoir et vulgariser le savoir-faire des localités dans lesquelles cette danse est pratiquée.

Chez les *Punu* (un sous-groupe Kongo), il existe des chants et danses pratiqués à certaines occasions : naissance des jumeaux, mariage, décès… Il s'agit d'un savoir et savoir-faire oral que l'on peut exploiter et valoriser par des événements festifs comme les festivals car ils produisent des effets considérables dans la promotion de la culture et des localités. En ce sens, NABI Amarine estime que : *« un festival a, sur le territoire qui l'accueille, des effets multiples qui ne sauraient se résumer, loin s'en faut, à l'impact économique... Le premier impact, le plus évident, est celui de l'animation culturelle, puisque, par définition, un festival est un événement culturel. Il constitue donc un moment fort de la saison artistique dans une ville, et il contribue très fortement à l'animation du territoire. De plus, l'organisation d'un festival peut être l'occasion de mettre en place des activités qui lui sont liées tout au long de l'année, et dont il constitue le point d'orgue (ateliers, structure d'exposition permanente...)…Le festival*

---

[268] Guide pour les Festivals Internationaux CIOFF, Rédigé et publié en 2005 par La Commission des Festivals.

[269] Philippe Toussaint cité par Smahi Kahina et Boumrar Samira, *Les festivals locaux, outils de valorisation du patrimoine : Cas de la wilaya de Tizi-Ouzou*, Mémoire de fin d'études en vue de l'obtention du Master II, Option : Développement Local, Tourisme et Valorisation du Patrimoine, Université Mouloud Mammeri de Tizi-Ouzou, Faculté des Sciences Economiques, Commerciales et de Gestion 2013, p20

[270] Voir annexe 15

est également un moment collectif fort dans la vie du territoire, et à ce titre, il a vocation à rassembler autour de lui les citoyens, soit en les faisant participer à l'organisation du festival (comme bénévoles, à travers des ateliers préparatoires...), soit en les rassemblant lors des spectacles et animations qui ont lieu dans le cadre du festival. En cela, il contribue à tisser et à renforcer le lien social sur le territoire, car il est avant tout un moment de rencontre. Le troisième type d'impact est l'impact économique du festival sur le territoire. L'organisation d'un festival sur un territoire suppose un certain nombre de dépenses, artistiques et logistiques, et la venue de festivaliers peut également entraîner un complément d'activité pour les commerçants et acteurs économiques locaux. Enfin, le dernier type d'impact, est l'impact médiatique et, plus généralement, l'impact que peut avoir l'organisation d'un festival sur l'image d'une ville ou d'un territoire, en interne (amélioration de l'image que les citoyens ont de leur ville), et en externe (notoriété et image de la ville de la part de non-résidents[271]) ». Qu'il s'agisse des festivals de création, des festivals touristiques ou des festivals d'image, ils sont porteurs d'opportunités de valorisation et de vulgarisation du patrimoine local.

Il convient, cependant, de les orienter pour qu'ils jouent un rôle culturel et social. En effet, le rôle culturel d'un festival est d'aider les artistes à oser, à entreprendre des projets, des actions qu'ils n'auraient peut-être pas l'occasion de présenter dans le cadre d'institutions culturelles permanentes. Ce rôle est social lorsque les festivals créent du lien social et permettent de renforcer l'identité locale. Ils permettent de susciter l'occasion de nouvelles relations de voisinage, voire d'un relatif brassage social, ne fût-ce qu'un instant[272]. Ainsi, on peut affirmer que les festivals sont le moteur de la valorisation du patrimoine et de l'attractivité touristique d'un territoire[273]. C'est ici l'occasion de faire des festivals ci-dessus cités (Feux de Brazza, *N'Sangu Ndji Ndji*, FIADOL…) un moyen de vulgarisation du patrimoine congolais. Ils expriment une culture populaire qui contribue à la sauvegarde du patrimoine en ce qu'ils produisent un impact considérable sur les territoires où ils ont lieu.

---

271 Nabi Amarine, cité par SMAHI Kahina et Boumrar Samira, *Les festivals locaux, outils de valorisation du patrimoine. Cas de la wilaya de Tizi-Ouzou*, Mémoire de master, Développement Local, Tourisme et Valorisation du Patrimoine, Université Mouloud Mammeri de Tizi-Ouzou, Faculté des Sciences Economiques, Commerciales et de Gestion, septembre 2013, p18

272 *Ibid.*

273 Diamantaki Garyfallia, *Les festivals : moteurs de la valorisation du patrimoine et de l'attractivité touristique d'un territoire. «Le Festival de la Photographie Les Rencontres d'Arles et la ville d'Arles»*, Mémoire de Master, Université Paris 1, 2010, p1

B – Les expositions, séminaires et conférence-débats comme lieu de rencontres scientifiques

Les expositions permanentes ou temporaires participent à la vulgarisation du patrimoine local. Les expositions sont des espaces de rencontre entre le patrimoine culturel (objets d'art) et le public. Elles constituent le moyen privilégié pour faire valoir sa mission et mettre en valeur les objets de a collection. Elles jouent un rôle important dans le processus identitaire d'une société. Elle montre et démontre des reflets du passé et des parcelles du présent[274]. Pour jouer le rôle d'organe de vulgarisation du patrimoine local, les expositions doivent être accessibles et accompagnées des conférence-débats assorties des publications pour une large diffusion du patrimoine. Les débats doivent porter sur des thèmes locaux en lien direct avec le patrimoine communautaire comme les interdits, les rites, la diversité des expressions culturelles ... La publication des résultats de ces débats permet d'atteindre un plus large public, de sensibiliser et d'informer sur l'existence du patrimoine dans les collectivités.

Cependant la réalisation de ces activités nécessite des espaces appropriés tels que les musées, les salles de spectacle et de conférence... Ainsi, les préférences de certains territoires (par exemple pour le développement des projets événementiels) seront souvent dues davantage à leur climat, aux structures existantes, à leur type de tourisme, qu'à une préférence théorique ou académique pour ce modèle[275]. Il est clair que l'on peut organiser des activités liées à la valorisation du patrimoine toute l'année. Il s'agit de le faire le plus souvent en saison sèche, période d'absence de pluie située entre mi-mai et mi-septembre (pour les festivals et activités devant être menées à ciel ouvert) et tout au long de l'année, sans distinction de période pour les conférences et séminaires sur le patrimoine local. Il s'agit donc de proposer une offre patrimoniale locale durable, basée sur un savoir et un savoir-faire traditionnel à travers des expositions territoriales ou départementales.

Toutefois, il faut noter que la vulgarisation du patrimoine local par des projets et événements ponctuels aboutit à la « commercialisation » des produits locaux, expressions du savoir et du savoir-faire traditionnel (artisanat traditionnel, sculpture...). Ces produits pourront être intégrés

---

274 Ministère de la Culture, des Communications et de la Condition féminine, *Réaliser une exposition : guide pratique*, Direction de la muséologie, Service de soutien aux institutions muséales, Bibliothèque et Archives nationales du Québec, p13

275 ODIT France, *Valorisation touristique du patrimoine et du paysage dans les territoires de montagne : S'évaluer pour évoluer"* », dossier ODIT France, novembre 2007, p48

dans une « commercialisation » qui doit répondre à un cadre juridique précis pour éviter tout débordement. Ainsi, une série de contrôles et d'obligations doivent être mis en œuvre. C'est ici l'occasion de rappeler la nécessité d'une réglementation relative à la protection des œuvres d'art constitutives du patrimoine pour éviter le pillage ou les sorties illicites du territoire national. Cette réglementation suppose de disposer des arrêtés préfectoraux ou municipaux définissant les infractions liées à la sortie du territoire local ou national du savoir ou du savoir-faire ou du produit des deux.

Par ailleurs, il est rappelé que valoriser et promouvoir l'offre patrimoniale locale permet d'atteindre un certain nombre d'objectifs dont la mise en réseau des populations locales pour un échange d'expérience. Une fois ces objectifs atteints, on peut envisager la culture dans tous ses aspects : artistiques, scientifiques, techniques, patrimoniaux.

D'une manière générale, il s'agit de diffuser la création locale à travers une série de manifestations culturelles ponctuelles avec pour enjeu de donner une image positive du territoire et de son savoir. Cette initiative peut aider à vulgariser le patrimoine local, facteur d'attractivité vis-à-vis des touristes et des acteurs économiques qui, par la mise en place de nouvelles activités (industries, projets de développement), vont contribuer au développement local. C'est également un moyen efficace pour véhiculer son image[276]. Les événements culturels organisés de manière ponctuelle sont un moyen efficace de faire connaître son patrimoine, le valoriser et au besoin le « vendre » dans un cadre raisonnable qui tient compte des générations futures. C'est pourquoi, outre le développement d'une culture patrimoniale, il convient d'assurer une transmission pérenne du patrimoine.

PARAGRAPHE 2 : LA TRANSMISSION PERENNE DU PATRIMOINE

La pérennisation de la transmission du patrimoine nécessite la mise en place d'outils juridiques (I) à travers les politiques d'aménagement du territoire (B).

[276] Smahi Kahina et Boumrar Samira, *Op, Cit.* p24

I - La pérennisation de la transmission par les outils juridiques

La pérennisation de la transmission du patrimoine exige l'adoption des mesures juridiques spécifiques (A) d'une part, et le recours aux modes ancestraux de transmission (B) d'autre part.

A – L'adoption des mesures juridiques spécifiques

La transmission dans le sens premier du terme consiste à remettre à la génération suivante des éléments culturels. La nature des éléments transmis détermine la transmission elle-même. En effet, chaque type d'élément transmis pose des problèmes spécifiques :

- le patrimoine matériel : les collections d'objets et d'œuvres, témoins de la création artistique et de la culture matérielle, posent des problèmes de conservation et d'information ;
- le patrimoine immatériel : savoir-faire, coutumes et littérature orale, posent des problèmes de mémoire et de restitution ;
- le patrimoine scientifique : les connaissances, posent des problèmes de vulgarisation et d'explications[277].

Le patrimoine est avant tout un bien commun, qui doit faire l'objet d'une appropriation collective tant par les professionnels chargés de veiller à sa protection que par les populations locales qui en sont détentrices. Au-delà des mesures de conservation engagées par les décideurs et les techniciens, la pérennité du patrimoine et des valeurs culturelles repose sur les communautés elles-mêmes. Bien souvent, musées et bâtiments remarquables sont très peu fréquentés par les populations locales, et l'histoire locale reste méconnue des jeunes générations. Prévoir des programmes pédagogiques pour transmettre la connaissance, susciter une curiosité ou un « appétit » pour le patrimoine, inviter les populations à le découvrir est donc une étape essentielle, dans laquelle les communes ont un rôle de premier plan[278]. C'est dire que la transmission du patrimoine se fait à un double niveau : au niveau de l'Etat et au niveau local avec l'intervention des communautés et des autorités locales (administratives et coutumières).

En effet, la transmission du patrimoine est un facteur de sauvegarde de l'identité culturelle. Le patrimoine étant un bien commun, il convient de réfléchir et dégager les pistes pour que sa transmission soit pérenne, et

[277] Claire Merleau-Ponty, *La transmission culturelle, nouveaux modes de médiation*, Bibliothèque Nationale de France, 2010, p1

[278] AIMF-UE, *Op.cit.*, p26

qu'elle se perpétue de génération en génération de manière ininterrompue. Il est nécessaire de rappeler que de tout temps, la survie des groupes sociaux (famille, clan, nation, etc.) a eu pour fondement le passage de témoin entre générations, la transmission du patrimoine des plus âgés aux plus jeunes en vue de sa préservation, de son développement et de sa pérennisation. En ce sens, la perpétuation des valeurs d'une société ou d'un groupe permet d'armer les futures générations et de leur donner une identité propre par l'enracinement des pratiques de conservation patrimoniale. Il s'agit de les préparer à la sauvegarde du patrimoine à travers l'éducation au patrimoine et par son appropriation.

La transmission du patrimoine est un devoir qui incombe aussi bien aux individus qu'à la société. Bernadette Tchakoani estime que « *l'enjeu est grand à notre époque où nous vivons de profondes mutations résultant de l'intense brassage des populations rendu possible par des mariages mixtes, un réseau routier en constant développement, des moyens de communication modernes qui traversent les frontières et des échanges qui en découlent. L'une des conséquences majeures de ce phénomène, c'est la perte progressive des valeurs ancestrales*[279] ».

En conséquence, la transmission du patrimoine exige l'adoption des mesures juridiques spécifiques à sa pérennisation car lorsqu'elle n'est pas pérenne, elle n'en est pas une. Ainsi, il est nécessaire pour le Congo de mettre en place des textes juridiques (lois, décret ou arrêtés)) portant pérennisation du patrimoine culturel et d'intégrer ce patrimoine dans l'enseignement à tous les niveaux (primaire, collège, lycée, supérieur). Il convient donc de procéder à la mise en place de l'éducation à la culture. En effet, enseigner le patrimoine induit sa connaissance et, par conséquent, connaître le patrimoine assure une pérennité de ses valeurs culturelles. C'est pourquoi, il appartient à l'Etat congolais, en collaboration avec les structures décentralisées et les autorités coutumières de mettre en place et favoriser une politique d'éducation au patrimoine culturel au sein des programmes scolaires. Ainsi dans le cadre de l'école élémentaire et du second degré, des enseignements aux formes et aux intitulés variés (classes patrimoine, séjours découverte, « adopter son patrimoine », ateliers de pratique artistique, itinéraires de découverte, enseignement d'exploration, Histoire des arts…) méritent d'être mis en place, associés aux disciplines telles que les Arts Plastiques, l'Histoire-Géographie, l'Education Civique, la Musique...

---

279 Bernadette Tchakoani, Transmettre le patrimoine au Cameroun : des actions phare, in *Takam Tikou*, consulté le 30 octobre 2014, Url : http://takamtikou.bnf.fr/dossiers/dossier-2013-patrimoine-et-transmission/transmettre-le-patrimoine-au-cameroun-des-actions-p

A terme, il convient de rendre cette incitation obligatoire à l'image de la France où, depuis 2010, l'incitation est devenue obligatoire avec l'adoption du nouveau programme « Histoire des arts » au collège, donnant lieu à une épreuve au diplôme national du Brevet[280]. L'école apparaît donc comme le lieu par excellence de la transmission et de la pérennité du patrimoine. Une fois cette initiative mise en œuvre, il convient, pour les différents acteurs, de réfléchir sur les méthodes pédagogiques à utiliser afin de rendre pérenne la transmission du patrimoine culturel.

Au-delà de l'enseignement du patrimoine à l'école qui est un facteur de pérennisation de la transmission, on peut s'appuyer sur les initiatives communautaires ou locales comme :

- les séances d'animation, de discussion et de débat entre les jeunes et les plus âgés en langue locale, sur le rôle et du patrimoine et l'importance de le sauvegarder pour le transmettre aux générations futures. Ces séances ont l'avantage de toucher toutes les couches de la communauté car elles se déroulent dans en une langue locale assimilée par toute la communauté.
- La promotion du rôle de la femme dans la pérennisation de la transmission du patrimoine culturel. En effet, dans la société traditionnelle africaine en général et congolaise en particulier, c'est la femme qui oriente la famille et la société. Le système matriarcal, qui est d'essence africaine, illustre l'importance du rôle de la femme dans la société congolaise. En effet, c'est bien à elle que revient la mission d'éduquer l'enfant. C'est la maman qui, la première, transmet l'oralité, simplement tout d'abord avec les berceuses qu'elle chante à son enfant. Nous savons qu'en consacrant plus de temps à la famille, elle est le premier vecteur de transmission et d'éducation[281]. En d'autres termes, il convient d'inciter la femme à pérenniser la transmission du patrimoine culturel car c'est elle qui reste le plus en contact avec les enfants. En conséquence, elle est le vecteur immédiat de la transmission de la culture dans les communautés. A ce propos, Etoundi Essamba pense que « *la femme africaine est véritablement le pilier de la société… Elle*

---

280 Karim Hammou, *Pourquoi enseigner le patrimoine* ?, Note d'intention : Journée d'études « Enseigner le Patrimoine ». Quels enseignements sur quels patrimoines, vers quels publics, pour quels enjeux?, juillet 2011, p1

281 Evelyne Brener, *De l'oralité à l'audiovisuel pour la Renaissance Africaine et du rôle de la femme pour cet objectif*'. Extrait de son intervention au 3e Congrès international de la Femme Noire – Kinshasa, 1er décembre 2009

est la gardienne de notre identité, c'est elle qui transmet les valeurs culturelles et les connaissances traditionnelles ; c'est elle qui sert de pont entre la tradition et la modernité[282]… ». A ce titre, elle peut être mise à contribution par des mesures incitatives afin qu'elle participe à la pérennisation de la transmission du patrimoine culturel dans la société congolaise.

B - Le recours aux modes ancestraux de transmission

Les modes ancestraux de transmission sont basés sur l'oralité qui constitue le matériau privilégié de l'histoire du continent africain[283]. Malgré son extrême fragilité, cette catégorie de sources se révèle difficilement manipulable. Bien souvent, on est amené à réaliser que la protection du patrimoine culturel nécessite que soient protégés, en même temps, les techniques traditionnelles de transmission des savoirs et savoir-faire ancestraux. C'est pourquoi, dans cette démarche, il faut accorder une reconnaissance particulière aux sachants détenteurs de ce savoir.

En réalité, il s'agit principalement de la transmission par la parole qu'accompagnent l'observation et l'imitation, l'art et le jeu, la musique et la danse. Elle tend à valoriser la cohésion, la solidarité, la primauté du groupe[284]. Sur ce point, il n'est pas question d'apporter des explications sur l'éducation traditionnelle au Congo. Il s'agit plutôt de préciser que les modes ancestraux de transmission du savoir et du savoir-faire congolais mettent l'enfant au centre de la société. L'éducation lui est donnée non pas par les seuls père et mère mais par le groupe, la société à travers le *M'bongui* qui est un espace d'éducation, de justice, de convivialité, de solidarité. Au *M'bongui*, étrangers de passage, vieillards, veufs, veuves, orphelins, personnes vivants avec handicap peuvent trouver leur compte sur tous les plans. A travers les proverbes, les contes et les légendes qu'ils suivent attentivement autour du feu, les enfants sont initiés à la culture ancestrale. Dans cette structure traditionnelle, la responsabilité est collective dans la prise de décisions. Les jeunes sont amenés à vivre en harmonie avec les adultes. En ce sens, l'enfant appartient à la communauté qui a la responsabilité de son éducation. Celle-ci se fait au

---

282 Entretien réalisé avec la rédaction du journal *culturebene*, le 8 juin 2012, consulté le 30 octobre 2014, Url : http://www.culturebene.com/6781-etoundi-essamba-la-femme-africaine-est-veritablement-le-pilier-de-la-societe.html

283 Ousmane Sawadogo, L'éducation traditionnelle en Afrique Noire : portée et limites, in manden.org, avril 2003, Url : http://www.manden.org/article.php3?id_article=25, consulté le 24 mars 2015

284 *Ibid*

travers des contes, des proverbes, des danses et des chants. Le chant joue un double rôle : celui de prodiguer des conseils et de dénoncer un mauvais comportement. Quant à la danse, elle sert non seulement à distraire, mais aussi à interpréter la coutume[285]. C'est dire que ce mode de transmission du savoir exige que la communauté participe à l'éducation de l'enfant.

C'est pourquoi il est important de maintenir le recours aux modes ancestraux de transmission des connaissances et des valeurs, notamment par l'oralité. Ce recours doit être développé à la fois comme objet et moyen de transmission des richesses du passé. Pour plus d'efficacité et d'efficience, une synergie d'actions complémentaires et harmonieuses entre l'État et la société civile devrait idéalement s'amplifier[286]. Ainsi, il est nécessaire de susciter et d'encourager les initiatives locales de transmission du patrimoine à travers le cadre traditionnel (transmission par l'oralité dans la société). A partir de ce moment, il n'est plus question de démontrer l'importance de pérenniser la transmission du patrimoine. Il s'agit d'une question qui touche les valeurs culturelles, expression de l'identité nationale. En ce sens, à côté des enseignements par l'école, les pratiques traditionnelles ont un rôle important à jouer.

En somme, il faut retenir l'importance d'inscrire la transmission du patrimoine dans la durée. Pour cela, il est nécessaire d'opter pour des mesures durables et non provisoires. Il convient donc de perpétuer l'enseignement du patrimoine à l'école avec des programmes adaptés, de renforcer le rôle de la femme dans les communautés pour faire d'elle un pilier de la pérennisation de la transmission du patrimoine. D'autre part, il est nécessaire de mettre un accent particulier sur des initiatives locales comme les séances d'animation et de discussions intergénérationnelles. C'est dans ce sens qu'il faut accorder un rôle important aux médias locaux ou communautaires (télévision, radio…). Le Congo dispose des médias locaux installés dans certains départements. On peut citer : la Radio *Biso na Biso* dans le département de la Sangha, la Radio Makoua dans le département de la Cuvette, la Radio Kinkala dans le département du Pool, la Radio Magnificat dans le département de Brazzaville, Télé Pointe-Noire dans le département de Pointe-Noire…

---

285 Rémy Bazenguissa-Ganga et al., *Le cardinal Biayenda et le Congo-Brazzaville*, Acte de colloque à l'Institut catholique de Paris, 14 et 15 février 2008, KARTHALA Editions, 2012, p145

286 Bernadette Tchakoani, Transmettre le patrimoine au Cameroun : des actions phare, in *Takam Tikou*, consulté le 30 octobre 2014, Url : http://takamtikou.bnf.fr/dossiers/dossier-2013-patrimoine-et-transmission/transmettre-le-patrimoine-au-cameroun-des-actions-p

Dans le but donc de pérenniser le patrimoine, il est nécessaire d'envisager la réalisation, par ces médias locaux, des émissions thématiques portant sur le patrimoine et l'importance de sa transmission.

Cependant, la pérennisation de la transmission du patrimoine culturel nécessite la mise en place des politiques d'aménagements du territoire. Celles-ci doivent tenir compte de l'intégrité et de l'authenticité du patrimoine dans leur mise en œuvre.

II – La pérennisation à travers les politiques d'aménagement du territoire

L'aménagement du territoire est l'expression spatiale des politiques économique, sociale, culturelle et écologique de toute société. Il est à la fois une discipline scientifique, une technique administrative et une politique conçue comme une approche interdisciplinaire et globale tendant à un développement équilibré des régions et à l'organisation physique de l'espace selon une conception directrice[287]. En l'espèce, il convient de l'examiner non comme discipline scientifique mais plutôt comme élément de mise en valeur du patrimoine culturel (A). Il est aussi un facteur d'intégration du patrimoine dans les politiques urbanistiques (B).

A – L'aménagement du territoire comme élément de mise en valeur du patrimoine culturel

Il est important de rappeler que la mise en valeur du patrimoine a été retenue comme levier du développement local dès les années 1980. Le lien entre patrimoine, développement économique et aménagement du territoire est repris dans différents rapports (rapport Max Querrien de 1982 "*Pour une nouvelle politique du patrimoine*", Rapport de Yves Pillet en 1993 et surtout le Rapport de Bernard Latarjet de 1992 sur "*L'aménagement culturel du territoire*[288]"). En effet, il existe une certaine tendance, auprès de la population locale, à penser que la protection du patrimoine, la préservation des centres historiques et des traditions, soient considérées comme un frein à la modernisation et à l'amélioration des conditions de vie. Certains habitants, qui vivent aujourd'hui dans des maisons en terre, en pierre ou en bois, identiques à celles que leurs ancêtres construisaient, aspirent à vivre dans les logements construits en

[287] Conseil de l'Europe, Charte Européenne de l'aménagement du territoire, adoptée le 20 mai 1983 à Torremolinos (Espagne), p5

[288] http://www.vie-publique.fr/politiques-publiques/politique-patrimoine/valorisation/, consulté le 20 novembre 2014

matériau moderne que les villes produisent. Inversement, aux yeux de certains professionnels de la conservation, la mondialisation économique et l'exigence de modernisation sont appréhendées comme une menace pour l'identité et la spécificité locale[289]. En ce sens, si l'engagement de l'État demeure fondamental (la politique du patrimoine reste le plus souvent de compétence nationale), c'est à l'échelle locale que se joue l'articulation entre patrimoine et projet urbain, patrimoine et projet de territoire... Pour permettre l'articulation entre conservation du patrimoine et projet urbain ou projet de territoire, la première condition est d'ordre institutionnel et réglementaire : les responsabilités prises par les collectivités locales en matière de patrimoine doivent être reconnues légalement, et le partage de compétences entre État et municipalités clairement établi[290].

A titre de rappel, l'état des lieux de la protection du patrimoine culturel montre que les richesses culturelles congolaises sont menacées soit du fait de l'homme, soit du fait de la nature. Les sites culturels congolais subissent une pression foncière qui se caractérise par l'érection des constructions anarchiques et la spoliation des terres. Pour preuve, l'ancien port d'embarquement des esclaves de Loango, le domaine royal de M'bé et les grottes de *Nkila Ntari*, proposés sur la liste indicative de l'UNESCO pour une inscription au patrimoine mondial, subissent la pression foncière et l'occupation anarchique et illégale du site. A cela s'ajoutent la prolifération des projets de développement urbain avec notamment l'agrandissement des villes avoisinantes. Ces projets, s'ils se multiplient vont affecter l'intégrité et l'authenticité des sites. En l'absence d'un code de l'urbanisme (en cours d'élaboration), il convient d'y mettre fin à travers la définition d'une politique nationale prévoyant un cadre juridique et institutionnel permettant de mettre en œuvre un contrôle des opérations d'aménagement et de développement du territoire. Pour cela, les collectivités locales établissent des plans de développement local et de sauvegarde du patrimoine ; des outils de gestion, mettent en place et gèrent les projets de conservation et de mise en valeur ; travaillent avec les populations[291]. C'est dire que tous les projets de développement urbain ou d'aménagement du territoire doivent prendre en compte le patrimoine culturel et ses abords. En d'autres termes, il convient de mettre en œuvre des politiques contraignantes consistant en l'interdiction d'occupation ou d'aménagement des sites culturels.

---

289 *Ibid.*

290 Craterre-ENSAG / Convention France-UNESCO, *Patrimoine culturel et développement local*, *Op, cit.* p30

291 *Ibid.*

L'intérêt est de tenir compte du patrimoine culturel dans toutes les politiques d'aménagement du territoire car il a été constaté une prolifération des projets urbains ces dernières années. Sur ce point, on peut constater l'érection d'immeubles sur et aux abords de certains sites culturels comme l'ancien port des esclaves de Loango du côté de Pointe-Noire, la capitale économique du Congo. Il en est de même pour le domaine royal de M'bé qui voit son habitat traditionnel (principale caractéristique du royaume) disparaître du fait de la pression foncière et de la modernité. On assiste à des constructions non réglementées ayant affecté les sites et le patrimoine culturel. L'aménagement du territoire est, certes important, mais plus que jamais, il faut le conditionner au respect de l'intérêt du patrimoine culturel. Dans la pratique, il s'agit de réduire les zones à bâtir pour éviter toute atteinte à l'intégrité et à l'authenticité du patrimoine. Ces interdictions doivent avoir un fondement juridique pour qu'elles aient un caractère obligatoire. C'est pourquoi, il est nécessaire d'avoir une réglementation nationale et locale relative à l'aménagement du territoire car si ce dernier est l'expression spatiale des politiques économique, sociale, culturelle et écologique de toute une société[292], il doit ne pas être réalisé, au détriment du patrimoine culturel. La législation à mettre en place doit prendre en compte les deux facteurs : aménagement du territoire et protection du patrimoine culturel.

De cette manière, il sera aisé de préserver les sites culturels et de conserver leur intégrité.

B – L'aménagement du territoire comme facteur d'intégration du patrimoine dans les politiques urbanistiques

Intégrer le patrimoine dans les politiques urbanistiques présente l'avantage de maîtriser le phénomène de dégradation du patrimoine culturel. En effet, en l'absence d'un code de l'urbanisme, les localités connaissent un développement anarchique sans prévisions, ni respect des règles urbanistiques. C'est pourquoi, il est indispensable d'intégrer le patrimoine culturel dans les politiques urbanistiques avec pour objectif de le préserver.

Cette intégration est d'autant plus importante qu'elle nécessite l'élaboration et la mise en œuvre d'une réelle politique urbanistique pour éviter que se produisent des destructions continuelles des espaces naturels, des paysages ruraux, des centres historiques urbains, des villages et des monuments. La raison en est le développement économique incontrôlé qui résulte de la surexploitation des ressources naturelles, de la

---

292 Extrait de la charte européenne de l'aménagement du territoire, préambule.

surproduction et de l'urbanisation anarchique. En effet, depuis une trentaine d'années, l'explosion démographique de la ville de Brazzaville est telle qu'elle a engendré une extension spatiale sans précédent. De 1960 à 1988, la population de la ville est passée de 100.000 à plus de 600.000 habitants. En même temps, sa superficie s'est accrue de 1800 à plus de 12.000 hectares. Aujourd'hui, Brazzaville compte plus d'un million d'habitants et cette explosion démographique s'est faite parfois au détriment des sites culturels que la ville a progressivement « phagocytés[293] ». En ce sens, Arnaud Kouka pense que l'expansion rapide de la ville de Brazzaville s'est faite sans une réelle politique d'urbanisation et en l'absence de maîtrise de la croissance interne de la ville[294]. Les raisons de cette urbanisation anarchique sont aussi à trouver dans l'uniformisation des valeurs culturelles, véhiculées dans les moindres recoins de la planète par la télévision ou d'autres canaux sophistiqués, qui tend à gommer les différences de goûts des individus, la variété des types d'habitation ou des manières d'habiter, etc[295].

Ainsi, intégrer le patrimoine dans les politiques urbanistiques suppose d'accorder aux élus locaux une plus grande responsabilité. En ce sens, la première étape pour un maire est celle de l'identification et du diagnostic. Quels sont les paysages, les bâtiments, les pratiques traditionnelles, les événements, qui révèlent la culture d'un territoire, qui lui donnent sens, et qui sont à conserver ? Cette identification donnera aux responsables les éléments de connaissance nécessaires pour prendre des décisions et adopter des stratégies d'aménagement prenant en compte le patrimoine culturel[296].

D'autre part, intégrer le patrimoine dans l'aménagement du territoire suppose l'adoption et la mise en œuvre des outils réglementaires applicables au patrimoine concerné. Il s'agit principalement des arrêtés municipaux ou préfectoraux précisant la nature du patrimoine à protéger. Il est donc nécessaire de placer les problématiques du patrimoine au cœur des différents projets d'aménagement du patrimoine.

La pérennisation du patrimoine culturel à travers les politiques d'aménagement du territoire nécessite la mise en place d'outils et d'organes de gestion des projets d'aménagement urbain et culturel qui sont tout aussi importants que la réglementation. Pour cela, les ministères en charge de la culture et de l'administration du territoire doivent mettre en place des

---

[293] Dobingar Allassembaye, Accroissement peri-urbain dans une ville du tiers-monde : cas de la ville de Brazzaville, in *Union for african population studies*, Rapport de synthèse, n°9, septembre 1994, p2

[294] Interview du 24 janvier 2014 in Afrique actualité du 24 janvier 2015, p6

[295] Craterre-ENSAG / Convention France-UNESCO, *Op, Cit.* p30

[296] *Ibid*, p31

commissions, des groupes de travail composés d'experts à la fois en patrimoine et en aménagement du territoire, des personnes ressources, des élus locaux, des représentants de la population locale, des chefs coutumiers et religieux. Sur ce point, il convient de préciser que ce n'est pas seulement la conservation du patrimoine qui compte, mais une gestion plus complexe des villes ou paysages, dans laquelle les ressources culturelles et le patrimoine deviennent ainsi des outils du développement local[297]. Une initiative qui nécessite le concours de tous les acteurs au processus de prise de décisions concernant les projets d'intégration du patrimoine culturel dans les politiques urbaines. Cette gestion commune nécessite, cependant, un renouvellement des logiques et des procédures d'aménagement du territoire prenant en compte la qualité de la vie des populations (qui tend vers le développement) et le souci de préserver le patrimoine culturel.

CONCLUSION CHAPITRE I

Ce chapitre a consisté à justifier la nécessaire articulation entre la gestion efficace du patrimoine et le développement local. En effet, la gestion efficace du patrimoine culturel doit entraîner le développement local à travers notamment la mise en valeur des potentialités culturelles. On ne saurait manquer de relever qu'il s'agit de transformer les potentialités patrimoniales et culturelles en potentialités touristiques afin que les retombées du tourisme profitent aux populations locales détentrices de ce patrimoine. Ainsi, la mise en valeur du patrimoine doit se faire au profit de ces populations par un mécanisme générateur de retombées (économiques, culturelles, sociales…) devant améliorer les conditions de vie des communautés locales. Pour y parvenir, il est établi que les élus locaux doivent être les moteurs du développement de l'attraction du patrimoine à travers la promotion culturelle locale. En ce sens, ils doivent concevoir et mettre en œuvre une politique de vulgarisation de la diversité patrimoniale locale à travers les NTIC et l'organisation des événements et projets culturels ponctuels.

Dans un premier temps, il a été question de démontrer que la vulgarisation par les NTIC nécessite la création d'outils informatiques comme les sites internet dans le but porter à la connaissance d'un très large public le contenu et la nature du patrimoine. D'autre part, nous avons justifié l'importance de l'organisation ponctuelle d'événements comme les festivals, les expositions, les conférence-débats et les séminaires. Ces

[297] *Ibid.*

événements sont de nature à dynamiser le territoire et son patrimoine culturel.

Par ailleurs, sachant que le patrimoine culturel congolais subi les effets de la mondialisation, nous estimons qu'il faut veiller à pérenniser sa transmission à travers l'adoption des mesures juridiques spécifiques qui placent le patrimoine au centre de l'enseignement à tous les niveaux (primaire, collège, lycée, supérieur). Aussi, ce chapitre justifie la contribution des politiques d'aménagement du territoire dans la pérennisation de la transmission du patrimoine culturel. En ce sens, il y a nécessité de mettre en place des outils et des organes de gestion des projets d'aménagement urbain et culturel pour freiner des phénomènes destructeurs du patrimoine comme les occupations anarchiques et illégales, les spoliations et les constructions non autorisées sur les sites culturels. Il a donc été question de faire état d'un certain nombre d'interdictions liées aux politiques d'aménagement du territoire. D'où la nécessité de faire du patrimoine un facteur de développement local et national en l'intégrant dans une politique touristique.

Chapitre II
L'intégration du patrimoine culturel dans une politique touristique durable

La mise en place d'une politique touristique adéquate est un facteur déterminant dans le processus de valorisation du patrimoine culturel. Valoriser son patrimoine suppose d'envisager les retombées à la fois économiques, socio-culturelles et environnementales. Par la valorisation, il s'agit non seulement de protéger les vestiges du passé, l'identité nationale et les valeurs culturelles congolaises dans leur diversité mais aussi de tirer profit de ses retombées. Pour cela, il convient de mettre en place une politique touristique valorisant le patrimoine (section 1) tout en encadrant la mise en œuvre de cette valorisation (section 2)

SECTION I : LA MISE EN PLACE D'UNE POLITIQUE TOURISTIQUE VALORISANT LE PATRIMOINE

Au Congo, la politique touristique a souffert des troubles sociopolitiques qui ont émaillé de pays en 1993, 1997, et 1998. Ces troubles ont contribué à maintenir le Congo, du moins son tourisme, en marge des flux touristiques internationaux. La plupart des structures culturelles (musées, sites et monuments…) ayant été endommagées, il est nécessaire de mettre en place des outils touristiques performants (paragraphe 1) tout en définissant les objectifs touristiques pertinents (paragraphe 2).

PARAGRAPHE 1: LA MISE EN PLACE D'OUTILS TOURISTIQUES PERFORMANTS

Une nouvelle politique touristique s'impose au Congo. Celle-ci doit porter sur l'aménagement des sites culturels (I) et sur la planification de l'offre touristique existante (II).

I - L'aménagement des sites culturels

La mise en place d'une nouvelle politique touristique au Congo suppose l'aménagement des sites culturels répertoriés, inventoriés ou classés. Celle-ci justifie l'importance d'adopter des mesures visant à développer une politique touristique adéquate (A) d'une part, et à élaborer une politique de communication touristique (B) d'autre part.

A – Les mesures souhaitables pour développer une politique touristique adéquate

Il est impératif pour le Congo de mettre en place une politique nationale de tourisme. Plus concrètement, cette politique doit consister à réhabiliter les sites culturels qui font l'objet d'un tourisme, bien que latent. En effet, les musées de Brazzaville et de Pointe-Noire sont dans un état de quasi abandon. C'est pourquoi, il est question de proposer des mesures de réhabilitation et d'aménagement des grands sites culturels congolais. Ainsi, au niveau de l'ancien port d'embarquement des esclaves de Loango, la réhabilitation consiste en un certain nombre d'activités comme :

- l'inventaire du patrimoine matériel et immatériel. Pour une valorisation touristique du site, il faut le connaître. En ce sens, un inventaire du patrimoine culturel s'impose. Cette action a pour but de recenser, d'étudier et de faire connaître le patrimoine. La loi congolaise relative à la protection du patrimoine national culturel et naturel est claire à ce propos : elle oblige une inscription à inventaire pour assurer la protection du patrimoine national[298]. La méthodologie à mettre en œuvre consiste à constituer pour chaque pratique une masse documentaire homogène comprenant des dossiers descriptifs, des plans, des photographies et une bibliographie au moyen d'une grille d'analyse et de vocabulaires normatifs.
- La réalisation des travaux d'aménagement car le port de Loango est fortement menacé du fait qu'il borde l'océan atlantique. Il est rongé par l'érosion marine[299]. La cause principale de cette érosion est, selon toute probabilité, le blocage du transit sédimentaire du sable du sud vers le nord par le port de Pointe-Noire, accentué par les activités de dragage qui y sont menées. La solution la plus

[298] Articles 8 à 10 de la loi 8-2010 du 26 juillet 2010 portant protection du patrimoine national culturel et naturel
[299] Voir annexe 22

évidente (et pas forcément la plus coûteuse si elle était possible) consiste à réinjecter de façon bien étudiée le sable, en suivant l'axe de la pointe indienne à l'entrée du site. En même temps, il faut rétablir le transit littoral à partir du port de Pointe-Noire en réinjectant le sable dragué au niveau du port (tous les ans ou tous les deux ans jusqu' à stabilisation complète) dans une zone de reprise du sable au Nord. Il s'agit d'opérations courantes pour les spécialistes du dragage ; d'où la nécessité d'ériger un important cordon littoral et contrer les effets des vagues par de lourdes chaussées. Il convient donc de mettre en place une ceinture de sécurité physique pour sauver Loango. D'autre part, les travaux d'aménagement consistent à réparer le débarcadère et à aménager la zone portuaire. Cette réparation constitue une opération assez simple si déjà l'érosion marine est stoppée. Sur ce site, la stèle qui symbolise le lieu de départ des caravanes nécessite une restauration. Il en est de même des sentiers empruntés par les esclaves pour l'embarquement. Ces travaux doivent être exécutés par une population locale formée au préalable en restauration et conservation. En outre, le cimetière royal de Loango a disparu de moitié à cause des éboulements provoquant des ravins. Il est question d'entreprendre des actions urgentes qui consistent à éradiquer les ravins et à canaliser les eaux de pluies pour qu'elles n'atteignent plus le site de manière violente. En outre, avec la collaboration des autorités administratives locales et des propriétaires fonciers, des mesures doivent être prises au niveau communautaire pour renforcer les textes juridiques déjà existants. A cet effet, les autorités locales doivent prendre des arrêtés ou d'autres dispositions contraignantes pour assurer une protection supplémentaire du site et pour définir les zones tampons afin d'avoir une meilleure protection des biens culturels. Dans le même sens, il convient de réglementer les projets de développement urbain afin que ceux-ci n'affectent pas l'intégrité et l'authenticité du site[300]. A ce propos, il est indispensable d'instituer les aires de valorisation de l'architecture et du patrimoine (AVAP) qui ont pour vocation de protéger le patrimoine urbain en intégrant notamment, à l'approche patrimoniale et urbaine, les objectifs du développement durable. Elle propose ainsi une meilleure prise en compte des enjeux environnementaux, notamment ceux relatifs à l'énergie, et une meilleure concertation avec la population. Afin

300 Ulrich Kevin Kianguebeni, *Contribution à la protection du patrimoine culturel, Op, Cit.* p42

d'articuler plus fortement la mise en valeur du patrimoine avec l'ensemble des composantes de l'aménagement, elles créent les conditions d'une plus forte coordination avec le plan local d'urbanisme (PLU). Son élaboration et sa gestion relèvent d'une démarche consensuelle entre l'État et la collectivité compétente qui voir son implication et ses responsabilités renforcées[301].

Quant au domaine royal de M'bé, il est menacé par les feux de brousse[302] qui parfois tournent au drame lorsqu'ils atteignent l'habitat. En effet, les paysans pratiquent encore la culture sur brûlis qui détruit sérieusement le site dans son authenticité. D'autre part, il faut souligner le déboisement des forêts sacrées par les populations locales. Mais il faut tout de suite préciser que ces pratiques tendent à disparaître avec l'entrée en vigueur, au début des années 2000, du code forestier interdisant l'abattage des arbres et la culture sur brûlis. En effet, pour ce qui est des feux de brousse et des incendies de forêts, l'article 138 de ce code dispose : *« quiconque aura, par imprudence, négligence, inattention ou inobservation des règlements pris en application de la présente loi, causé un incendie dans le domaine forestier permanent, sera puni d'une amende de 20.000 à 200.000 FCFA, d'un emprisonnement d'un an maximum ou d'une de ces deux peines seulement*[303] *»*. L'essentiel des activités consiste donc à sensibiliser la population locale sur les méfaits de la pratique de culture sur brûlis et du déboisement qui, non seulement détruisent l'environnement, mais aussi appauvrissent le sol. La sensibilisation exige d'organiser des séances d'information de façon régulière afin de développer la conscience environnementale de la population locale sur la gestion des feux de brousse et de renforcer l'application de la loi n°16-2000 du 20 novembre 2000 portant code forestier. Toutefois, les résultats de cette loi se font déjà ressentir. On assiste de moins en moins à la pratique de la culture sur brûlis et à l'abattage traditionnel des réserves naturelles.

Aussi, il nous a été donné de constater que l'habitat traditionnel qui caractérisait la culture Téké a disparu. C'est pourquoi, il convient d'initier des recherches visant à comprendre le mode d'occupation et d'organisation de l'habitat traditionnel dans le but de le réintroduire au

---

301 Denis Berthelot, AVAP - *Aires de valorisation de l'architecture et du patrimoine*, Fiche écrite dans le cadre d'une convention de partenariat Certu-APERAU sous maîtrise d'ouvrage DGALN, 2013 ;
Url : http://www.outil2amenagement.certu.developpement-durable.gouv.fr/avap-aires-de-valorisation-de-l-architecture-et-du-r261.html, consulté le 6 juin 2015

302 Voir annexe 23

303 Article 138 de la loi n°16-2000 du 20 novembre 2000 portant code forestier en République du Congo

sein des communautés locales. Les restaurations sont donc à réaliser avec des techniques traditionnelles de construction sur la case royale et les autres édifices encore existants, présentant un intérêt architectural. Sur ce point, la restauration doit porter sur

- la restitution des façades de l'époque et leur maintien dans l'état où elles se trouvent afin de rétablir l'unité du bâtiment orignal. Cette restauration nécessite la consolidation des soubassements et des charpentes existantes.
- La consolidation des structures à travers le renforcement des éléments défaillants sans rien détruire, dans le respect de l'intégrité du système structural original. Il convient pour cette opération d'utiliser des matériaux et des techniques traditionnelles.
- La prise et la mise en application des mesures de conservation sur l'ensemble du site tant au niveau local qu'au niveau national (arrêtés municipaux et préfectoraux).
- La reconstruction des parties manquantes sur les édifices sélectionnés en respectant au mieux possible les matériaux d'origine.

En conclusion, qu'il s'agisse du domaine royal de M'bé ou de l'ancien port d'embarquement des esclaves de Loango (qui sont jusque-là les seuls sites culturels répertoriés et proposés sur la liste indicative de l'UNESCO), il convient de mettre en place une véritable politique de conservation préventive car les biens restaurés doivent être entretenus de manière professionnelle afin qu'ils puissent résister à la dégradation naturelle et humaine.

B - L'élaboration d'une politique de communication touristique

L'aménagement et la réhabilitation des sites culturels sont des éléments majeurs de la valorisation du patrimoine. Une fois les sites réhabilités et aménagés, il convient de procéder à l'élaboration des outils de communication afin de rendre le tourisme plus attrayant. Pour cela, le ministère de la culture, les autres ministères qui sont concernés par le patrimoine (tourisme, environnement, artisanat…) et les acteurs privés doivent mettre en place un cadre de concertation permanent pour la promotion du patrimoine congolais tant au niveau national qu'international. C'est pourquoi l'élaboration d'une politique de communication touristique exige l'élaboration d'outils de communication comme :

- la mise en ligne de toutes les richesses culturelles congolaises. Pour cela, un site internet pour les sites culturels et un autre pour les collections des musées s'imposent. A propos des musées, les collections et les structures les abritant sont dans un état de quasi abandon[304]. Il y a donc nécessité de procéder à la numérisation de ces collections pour une meilleure diffusion. En effet, l'informatisation des collections vient au quotidien à l'appui des diverses activités de la vie d'un musée. L'objectif de connaissance des collections, qui rejoint les préoccupations scientifiques de conservation, les impératifs du récolement décennal et de la tenue des inventaires, impose de nouvelles méthodes de travail aux équipes des musées[305]. Une fois les collections des musées et les sites culturels inventoriés, répertoriés, numérisés et informatisés, leur mise en ligne par le biais d'internet est un atout pour la communication et la diffusion du patrimoine culturel congolais. Cette politique permet d'atteindre un large public non seulement national mais aussi international.
- A côté de l'outil informatique et de l'internet, la mise en place d'une politique touristique consiste à organiser des ateliers et séminaires d'information sur le patrimoine congolais. A travers ces initiatives, il s'agit pour le Congo de véhiculer plus d'informations voire « d'exporter son patrimoine ». Au niveau national, ces initiatives sont l'œuvre des professionnels du patrimoine, de la culture, du tourisme et de l'environnement car il leur appartient de promouvoir les richesses culturelles dans le but d'un tourisme raisonnable. A l'international, les missions diplomatiques congolaises peuvent assurer cette fonction.

D'autre part, dans le but de faire du Congo une destination touristique attrayante, une politique hôtelière mérite d'une mise en place. En effet, de constat général, le Congo ne dispose pas d'infrastructures hôtelières à proximité des sites culturels. Pour le site de Loango, on ne peut trouver d'hébergements qu'à Pointe-Noire et pour le domaine royal de M'bé, c'est Brazzaville qui abrite le parc hôtelier. L'absence d'infrastructures hôtelières à proximité des sites culturels constitue un frein au développement touristique et à la valorisation du patrimoine.

---

304 Voir annexe 13

305 Ministère de la culture et de la communication, secteur des musées, *Informatiser - numériser - mettre en ligne,* consulté le 31 octobre 2014,
Url : http://www.culturecommunication.gouv.fr/Disciplines-secteurs/Musees/Collections/Informatiser-numeriser-mettre-en-ligne

En conséquence, il convient d'apporter un soutien à la politique d'hébergement.

En somme, le Congo doit mettre en place une véritable politique nationale qui, en encourageant le tourisme intérieur attire des investissements nationaux et internationaux. Cette politique doit être menée dans le but de viser à la fois la création d'une industrie touristique dans une collaboration étroite de l'ensemble des structures concernées et de proposer une offre plus améliorée que ce soit en matière d'accueil, d'hébergement ou de formation de personnel. Un moyen de renforcer l'attractivité et le rayonnement de son patrimoine culturel.

Au regard de ce qui précède, Il est établi que la mise en place d'une nouvelle politique touristique au Congo exige, outre l'aménagement des sites culturels, la planification de l'offre existante.

II – La planification de l'offre touristique existante

L'offre touristique existante au Congo se caractérise par une absence de structures et d'infrastructures. C'est pourquoi, il important de les mettre en place (A) tout en préparant la population locale à l'accueil des touristes (B).

A – La mise en place des structures et infrastructures d'accueil

Malgré les potentialités culturelles dont dispose le Congo[306], son offre touristique n'est pas attractive. Cette situation contribue à maintenir le Congo en marge des flux touristiques internationaux, à l'heure où les objectifs en la matière ont pourtant été revus drastiquement à la hausse par les pouvoirs publics. En effet, alors qu'il estimait début 2011 que l'industrie du tourisme participait au PIB à hauteur de 1,6 %, le Ministère de l'Industrie touristique et des Loisirs a affirmé vouloir porter ce chiffre à 10 % d'ici 2016. Si les stratégies mises en œuvre jusqu'aujourd'hui se sont surtout focalisées sur le développement du parc hôtelier et la promotion de l'écotourisme, il apparaît désormais stratégique d'y associer une politique énergique de valorisation du patrimoine culturel, compte tenu des opportunités à saisir en la matière et des attentes de la clientèle internationale en termes de découvertes culturelles[307].

C'est dire que l'offre touristique demeure timide faute d'infrastructures d'accueil dans les localités abritant le patrimoine à visiter, et faute de réseau de communications suffisant et cohérent. La conséquence est donc l'inaccessibilité de ces sites. Il y a donc lieu

306 Voir annexe 18 et 21

307 OIF, *Op.Cit*, p52

d'améliorer et de moderniser l'offre hôtelière afin que celle-ci soit plus compétitive au plan international. Pour cela, un développement de l'hébergement touristique en lien avec l'aménagement du territoire est à envisager par les services concernés. En ce sens, il convient de remodeler l'offre touristique en offrant aux visiteurs une multitude de choix non seulement du patrimoine à visiter mais aussi des structures et infrastructures touristiques. Ainsi, pour encourager les activités touristiques, il est nécessaire de se lancer dans la réalisation de certaines activités comme :

- l'appui aux actions de promotion des sites touristiques ;
- La réhabilitation des infrastructures de loisir, facilitant la découverte des sites culturels
- L'amélioration des activités touristiques à travers la mise en place des offices de tourisme dans chaque localité disposant d'un patrimoine pouvant faire l'objet du tourisme culturel.
- La création d'infrastructures liées à la culture et au loisir ainsi que des services et infrastructures relatives aux TIC
- L'amélioration des voies de communication car certains sites culturels sont situés à plusieurs kilomètres des grandes villes.

Ce dernier point est très déterminant pour une nouvelle planification de l'offre tourisme au Congo car les voies de communication constituent un véritable obstacle à l'éclosion du tourisme. A titre d'exemple, le parc de *Nouabalé Ndoki*[308], classé au patrimoine mondial de l'UNESCO en 2012, abrite une forêt tropicale vierge de toute exploitation industrielle et regorgeant d'une importante faune mais, l'écotourisme est peu développé en raison des difficultés d'accès. Le département de la Sangha, qui abrite la plus grande partie du parc, ne dispose pas d'un réseau routier adéquat. En moyenne seulement 300 touristes, essentiellement occidentaux, visitent *Nouabalé Ndoki* chaque année[309]. C'est pourquoi l'amélioration de l'offre touristique doit tenir compte des voies de communication pour espérer bénéficier des retombées du tourisme quelles qu'elles soient (culturels, économiques, environnementales). Sachant que les sites culturels les plus remarquables sont en milieu rural, loin des grandes villes, il est important de rendre plus accessible toutes les localités touristiques. D'autre part, il est nécessaire d'intégrer des itinéraires

308 Voir annexe 24

309 http://www.jeuneafrique.com/actu/20120810T101217Z20120810T101214Z/, Jeune Afrique du 10 août 2012, consulté le 21 novembre 2014

touristiques dans le réseau routier afin de rendre le patrimoine culturel plus accessible.

Outre l'amélioration de l'offre hôtelière et du réseau routier, il convient de procéder, dans chaque département, à la mise en place des offices de tourisme qui sont des centres d'information dont la mission est « l'accueil, l'information et la promotion du tourisme » sur le territoire concerné à destination du public ou visiteurs, allant des simples habitants locaux, aux excursionnistes et en passant par les touristes. L'objectif est de s'informer sur les attentes des touristes pour mieux les servir en offre touristique et de faciliter leur séjour. Ces structures publiques sont généralement situées dans un ou plusieurs points stratégiques du territoire, notamment où le flux des personnes est important telle une gare, un port, un aéroport[310]. Ils ont pour missions :

- d'assurer l'accueil et l'information des touristes ainsi que la promotion touristique de la commune ou du groupement de communes, en coordination avec le comité départemental du tourisme et le comité régional du tourisme.
- Decontribuer à coordonner les interventions des divers partenaires du développement touristique local.
- D'élaboration et de mettre en œuvre de la politique locale du tourisme et des programmes locaux de développement touristique, notamment dans les domaines de l'élaboration des services touristiques, de l'exploitation d'installations touristiques et de loisirs, des études, de l'animation des loisirs, de l'organisation de fêtes et de manifestations culturelles.
- De commercialiser des prestations de services touristiques dans l'intérêt général[311].

Plus que jamais, s'impose le besoin de mettre en place une politique d'accueil des touristes non seulement par l'office de tourisme mais aussi par les populations locales qui doivent adopter un comportement et une conduite adéquate vis-à-vis des touristes.

B – La formation de la population locale et l'accueil des touristes

La population locale doit être formée à l'accueil des touristes. En effet, la nécessité d'impliquer les populations locales dans la planification touristique n'est plus à démontrer. Il devient même impératif de les

310 Offices de Tourisme de France, Rapport d'activité 2013, 2013, p37

311 Article L133-3 du code français du tourisme

rendre responsables et gestionnaires des projets locaux relatifs à la valorisation de leur patrimoine culturel.

Cependant, le tourisme n'est malheureusement pas toujours équitable. La standardisation de l'offre de l'industrie du voyage et de la demande des voyageurs internationaux n'a pas toujours permis de valoriser les richesses du patrimoine local et d'honorer les promesses d'une répartition équitable des richesses. Toute première activité économique mondiale qu'elle soit, fondée historiquement sur la découverte et l'échange, le tourisme est malheureusement devenu une industrie à sens unique[312]. C'est pourquoi, il est nécessaire pour le ministère de la culture de définir les enjeux patrimoniaux et de prévoir des séances de réunions, d'information et de sensibilisation de la population locale à l'accueil des touristes. Il est donc nécessaire de préparer la population locale à un brassage des cultures. C'est l'occasion de faire du tourisme une opportunité de rencontres, d'échanges, de dialogue, de brassage inter culturel et de cohésion sociale par la mise en place des projets qui visent à sensibiliser la population locale sur l'accueil à réserver aux touristes. Ces derniers doivent à leur tour respecter les us et coutumes des localités à visiter : respect des normes sociales, culturelles et religieuses des sites par les touristes.

En effet, au-delà des retombées que peut générer le tourisme, les populations locales doivent être prises en compte dans tous les projets patrimoniaux qui concernant leur territoire. Cette prise en compte permet d'intégrer une politique de formation des populations locales sur les connaissances basiques de l'accueil et de la cohabitation. Dans la perspective de leur proposer des activités en cohérence avec le respect du touriste, du patrimoine et de son environnement, il est indispensable de responsabiliser des structures communautaires comme les associations ou ONG locales avec pour mission d'organiser et de promouvoir des activités culturelles dans le but de valoriser les éléments patrimoniaux. Les acteurs locaux doivent donc être invités à travailler ensemble dans la conception de toutes les activités relatives à l'accueil des touristes. Concrètement, cette mission peut être menée par certaines associations qui existent déjà. Il s'agit :

- de « l'association Pierre Savorgnan de Brazza » (pour le domaine royal de M'bé) qui est une structure de promotion et de sauvegarde de la culture Téké. Cette structure est très impliquée dans la valorisation du patrimoine du domaine royal de M'bé et elle peut

312 Julien Buot, Le tourisme se développe trop souvent au détriment des populations locales, in *lechotouristique* du 03 avril 2013, p1

servir de relai entre les autorités centrales et les populations locales pour la réalisation de tout projet de mise en valeur du site. Elle a, entre autre, aidé à réaliser l'ouvrage intitulé « *Le Domaine du Makoko. Mbé, Congo Brazzaville* », une production de CRAterre-ENSAG en 2009.

- De l'association « les amis de Loango » (pour le port d'embarquement de Loango) qui œuvre depuis 2003 pour la réhabilitation et revalorisation de ce site culturel. Bien que disposant des moyens (humains, financiers, matériel...) faibles, cette structure peut, si elle est responsabilisée, contribuer à la formation des populations locales dans l'accueil des touristes.

D'une manière générale, pour aider à une meilleure gestion en termes de durabilité des terroirs villageois, les populations locales doivent s'investir en tant qu'acteur à part entière dans les processus de développement touristique. Pour ce faire, elles peuvent participer de manière active à la gestion et à l'exploitation rationnelle des ressources naturelles et culturelles. Cette participation engage leur responsabilité dans le contrôle des activités des touristes sur les terroirs d'accueil[313].

Enfin, il faut faire de la planification touristique un moyen, pour la population locale, de se réapproprier sa mémoire collective tout en perpétuant le savoir-faire local. Le tourisme permettra un changement des mentalités, le développement de nouvelles aptitudes, la valorisation culturelle, le maintien de la culture. Dans ce sens, les sites culturels bénéficieront d'un rayonnement tant au plan national qu'international à travers le tourisme. Le tourisme n'est certes pas la solution à tout mais il peut aider, contribuer et sensibiliser à la protection du patrimoine culturel. A terme, l'objectif est d'amener les populations locales à gérer elles-mêmes toutes les activités liées à l'accueil des touristes et à les prendre en charge pour ce qui des visites et de l'hébergement. Cependant, pour rendre plus effective la participation des populations locales dans l'accueil des touristes, il faut réunir un certain nombre de conditions à savoir :

- le partage des informations entre les décideurs et les populations locales dans le but de faciliter la mise en œuvre de la formation.
- La consultation des populations locales car il appartient aux décideurs de demander leur avis sur ce qu'il faut faire ou ne pas

[313]Ismael Moussa Djiré et Ayoub Fawaz Rola, *Développement du tourisme durable et croissance économique locale: cas de la RBP*, Mémoire de Licence professionnelle, Centre d'Etudes Touristiques (Cotonou) 2010, p52

faire. Néanmoins, il est important de relever que, sur ce point, la population n'a pas de pouvoir de décision.

- La participation des populations locales à la mise en œuvre de la formation, des projets de valorisation et de don fonctionnement.

Cependant, ces mesures ne suffisent pas, il faut, en outre, définir des objectifs touristiques pertinents.

PARAGRAPHE 2 : LA DEFINITION D'OBJECTIFS TOURISTIQUES PERTINENTS

Le secteur du tourisme culturel congolais mérite d'être stimulé pour qu'il joue pleinement son rôle de moteur de développement local. C'est pourquoi il convient de procéder à l'élaboration d'un certain nombre d'outils de communication pour atteindre un public plus large. Dans ce sens, il y a nécessité de mettre en pratique le marketing touristique (I) et culturel (II)

I – Le marketing touristique

Le marketing du tourisme est, comme son nom l'indique, le marketing destiné à promouvoir les produits et destinations touristiques[314]. L'instauration du marketing touristique permettra de donner au tourisme congolais un contenu à forte valeur ajoutée avec notamment une meilleure mise en valeur du patrimoine culturel (A) dans la perspective d'un élargissement de la cible clientèle visée (B)

A – Une meilleure mise en valeur du patrimoine congolais

Si le tourisme s'est fortement professionnalisé et structuré depuis quelques décennies, ce secteur en pleine croissance est encore appelé à évoluer. Pour les professionnels, il est essentiel d'avoir une visibilité des différents acteurs, des attentes des clients et des différentes techniques marketing à utiliser[315]. En effet, dans un monde dominé par la publicité, il est impossible de concevoir une politique touristique sans mettre un accent particulier sur celle-ci dans toutes ces formes. Par le marketing touristique, il s'agit de donner au tourisme congolais un contenu à forte valeur ajoutée. Ce marketing exige, cependant, la mise en œuvre des

---

314 Bertrand Bathelot, Glossaire illustré du marketing, Url : http://www.definitions-marketing.com/Definition-Marketing-touristique, consulté le 6 juin 2015

315 Entretien de Isabelle Frochot et Patrick Legohérel sur, *le marketing du tourisme*, Dunod, 2007, p1

stratégies qui prennent en compte une multitude d'outils de communication parmi lesquels : les sites internet, les blogs, les affiches…

Ainsi, on peut noter une orientation générale vers des activités bien plus ludiques, les touristes voulant faire moins d'effort et aspirant à la relaxation et au bien-être…Il y a aussi une augmentation de la demande pour des produits de masse mais personnalisés, avec plus d'options et différents niveaux de services[316]. En un mot, il s'agit de valoriser l'industrie touristique à travers des efforts soutenus dans les rapports avec le touriste et l'accueil qui est réservé. Mais la mise en place de cette valorisation exige la définition de l'offre touristique qui, en réalité, répond à un triple objectif :

- de connaissance (quelle est la nature de la demande ?)
- de compréhension (quels sont les paramètres explicatifs de cette demande ?)
- et d'action (quelle stratégie de politique des publics développer, y compris auprès de ceux qui sont les plus éloignés des pratiques touristiques[317] ?).

Dans le même sens, il est indispensable, dans le cadre des perspectives, de créer, par le ministère du tourisme, un label de « certification touristique ». La création de ce label nécessite, en amont, la mise en place d'entreprises et d'organismes touristiques chargés de faire rayonner le tourisme congolais. Cette démarche permet à l'Etat de surveiller, de contrôler et d'améliorer la qualité des prestations de ces entreprises et organismes pour évaluer leurs prestations et services par la suite. Pour ces entreprises et organismes, il s'agit de faire un marketing touristique visant une diversité d'activités en ce qui concerne le patrimoine et l'environnement. Pour la mise en place d'une telle politique, il convient de créer une agence de gestion et de vente de la « *destination Congo* » afin répondre aux divers besoins des touristes. Le but est de faire de la « *destination Congo* » une marque avec une multitude d'offres et propositions répondant aux aspirations de la clientèle touristique.

Le marketing touristique vise donc la valorisation de l'offre touristique à travers des outils de communication déterminés à l'avance par les acteurs touristiques. Le défi est de rester attractif face à l'aspect permanent de l'offre, à la menace concurrentielle du marché des loisirs,

---

316 *Ibid*, p3

317 Blog de Jean-Michel Tobelem, Management du secteur culturel in Option Culture, Url : http://www.optionculture.com/?page_id=3949, consulté le 29 novembre 2014

aux évolutions des comportements du public, aux avancées technologiques et au désengagement de l'Etat. En d'autres termes, le Congo doit faire face à la concurrence touristique des pays voisins comme la RDC, le Gabon, la RCA… Pour mener à bien cette politique, il doit être réuni un certain nombre de conditions à savoir :

- cibler : proposer des produits et communiquer selon la segmentation du public
- Faciliter : proposer des services en adéquation avec les attentes des visiteurs
- Offrir de l'expérience : travailler sur la sensorialité, le plaisir et l'émotion
- Partager : échanger avec les entreprises, établir des partenariats et des liens de mécénat[318].

D'une manière générale, il faut procéder à la création des produits touristiques à offrir à un public hétérogène. Une création avec pour objectif d'augmenter la fréquentation et l'attractivité de la « *destination Congo* » tout en développant de nouvelles pratiques de gestion. Celle-ci justifie le nécessaire impératif de créer un contenu touristique très attractif. A titre d'exemple, on peut procéder à l'élaboration et la diffusion des guides de voyage bien construits et parfaitement référencés dans le but d'attirer des voyageurs en quête d'informations à un moment clé de leur parcours d'achat. Même dans le cas où leur destination est déjà définie, s'il s'agit d'un voyage d'affaires par exemple, ils chercheront les points d'intérêt à découvrir pendant leur temps libre sur place. Un bon contenu touristique capte l'attention du public en l'aidant à se projeter sur place et à imaginer comment pourraient se dérouler son séjour[319]. Il convient donc de mettre en place un cadre de concertation pour élaborer les documents avec un contenu touristique attrayant.

En tout état de cause, le marketing touristique est indispensable pour élaborer et mettre en œuvre les projets touristiques d'une part, et nouer des accords de partenariat avec des mécènes pour diversifier les offres d'autre part. Il est donc un facteur d'élargissement de la clientèle visée.

---

318 http://www.nouveautourismeculturel.com/blog/2011/03/17/pas-de-titre/, consulté le 29 novembre 2014

319 http://contentisking.textmaster.com/fr/2014/05/22/marketing-de-contenu-pour-entreprises-de-tourisme/, consulté le 29 novembre 2014

B –Un facteur d'élargissement de la cible clientèle visée

Bien que la finalité du patrimoine ne soit pas forcement le tourisme, on ne peut s'empêcher de s'interroger sur les mécanismes à mettre en œuvre pour atteindre un large public de touristes. Le Congo n'est pas une destination touristique mais il peut le devenir. Pour cela, il faut mettre en œuvre une politique culturelle qui intègre les outils modernes de promotion et de valorisation du patrimoine culturel. Dans ce sens, la création d'un site internet optimisé par les ministères de la culture et du tourisme est nécessaire. Un site capable de renseigner sur l'importance du patrimoine valorisé à travers des images non seulement du patrimoine et des expressions culturelles mais aussi des localités dans lesquelles ce patrimoine se trouve.

En outre, les réseaux sociaux peuvent aider à atteindre un public plus jeune. En effet, ces réseaux sont des instruments très puissants dans la promotion du patrimoine. En ce sens, il s'agit d'exposer le patrimoine le plus significatif ou les évènements festifs les plus importants au Congo. Ainsi, il convient de développer une politique touristique mettant en avant les destinations les plus importantes au Congo. C'est pourquoi il faut faire recours à la presse (écrite, audio, visuelle). C'est ici qu'interviennent le rôle et l'influence des médias dans la protection et la promotion du patrimoine culturel. Il paraît donc indispensable d'établir le lien « journalisme-patrimoine ». L'établissement de ce lien suppose au préalable une formation des journalistes au patrimoine afin de leur donner un autre rôle : celui de promouvoir le patrimoine à travers des articles, des chroniques, des commentaires, des enquêtes, des analyses. Pour y parvenir, les journalistes doivent connaître les différentes cultures de leur pays, s'informer à la source afin de mieux informer la population. C'est ainsi que la promotion de la diversité culturelle est possible[320].

Pour illustrer l'importance du rôle des médias dans la promotion du patrimoine culturel, Edmond DOUA estime que « *les médias influent subrepticement sur l'ensemble des activités, sur la nature du lien qui unit les hommes les uns aux autres et, en définitive, sur le cours de leur histoire. Ainsi, la presse, le cinéma, la radio et la télévision s'illustrent-ils de fort belle manière dans les sociétés, pour servir de vecteur à l'information et à la communication. Aussi, demeurent-ils de puissants instruments qui, sollicités efficacement, contribuent à amplifier de manière significative l'accès aux produits culturels avec pour conséquence, un élargissement réel*

---

320 Mahamadou Mahamoudou, Médias et Diversité culturelle : Ce que les journalistes doivent faire, in *Le matin* du 12 févrirer 2014, Url :http://www.paix-jeunesse.org/index.php/actualites/114-medias-et-diversite-culturelle-ce-que-les-journalistes-doivent-faire, consulté le 26 mars 2015

de son public[321] ». Il illustre assez bien l'importance des médias de manière générale et il faut les amener à intégrer les enjeux patrimoniaux et culturels pour les diffuser par la suite.

Par ailleurs, il faut noter qu'après une période de relative paralysie due à la situation sociopolitique, le secteur des médias congolais s'est considérablement développé à partir du début des années 2000, grâce au retour de la stabilité. Ce secteur compte 71 structures dont 25 journaux, 11 chaînes de télévision et 23 stations de radio[322]. Sur l'ensemble, Radio et Télé Congo (chaînes nationales) sont captées sur toute l'étendue du territoire national. A côté des chaînes nationales, DRTV (télé et radio), AMEN TV, ESTV (Radio et télé), RADIO MUCODEC, sont reçues dans les deux grandes villes du Congo (Brazzaville et Pointe-Noire) et dans les localités environnantes. C'est dire l'importance de la couverture médiatique au Congo. Le but est d'amener les médias (locaux et nationaux) à promouvoir le patrimoine culturel. Mais au préalable, la question de formation des journalistes à la protection et la promotion du patrimoine s'impose. Cette formation peut se faire par l'organisation des ateliers, des séminaires de formations et de sensibilisation à l'endroit des journalistes. Il faut donc mettre à profit le développement des domaines de l'information et de la communication pour promouvoir le patrimoine culturel. Mais à côté du marketing touristique, un autre outil de valorisation du patrimoine doit être mis en œuvre : le marketing culturel.

II –Le marketing culturel

Le Marketing culturel, aussi appelé marketing des arts et de la culture, est un type de marketing qui consiste à appliquer et adapter les principes du marketing traditionnel aux produits des arts et de la culture ; qui ont des caractéristiques différentes des biens et services traditionnels. Le marketing propre aux produits culturels se caractérise notamment par le fait qu'il se destine à deux cibles bien particulières : les « consommateurs » vers lesquels sont dirigés les produits et les institutions qui jouent un rôle primordial en matière de financement[323]. Il se caractérise notamment par une politique spécifique pour laquelle le produit peut être un spectacle, une exposition, une œuvre, etc. Le marketing culturel est également particulier dans la mesure où il y a souvent deux cibles pour le

---

321 Edmond Doua, Médias et identités culturelles ivoiriennes, in *Synergies Afrique Centrale et de l'Ouest* n° 3 – 2009, p111

322 OIF, *Op. Cit*, p48

323 Jean-Michel Tobelem, Invité de la Semaine de l'Art n° 29, directeur d'Option Culture et professeur associé à l'université Paris I Panthéon-Sorbonne, Octobre 2014

produit. Une cible institutionnelle qui assure une partie plus ou moins importante voire totale du financement (État, collectivités, entreprises mécènes, etc) et une cible spectateurs[324]. L'adoption de cette politique répond à la nécessité de favoriser l'installation des entreprises touristiques (A) et au besoin d'améliorer les relations entre les acteurs du tourisme (B).

A – La nécessité de favoriser l'installation des entreprises touristiques

L'essor du marketing dans les institutions culturelles provoque des interrogations, mais également des craintes fondées sur la possible soumission du projet artistique, scientifique ou culturel à des impératifs financiers ou commerciaux. Et ce, pendant que s'étend la reconnaissance de l'importance de la connaissance des publics et de l'intérêt d'une approche stratégique du développement des organisations culturelles[325]. Il est tout aussi vrai que le secteur du patrimoine culturel semble incompatible avec la notion même de marketing car il est difficile d'imaginer la commercialisation de son patrimoine. Pourtant, la démarche et les outils du marketing sont indispensables pour lancer des projets, lever des fonds, nouer des partenariats, attirer et fidéliser un public... Le marketing permet à l'organisation culturelle d'atteindre ses objectifs, traduction opérationnelle de ses missions, mais aussi de participer à leur définition. Dans les organisations artistiques et culturelles, les missions et objectifs sont multiples et s'inscrivent le plus souvent dans trois registres :

- artistique et culturel : missions de création, conservation et de diffusion dans un contexte de qualité et de réputation ;
- social : double mission d'éducation (favoriser la découverte, l'apprentissage et l'appréciation esthétique) et d'accessibilité (ouvrir l'accès au plus grand nombre) ;
- financier : recherche de la simple survie (pour la plupart des organisations), d'un niveau d'autofinancement (pour de nombreuses organisations à but non lucratif) ou encore de la

[324] http://www.definitions-marketing.com/Definition-Marketing-culturel, consulté le 26 mars 2015

[325] Blog de Jean-Michel Tobelem, Management du secteur culturel in *Option Culture*, Url : http://www.optionculture.com/?page_id=3949, consulté le 29 novembre 2014

rentabilité, voire la maximisation du profit (pour les organisations du secteur marchand[326]).

Le marketing culturel comme son nom l'indique consiste à appliquer les techniques du marketing à la culture, ou plus exactement à des produits culturels. Dans ce cas précis, le "produit" à vendre est bien identifié : un évènement culturel comme une pièce de théâtre ou un festival, un spectacle de danse, ou une œuvre (livre, film ou disque). Il se caractérise aussi par les cibles qu'il cherche à atteindre. D'un côté, il y a une première cible institutionnelle qu'il faut pouvoir atteindre afin d'assurer le financement de la production de l'œuvre (entreprises, mécènes, État ou collectivités). La deuxième cible est plus "classique", c'est à dire les spectateurs à qui se destine cette œuvre[327]. Cette pratique vise un objectif clair : attirer et fidéliser la clientèle touristique dans le but de valoriser le patrimoine culturel. Elle nécessite que soient connus les besoins du public sur le type du patrimoine à visiter et du « produit à consommer ».

Le patrimoine culturel congolais a besoin d'un marketing culturel redynamisé pour produire des meilleurs résultats. Les entreprises touristiques étant quasiment inexistantes au Congo, il est nécessaire d'encourager leur mise en place et pour qu'elles régissent essentiellement ce marché avec pour objectif de réguler les offres culturelles à proposer pour la promotion et la valorisation du patrimoine culturel. Il s'agit de favoriser l'action des tour-opérateurs qui, dans leurs missions, permettent d'assembler plusieurs prestations de leurs fournisseurs (compagnies aériennes, hôteliers, autocaristes, restaurateurs, guides, etc.) et de les vendre à un prix tout compris, c'est-à-dire un « forfait » ou « package ». Le tour-opérateur réunit des prestations qu'il achète à prix négociés, en négociant lui-même ou par l'intermédiaire d'agences réceptives (agences de voyages sur place) et anticipe la demande de la clientèle en proposant ses offres de forfaits en brochure[328].

En d'autres termes, les entreprises touristiques s'imposent au Congo en ce qu'elles présentent l'avantage d'exercer leurs activités dans un ou plusieurs sous-secteurs du tourisme liés aux différentes composantes du

326 Interview de Dominique Bourgeon-Renault sur le Marketing de l'art et de la culture, Dunod Éditeur, février 2009, p1

327 Emilie Moronvalle dans le Blog, www.experinbox.com/category/blog, publié le 16 juillet 2013, consulté le 29 novembre 2014

328 Noureddine Haddad, *Les déterminants du choix stratégique des entreprises touristiques*, Mémoire de Master en Tourisme, Université de Tunis El Manar, 2005, p28

produit touristique (hébergement, transport, animation...). Les entreprises de ce secteur accueillent naturellement des clientèles touristiques (les vacanciers, les congressistes), mais également des clientèles non touristiques (par exemple les hommes d'affaires en déplacement professionnel[329]).

A cet effet, il apparaît nécessaire de placer les entreprises touristiques au centre de la valorisation du patrimoine culturel car elles reflètent l'identité culturelle tant par le contenu des œuvres qu'elles proposent (valeur, propos, sujet, tabous) que par les formes qu'elles utilisent (technologie), par l'intensité de leur présence (nombre de théâtres dans une ville) ou encore par les modes de consommation qu'elles impliquent (p. ex., la danse peut être un événement auquel tous participent ou un événement spectacle à regarder[330]). C'est pourquoi il est important de créer au Congo des structures (entreprises, établissements) de diffusion et de vulgarisation du patrimoine culturel en valorisant en même temps des industries culturelles comme le cinéma, les spectacles, l'art…

Les structures touristiques (entreprises, établissements) présentent l'avantage de valoriser non seulement l'œuvre d'art en tant que patrimoine mais aussi son auteur dans la diffusion de sa création artistique. De plus, si les produits diffèrent considérablement d'une discipline à l'autre, les entreprises culturelles aussi jouent des rôles très différents par rapport au produit : elles peuvent le concevoir, le produire, le reproduire, le diffuser ou le conserver. Selon la mission particulière qu'elle s'est donnée, l'entreprise assumera une seule de ces fonctions ou plusieurs[331].

Il convient, pour ces structures touristiques, de faciliter le séjour touristique des visiteurs afin répondre au mieux aux attentes personnalisées du visiteur par une information adaptée à la demande. Cette démarche vise une mise en avant de la diversité des acteurs dans la valorisation touristique du patrimoine tout en permettant une coopération entre eux. A cet effet, elle vise les objectifs suivants :

- susciter ou renforcer le désir de découverte chez le visiteur : de l'information à la
- proposition.

329 *Ibid.*

330 François Colbert, *Les éléments du marketing des arts et de la culture*, Présentation du séminaire sur le management culturel, Url : www.managementculturel.com, consulté le 29 novembre 1976

331 *Ibid*

- Faciliter le séjour et l'accès du visiteur aux produits, composants de l'offre touristique
- locale.
- Développer la consommation touristique sur le territoire et faire de son offre de tourisme, concrètement, un véritable levier économique reconnu par la collectivité et les prestataires[332].

B – Le besoin d'améliorer les relations entre les acteurs du tourisme

L'amélioration des relations entre les acteurs du tourisme est le résultat de la prise en compte des populations locales dans la valorisation du patrimoine culturel. En effet, la valorisation du patrimoine par le tourisme entraîne une mutation des conditions de vie de la population locale ; d'où la recherche de l'amélioration des relations entre les touristes et les habitants. Cette amélioration consiste à mettre en place des initiatives qui permettent aux habitants de s'affranchir de leurs barrières sociales et culturelles pour inviter les touristes à visiter leur quotidien. En outre, l'amélioration de leurs relations permet d'informer, d'aider, de conseiller, d'assister et d'héberger le touriste dans la préparation et dans le déroulement de son voyage et de son séjour.

D'autre part, elle consiste à sensibiliser, à éduquer et à préparer les populations locales à l'accueil des touristes. En ce sens, le secteur touristique congolais a plus que jamais besoin de nouveaux outils, de nouvelles approches pour des nouveaux défis qui prennent en compte notamment les besoins d'un public varié. En effet, quelle que soit l'orientation de l'organisation culturelle, le marketing est toujours l'ensemble des outils dont dispose cette organisation pour susciter, de la part de ses publics, des comportements favorables à la réalisation de ses objectifs organisationnels. L'outil central du marketing est l'étude des publics qui permet de décrire et comprendre leurs comportements, et donc d'œuvrer efficacement à la réalisation des buts que s'est fixée l'organisation. Dans un tel contexte, les objectifs de l'organisation sont d'améliorer la relation au public afin d'accroître sa satisfaction en créant de la valeur, puis de le fidéliser. Les efforts des professionnels doivent porter alors sur :

---

332 Fédération Nationale des Offices de Tourisme et Syndicats d'Initiative, *Tourisme et congrès*, Document de conseil en séjour en office du tourisme, Url : http://www.tourisme.fr/office-de-tourisme.htm, consulté le 30 août 2015

- l'offre principale en favorisant et encourageant le public à s'approprier les savoirs dans un contexte spécifique (stimulation sensorielle) ;
- la relation avec le client lors de la prestation de service (rendre le public acteur de son expérience) ;
- les dimensions de l'environnement (lieu, ambiance, services périphériques[333]...).

Cependant, il est important de préciser qu'il soit touristique ou culturel, le marketing est au service d'une offre culturelle et non l'inverse, tel est le cas pour les biens de consommation et, à ce propos, Myriam JAKIR affirme que *« les organismes culturels produisent des biens culturels (...). Tous ces organismes commencent à s'apercevoir qu'ils sont concurrencés par une foule d'autres institutions luttant pour accaparer l'attention des consommateurs et une part des ressources nationales, et qu'ils se heurtent donc à un problème de marketing*[334] *»*.

En d'autres termes, l'offre touristique ou culturelle doit être valorisée et diffusée par le marketing (touristique ou culturel) qui met en exergue les spécificités culturelles ou touristiques prenant en compte des cibles déterminées à l'avance en fonction des éléments susceptibles d'intéresser et d'accrocher les « consommateurs du patrimoine culturel ». Ainsi, la prise en compte des nouveaux besoins suppose la mise en œuvre d'un autre tourisme. Celui qui prend en compte non seulement les besoins des acteurs mais aussi qui se préoccupe de la pérennité du patrimoine culturel. A cet effet, il convient de faire de la prise en compte des nouveaux besoins un élément de la fidélisation des touristes. En ce sens, l'Organisation Internationale du Tourisme considère que *« le développement touristique durable satisfait les besoins actuels des touristes et des régions d'accueil tout en protégeant et en améliorant les perspectives pour l'avenir. Il est vu comme menant à la gestion de toutes les ressources de telle sorte que les besoins économiques, sociaux et esthétiques puissent être satisfaits tout en maintenant l'intégrité culturelle, les processus écologiques essentiels, la diversité biologique, et les systèmes vivants. Sous la condition que tous les acteurs concernés participent activement et s'engagent à respecter la mise en œuvre effective du tourisme durable*[335] ».

Il convient de préciser que la fidélisation des touristes crée des liens durables entre les parties concernées (populations locales et touristes). Pour cela, il convient d'analyser les comportements des touristes, de comprendre leur motivation afin de proposer une offre culturelle

---

333 Dominique Bourgeon-Renault, *Marketing de l'art et de la culture, Op, Cit.* p3

334 Myriam Jakir, « *Comment vendre du théâtre ? L'art de promouvoir a- t-il ses limites* ? Thèse sur le marketing du théâtre, Université de Genève, 2006, p217

335 Géraldine Froger, *Tourisme durable dans les Suds?*, Peter Lang, 2010, p29

adaptée. En réalité, bien que l'opération de fidélisation soit un événement ponctuel, elle résulte pourtant d'un travail permanent à fournir, souvent le fruit de plusieurs années de connaissance client. En amont, elle suppose de partir de données factuelles et comportementales pour mieux cernés les enjeux à mettre en œuvre[336].

Cependant, il est nécessaire de rappeler que l'adoption d'une politique touristique durable nécessite un encadrement de la valorisation pour éviter tout abus dans la mise en œuvre de cette politique.

SECTION II : LA VALORISATION MAITRISEE DE LA POLITIQUE TOURISTIQUE

La valorisation peut engendrer des abus lorsque les ressources culturelles et patrimoniales sont exploitées de façon excessive. Pour un meilleur encadrement, il convient d'instaurer un tourisme durable qui concilie la protection du patrimoine et les intérêts économiques (paragraphe 1) afin de faire bénéficier aux populations locales des retombées touristiques (paragraphe 2).

PARAGRAPHE 1 : LE CHOIX DU TOURISME DURABLE

Face aux impacts souvent négatifs d'un tourisme de masse mal maîtrisé, l'idée d'un tourisme adapté aux impératifs de l'environnement s'est progressivement imposée. Or le tourisme est l'une des activités dont la raison d'être et la pertinence économique résident dans l'existence d'un patrimoine naturel et culturel valorisé[337]. Cette logique implique une valorisation « saine » du patrimoine culturel à travers la prise en compte les enjeux du tourisme durable (I) pour une exploitation responsable des ressources culturelles et patrimoniales (II).

I –La prise en compte des enjeux du tourisme durable

La relation multiple, prégnante et parfois conflictuelle du tourisme au patrimoine et à la culture, en renvoyant à la notion de « Tourisme avec identité », se réfère à la mise en valeur des cultures et des patrimoines vivants. Le tourisme culturel contribuerait à renforcer le sentiment de

---

336 François Houste, Fidéliser ses clients revient à mieux les connaître, in *lechotouristique* du 23 novembre 2012, p4

337http://www.univ-orleans.fr/valdeloirepatrimoinedroit/documents/breton.pdf, consulté le 13 septembre 2015

communauté, de « local » et d'authenticité[338]. Ainsi, les enjeux d'un tourisme durable sont à examiner dans la conciliation entre le développement économique et la préservation du patrimoine dans son environnement. C'est pourquoi sa mise en œuvre doit répondre aux enjeux sociaux et culturels à travers l'adoption des mesures concrètes en faveur d'un tourisme durable (A) et à la sensibilisation de tous les acteurs (B).

A – Les mesures concrètes en faveur d'un tourisme durable

Le terme de tourisme durable apparaît pour la première fois en 1993 dans un guide publié par l'OMT et le PNUE : *Guide à l'intention des autorités locales – développement durable du tourisme.* L'ouvrage présente les concepts et les techniques de la planification et du développement du tourisme ainsi que la gestion de son impact sur l'environnement et de ses effets socioéconomiques au niveau local. Il indique que « *l'environnement est la base des ressources naturelles et culturelles qui attirent les touristes. Par conséquent, la protection de l'environnement est essentielle pour un succès à long terme du tourisme*[339] ». En 1995, à l'initiative de l'OMT, l'UNESCO, le PNUE et la Commission Européenne, une Charte du tourisme durable voit le jour et définit pour la première fois la notion du tourisme durable. Cette Charte rappelle que « *le tourisme, de par son caractère ambivalent, puisqu'il peut contribuer de manière positive au développement socio-économique et culturel, mais aussi à la détérioration de l'environnement et à la perte de l'identité locale, doit être abordé dans une perspective globale.* » Selon l'OMT, le tourisme « *doit être supportable à long terme sur le plan écologique, viable sur le plan économique et équitable sur le plan éthique et social pour les populations locales*[340] ».

Ainsi, partant des principes posés par la Charte du tourisme, et dans le but de valoriser son patrimoine culturel, le Congo est amené à travailler sur un marché touristique beaucoup plus large qui prend en compte non seulement le tourisme local et national mais aussi et surtout international. Cette démarche entraîne un tourisme de masse qui, souvent, engendre des effets néfastes sur la population, le patrimoine et l'environnement avec notamment la production massive des déchets et la dégradation des richesses culturelles au point où certains se demandent comment concilier l'impératif de la sauvegarde du patrimoine culturel

---

[338] Jean-Marie Breton et Diana Ramassamy, *« Patrimonialisation et enjeux d'un développement touristique durable »*, Études caribéennes, Url : http://etudescaribeennes.revues.org/5711, consulté le 13 octobre 2015

[339] http://www.ecotourisme-magazine.com/tourisme-durable/, consulté le 1er novembre 2014

[340] Préambule de la Charte du tourisme durable du 28 avril 1995

avec d'autres besoins tout aussi légitimes, et souvent plus pressants, en particulier dans les régions en développement. En ce sens, *la question qui se pose est de savoir non pas tant comment assurer la durabilité du patrimoine culturel mais comment justifier son utilité pour le développement durable au sens large du terme et dans un contexte en rapide évolution, ou, en d'autres termes, comment justifier son utilité pour la protection des ressources environnementales et le bien-être humain dans toutes ses dimensions et d'un point de vue intergénérationnel*[341].

Aussi, l'avènement d'un tourisme international de masse a fait naître une série de questions relatives à son impact sur les ressources naturelles, les écosystèmes et les populations visitées, et au besoin de gouvernance d'un secteur fortement dépendant des contraintes énergétiques, environnementales et géopolitiques. Dans le prolongement des travaux du Sommet de la Terre de Rio de 1992, la notion de tourisme durable *(«sustainable tourism»)* émerge avec pour objectif de réduire l'impact du tourisme sur l'environnement, mais également de favoriser le respect des intérêts économiques et culturels des populations locales[342]. C'est donc pour faire face à ce tourisme de masse qu'a été institué le tourisme durable, et, plus largement, les tourismes alternatifs, écotourisme ou tourisme équitable, solidaire ou encore responsable. Ils constituent aujourd'hui autant de propositions touristiques qui visent, par des approches pragmatiques, à limiter les impacts négatifs du tourisme[343]. Il s'agit donc d'intégrer le patrimoine culturel dans le développement durable car selon l'UNESCO, *« la culture crée un monde riche et varié qui élargit les choix possibles, nourrit les capacités et les valeurs humaines, et est donc un ressort fondamental du développement durable des communautés, des peuples et des nations*[344] *»*.

La protection, la promotion et le maintien de la diversité culturelle sont donc des conditions essentielles du développement durable. C'est dans ce sens que la culture a été reconnue, au sommet de Johannesburg[345], comme l'une des composantes du développement

---

341 http:/uncsd2012.org/content/documents/727The%20Future%20We%20Want%2019%20June%201230pm.pdf paragraphes 30 et 134, consulté le 1er novembre 2014

342Isabelle Vandewalle, Camille Reinauld, Le tourisme durable à l'étranger : regard croisés de l'OMT, des touristes et de quelques grands offreurs, in *Cahier de recherche* n°278, décembre 2010.

343 *Ibid.*, p3

344 Préambule de la Convention UNESCO sur la protection de la diversité des expressions culturelles du 20 octobre 2005

345 Le sommet de Johannesbourg de 2002, encore appelé sommet de la Terre a été l'occasion pour les Etats des Nations Unies de faire le point sur la mise en œuvre de l'Agenda 21 de Rio et des Conventions Internationales qui furent adoptées pour permettre à l'humanité de progresser dans le sens du développement durable.

durable au même titre que l'économie, le social et l'environnement. Si l'on reste sur cette logique, toutes les composantes du développement durable doivent aller de pair, être combinées et conciliées. Il est donc évident que l'une ne peut aller sans l'autre ; ces deux actions sont intimement liées. A ce propos, la convention de l'UNESCO de 1972 fait remarquer que « *les patrimoines culturel et naturel sont de plus en plus menacés de destruction non seulement par les causes traditionnelles, mais aussi par l'évolution de la vie sociale et économique qui aggravent leur situation par des phénomènes d'altération ou de destruction encore plus redoutables*[346] ».

Le but est de mettre en place une politique qui vise le respect des écosystèmes non seulement pour apaiser les inquiétudes face à la fragilité du patrimoine et de l'environnement mais aussi d'amener les touristes, quels qu'ils soient, à adopter un comportement responsable vis-à-vis du patrimoine culturel. Cette démarche illustre l'importance de protéger à la fois le patrimoine culturel et naturel. La législation congolaise ne fait pas de distinction entre le patrimoine culturel et naturel dans leur protection. En effet, la loi N°8-2010 du 26 juillet 2010 portant protection du patrimoine national culturel et naturel au Congo protège communément le patrimoine culturel et naturel. Il en est de même pour d'autres pays comme Madagascar. Le législateur malgache a fait de même par une ordonnance relative à la protection, la sauvegarde et la conservation du patrimoine national. (Ordonnance n°82-029 du 6 novembre 1982 relative à la protection, la sauvegarde et la conservation du patrimoine national)[347] . Les législateurs congolais et malgache ont voulu protéger communément le patrimoine culturel et naturel car il existe une interpénétration entre les deux, une relation intimement liée et, de manière logique on ne peut protéger l'un sans l'autre. En d'autres termes, on peut aisément constater que la distinction entre la protection du patrimoine culturel et celle du patrimoine naturel n'est que législative. Dans la pratique, elles sont intimement liées en raison du fait que ces patrimoines sont imbriqués et gérés par les communautés comme des entités indissociables impliquant le milieu naturel, les croyances et une intervention plus ou moins contrôlées des individus. Certains constituent des paysages culturels comportant une double dimension culturelle et naturelle[348].

---

[346] Préambule de la Convention UNESCO de 1972 sur la protection du patrimoine mondial, naturel et culturel

[347] Negri (V), *Droit et patrimoine en Afrique, Version réactualisée, Recueil de législation relatives à la protection du patrimoine culturel*, Université Senghor, 2002, p52

[348] De Souza (A) : *Présentation des institutions de promotion et de valorisation du patrimoine culturel au Bénin.* Actes de séminaire de Praia, décembre, 1996, p12

B –Les mesures concrètes pour une sensibilisation de tous les acteurs

En 1992, lors de la Conférence mondiale sur le développement durable de Rio, le tourisme a eu droit, pour la première fois, à une mention spécifique. Très rapidement des nombreuses réflexions et propositions ont concerné le tourisme durable. On a assisté, dès cet instant, à une véritable prise de conscience d'un tourisme mieux maîtrisé pour être durable[349].

Cette prise de conscience concerne les administrations centrales, les populations locales, les professionnels du tourisme, les partenaires publics et privés ; bref tout ceux qui de près ou de loin sont concernés par la protection du patrimoine culturel. En effet, le tourisme mal orienté entraîne des conséquences néfastes non seulement à l'endroit du patrimoine culturel mais aussi à l'égard des valeurs socio-culturelles. On peut citer : l'érosion culturelle, le choc des cultures, les pressions physiques, facteurs de stress social, la détérioration de la situation sociale… Sur le plan environnemental, on peut redouter la consommation démesurée des ressources, les pollutions multiples, les impacts physiques[350]. C'est pourquoi, il y a un besoin réel d'attirer l'attention de l'opinion publique pour une mobilisation en faveur de la protection du patrimoine et de son environnement. Au-delà de toute considération touristique, la prise de conscience doit associer les notions de durée, de pérennité des ressources naturelles (eau, air, sol, diversité biologique) et des structures sociales et humaines.[351].

Le tourisme de masse engendre des conséquences néfastes sur le patrimoine culturel. La production massive des déchets, le rythme effréné des visites, la destruction d'écosystèmes et la croissance des inégalités sont autant d'éléments destructeurs du patrimoine qui méritent une prise de conscience des acteurs. Cette prise de conscience a été consacrée au Forum mondial de Davos 2012 par un rapport qui a, pour la première fois, fait l'objet d'un débat sur la façon d'améliorer la croissance du tourisme par l'amélioration des infrastructures, la stabilité politique et la facilité de circuler pour les touristes. Ce rapport souligne

---

349 Jean-Pierre Lozato-Giotart et *al.* , *Management du tourisme: territoires, offres et stratégies*, Pearson Education France, 2012, p329

350 http://www.voyageons-autrement.com/index/tourisme-durable/enjeux-tourisme-durable/, consulté le 27 mars 2015.

351 Hassane Dembele, *La Guinée face aux enjeux du tourisme durable*, Mémoire de Maîtrise, Ecole supérieure du tourisme et de l'hôtellerie de Conakry, République de Guinée 2012, 122

également l'importance des comportements des consommateurs dans les nouvelles approches touristiques, notamment pour un tourisme vert[352]...

Par la prise de conscience, on entend amener tous les acteurs à comprendre la valeur des richesses culturelles et leurs environnements écologiques. Une protection de ces richesses s'impose par la prise des mesures adaptées qui permettront à l'activité touristique de devenir responsable et donc durable. Cette prise de conscience suppose de responsabiliser, de manière collective et individuelle, tous les acteurs du tourisme (agences de voyage, hôtel, transport, population locale...).

D'une façon générale, l'objectif est d'amener les acteurs à œuvrer pour la limitation des effets dévastateurs du tourisme sur l'environnement du patrimoine culturel. Cette prise de conscience met en place une nouvelle manière de gérer le patrimoine en s'inscrivant dans une logique à long terme. Le développement durable est un enjeu qui se pose à tous les acteurs du secteur. L'expression de « tourisme durable » traduit ce mouvement général, mais il peut aussi être utilisé dans un sens restreint. On désigne alors des formes de tourisme qui donnent la priorité au développement durable, comme l'écotourisme, centré sur la protection de la nature, ou le tourisme équitable, dont le but est de favoriser l'économie locale[353].

En somme, il convient de retenir que la prise de conscience est un facteur majeur dans l'instauration du tourisme durable au Congo. Les touristes peuvent contribuer directement à la protection du patrimoine notamment grâce à une meilleure connaissance des sites culturels. D'autre part, elle permet de prendre connaissance des menaces du patrimoine liées au tourisme de masse. C'est pourquoi, il ne faut pas toujours envisager le tourisme comme une manne économique.

II – Les effets du tourisme durable

Le tourisme durable produit un certain nombre d'effets sur le patrimoine culturel. Il implique une exploitation responsable du patrimoine d'une part (A) et contribue, de ce fait, à la protection du patrimoine culturel en général (B).

---

352 Gérard Ruiz, Le tourisme durable : un nouveau modèle de développement touristique ? in*infotourisme*, p2

353 Aurélie Djavadi, Qu'est-ce que le tourisme durable ?, in Phosphore du 09 juillet 2013 Url : http://www.phosphore.com/dossiers/phosphore/358/le-tourisme-durable-le-voyage-de-demain.html, consulté le 27 mars 2015

A – L'exploitation responsable du patrimoine

Le tourisme est fréquemment présenté comme une alternative d'impulsion et de financement d'un développement que l'on veut par définition "durable", au point d'en générer une expansion aussi difficilement maîtrisable qu'incohérente, au détriment du patrimoine environnemental[354]. Cependant, contrairement au tourisme de masse, le tourisme durable exige la mise en œuvre de nouvelles alternatives pour procéder à une régulation adéquate du tourisme. Cette nouvelle régulation doit prendre en compte des objectifs de durabilité économique, environnementale et sociale. En ce sens, *« le tourisme responsable est une activité de tourisme ou de loisir qui met en place des pratiques respectueuses de l'environnement naturel et culturel et qui participe de manière éthique au développement économique local. Elle favorise ainsi la prise de conscience du touriste vis-à-vis des impacts qu'il peut avoir sur le territoire et le rend acteur de sa consommation*[355] *»*. Ainsi, l'exploitation touristique du patrimoine doit assurer sa pérennité car le patrimoine est une ressource précieuse et non renouvelable. Par l'instauration du tourisme durable, il s'agit de relever le défi de promouvoir toutes les richesses patrimoniales congolaises à travers une exploitation touristique responsable. D'autre part, il convient de travailler à rendre plus attractif ce patrimoine pour une meilleure valorisation. Cette tâche incombe à l'Etat qui peut se faire aider par les collectivités et les populations locales, les opérateurs du tourisme, les ONG…

Le patrimoine culturel congolais est intimement lié à la mémoire et à l'identité congolaise. Il est à la fois un témoin vivant du passé et un capital porteur de multiples enjeux pour le futur. Le thème de l'héritage patrimonial, de sa sauvegarde et de sa valorisation apparaît comme une préoccupation de plus en plus forte des sociétés actuelles[356]. En ce sens, faire de l'exploitation responsable du patrimoine est un défi pour le Congo car elle nécessite la mise en place d'une législation y relative, et

---

354 Jean-Marie Breton, *Aires protégées, gestion participative des ressources environnementales et développement touristique durable et viable dans les régions ultra-périphériques*, Études caribéennes, Avril 2009,Url : http://etudescaribeennes.revues.org/3560, , consulté le 13 octobre 2015.

355 Charte Eveil, *Tourisme Responsable et Solidaire*, p2, document disponible sur le site d'Eveil tourisme, Url : http://www.eveil-tourisme-responsable.org/sites/default/files/Charte%20EVEIL-Tourisme.pdf, consulté le 09 avril 2015

356 Kamel Amghar, Algérie : Une ressource symbolique et économique non renouvelable, in *La Tribune* du 24 avril 2014, p2 ; Url : http://fr.allafrica.com/stories/201404240049.html, consulté le 27 mars 2015.

des infrastructures de formation et de gestion des agents du patrimoine, du tourisme et des populations locales.

En réalité, pour un tourisme durable, il convient d'initier une exploitation responsable du patrimoine et des sites culturels pour prévenir les éventuelles dégradations pouvant être occasionnées par le tourisme de masse. En effet, l'impact environnemental du tourisme est considérable, que ce soit en termes d'émissions de gaz à effet de serre générées par les déplacements, de destruction des ressources naturelles à cause des constructions d'infrastructures touristiques ou aux touristes eux-mêmes. L'une des solutions consiste donc à encadrer le tourisme pour qu'il ne soit pas de masse. Pour cela, il y a nécessité de prendre des mesures de précaution, compensatoires et conservatoires afin d'évaluer, limiter et compenser les impacts du tourisme sur la qualité de vie des populations locales et sur l'environnement. C'est dans ce sens, qu'il faut faire application des trois indicateurs composites définis par l'OMT et qui sont particulièrement bien adaptés à la mesure des coûts et avantages écologiques de l'écotourisme. Il s'agit de :

- l'indicateur de capacité de charge qui permettra de déterminer le nombre maximum de touristes par site en tenant compte de l'intensité d'utilisation en période de pointe.
- L'indicateur de perturbation de site qui permettra de réaliser une mesure composite des niveaux d'impact sur le site compte tenu des particularités naturelles et écologiques.
- L'indicateur d'intérêt écologique qui sera un outil devant permettre de mesurer les particularités écologiques du site qui le rendent attrayant pour l'écotourisme et qui peuvent changer avec le temps et la fréquentation touristique.

Ces indicateurs ont pour rôle principal d'établir une surveillance des sites et de leur patrimoine sur le plan écologique et environnemental[357]. Pour y parvenir, il faut procéder à la sensibilisation de la population résidente à un effort d'assainissement en encourageant le développement d'initiatives privées entrepreneuriales de traitement d'ordures et de déchets par exemple. Un accent doit être mis sur l'information des touristes quant à l'interdiction de l'utilisation des déchets nocifs et toxiques dans et autour du site. Dans le même sens, il est important de privilégier les visites guidées pédestres, le réseau de véloroutes et voies

---

357 OMT- Commission Européenne, *Guide du Tourisme Durable pour le Développement : Renforcement des capacités pour un tourisme durable pour le développement dans les pays en voie de développement*, OMT 2013, p41

vertes afin de réguler l'accès des touristes, de préserver l'intégrité des sites et de limiter les dégâts environnementaux. De telles initiatives, qui n'existent pas encore au Congo, justifient leur mise en place car elles contribuent à mettre en œuvre un tourisme durable.

B – La contribution du tourisme durable à la protection du patrimoine culturel

Selon la Charte internationale du tourisme culturel d'octobre 1999, « *au sens le plus large, le patrimoine naturel et culturel appartient à tous les hommes. Nous avons chacun un droit et une responsabilité de compréhension, d'appréciation et de conservation de ces valeurs universelles… Un premier objectif pour la gestion du patrimoine consiste à faire connaître sa signification et les justifications de sa conservation aussi bien aux communautés d'accueil qu'aux visiteurs. Une gestion matérielle raisonnable et une approche intellectuelle et/ou émotionnelle du patrimoine et du développement culturel sont à la fois un droit et un privilège. Cette gestion doit être porteuse de respect pour les valeurs patrimoniales, pour les populations indigènes qui les perpétuent, pour les paysages et les cultures qui les ont produites, pour les intérêts et les droits actuels des communautés d'accueil, et pour les propriétaires d'ensembles historiques*[358] ». Ces principes généraux de la Charte internationale du tourisme culturel mettent en évidence la contribution du tourisme durable dans la protection du patrimoine culturel. En effet, il existe des relations parfois conflictuelles entre le tourisme et le patrimoine car si la vocation première de la protection du patrimoine demeure sa préservation et sa transmission aux générations futures, ce patrimoine peut constituer un objet attractif pour le tourisme. C'est pourquoi le tourisme durable apparaît comme une synthèse entre les enjeux du tourisme et la nécessité de protection du patrimoine.

Le tourisme durable induit une contribution du patrimoine culturel au développement durable car la sauvegarde des richesses culturelles, patrimoniales ainsi que de l'ensemble des expressions, savoirs et compétences culturels immatériels qui définissent collectivement une communauté peut être considérée en soi comme une contribution au bien-être de l'humanité. Sans le patrimoine culturel – sans les hauts lieux familiers de nos villes et de nos paysages, les traditions et les modes de vie singuliers hérités de nos ancêtres – notre existence même, en tant

---

358 La Charte internationale du tourisme culturel d'octobre 1999, p22

qu'individus, serait difficile à imaginer[359]. En ce sens, la protection et la valorisation du patrimoine culturel et naturel doivent être au centre de la pérennité des savoirs, savoir-faire et des pratiques traditionnelles dans le but d'apporter un bien-être aux populations détentrices du patrimoine. Le tourisme durable nécessite alors la mise en place d'un système de communication et d'information à l'endroit des touristes et des populations riveraines des sites culturels. De cette sensibilisation peut naître un engouement à la protection du patrimoine, à travers notamment des actions communautaires et communes de l'Etat, des collectivités et bien d'autres acteurs comme les hébergeurs, les restaurateurs, les autorités locales et coutumières et la population dans son ensemble.

En réalité, il vise la réunion des dimensions socioculturelle, environnementale et économique afin de minimiser l'impact environnemental du tourisme et d'optimiser ses avantages sociaux et économiques pour les populations locales comme le recommande l'OMT. C'est donc un tourisme responsable qui entend promouvoir des valeurs différentes du tourisme de masse. Il a pour objectif d'impliquer les populations locales et les touristes dans la préservation des patrimoines culturels et écologiques tout en participant au développement de ces populations à travers le réinvestissement des retombées du tourisme dans des projets locaux et communautaires. De cette manière, il est nécessaire de réaliser des infrastructures touristiques à travers lesquelles le touriste retrouve ses repères. Par conséquent, les produits et constructions locales vont donc être modifiés pour qu'il se sente "*un peu comme chez lui*... Le tourisme doit participer au développement des populations des terres d'accueil et de ses ressources naturelles : l'éco-tourisme responsable, durable et solidaire vise à se développer, via des associations ou des agences, l'éthique, la responsabilité et le respect de l'environnement afin de contrer tous les effets négatifs qui vont être générés cette augmentation du nombre de touristes à l'échelle mondiale.[360]".

Au regard de ce qui précède, il est établi que seul un tourisme durable peut contribuer à la sauvegarde des richesses culturelles congolaises car il permet de lutter contre les transformations des cultures locales, en terme de rituels religieux, traditionnels, ou de manifestations artistiques ou

---

359 UNESCO, *Introduire le patrimoine culturel dans l'agenda du développement durable*, Actes du congrès international de Hangzhou, «La culture : clé du développement durable», 15 mai au 17 mai 2013, Unesco p2

360 http://www.vedura.fr/economie/tourisme-solidaire/tourisme-responsable, consulté le 21 novembre 2014.

coutumières qui sont bien souvent modifiées ou folklorisées afin de plaire aux touristes. Il protège le patrimoine contre les dégradations à travers une utilisation rationnelle et responsable des ressources patrimoniales. Mais cette valorisation doit être faite au profit des communautés locales.

PARAGRAPHE 2 : L'INTERESSEMENT DES POPULATIONS AU TOURISME PATRIMONIAL

Face notamment à un tourisme destructeur du fait de l'importation sans nuance de comportements et de valeurs « autres », support d'une démarche économiquement mercantile et socialement déstructurante, les populations tendent souvent à perdre la maîtrise de leurs espaces et de leurs valeurs identitaires, qu'il leur revient alors de se réapproprier[361]. Ainsi, tout projet de valorisation touristique doit mettre les populations locales au centre de sa réalisation afin que celle-ci bénéficie des retombées (I) pour une contribution à l'économie nationale (II).

I – Les populations locales et les retombées de la valorisation touristique

Les retombées de la valorisation du patrimoine doivent contribuer à l'amélioration des conditions de vie des populations locales (A) et au développement de l'économie locale (B).

A – L'amélioration des conditions de vie de la population locale

Le tourisme durable est celui qui prône la création de la richesse avec une prédominance sociale caractérisée par le besoin d'améliorer les conditions de vie des populations locales. En ce sens, « *le développement local apparaît alors comme un « processus global, une stratégie intégrée, dont l'objectif est de promouvoir une autre manière de penser les villes en mettant l'accent sur les notions de solidarité et de citoyenneté et surtout en cherchant à lutter contre les mécanismes d'exclusion qui sont trop souvent amplifiés quand ils ne sont pas générés par les appareils bureaucratique et technocratique*[362] ».

---

361 Jean-Marie Breton, *Foncier, patrimoine et développement dans les territoires insulaires : le cas des Antilles françaises* , Études caribéennes, Avril-Août 2014, URL : http://etudescaribeennes.revues.org/6770, consulté le 13 octobre 2015

362 Jacquier et Mendès, 1992 cités par Sylvie PARENT et *al.*, Le développement communautaire local et le tourisme communautaire : une analyse conceptuelle comparative, in *ESSACHESS*, Vol 2, No 2(4) (2009), p80

Ce tourisme repose sur les critères de durabilité, il doit, en même temps assurer une activité économique viable sur le long terme offrant à toutes les parties prenantes des avantages socio-économiques équitables répartis, notamment des emplois stables, des possibilités de bénéfices et des services sociaux pour les communautés d'accueil, et contribuant à la réduction de la pauvreté[363].

En effet, au-delà de la question de la richesse créée, se pose celle de sa répartition et des retombées pour les populations locales[364]. La valorisation du patrimoine culturel doit générer des retombées culturelles, économiques et sociales. Ces retombées doivent, en premier lieu, bénéficier aux populations locales détentrices du patrimoine. Ainsi, « *en procurant une variété de biens et de services connexes, un environnement historique bien préservé (notamment les paysages culturels et les zones protégées riches en biodiversité) de même que la perpétuation des savoirs et des pratiques traditionnels associés à son entretien, peuvent directement contribuer à faire reculer la pauvreté et les inégalités en favorisant la sécurité et la santé, ainsi qu'en permettant de fournir des abris, de l'air pur, de l'eau douce, des terres, de la nourriture et d'autres ressources essentielles qui offrent des moyens de subsistance aux populations. Cela est d'autant plus vrai dans les régions en développement, où le patrimoine culturel prend souvent moins la forme de monuments que celle de pratiques vivantes*[365] ».

En d'autres termes, la valorisation du patrimoine par le tourisme doit profiter aux populations riveraines des sites culturels et autres acteurs qui exercent des métiers directement ou indirectement liés au tourisme. En effet, point n'est besoin de rappeler que le patrimoine culturel est source de création d'emplois et facteur de développement économique local. Il mobilise les investissements locaux, nationaux et internationaux des investissements tout en créant des emplois plus ou moins, stables dans le respect de l'environnement.

D'une manière générale, il s'agit de mettre en place un tourisme qui va contribuer non seulement à la protection du patrimoine mais aussi à l'amélioration des conditions de vie des populations locales qui seront prises en compte dans l'exploitation et la valorisation des sites. Un moyen de maintenir une interaction entre les populations locales et leur patrimoine pour leur faire profiter des retombées du tourisme. Ainsi, le

---

363 http://www.developpement-durable.gouv.fr/Le-tourisme-durable-definitions.html, consulté le 27 mars 2015

364 Sébastien Condès, Les incidences du tourisme sur le développement, in *Tiers-Monde*. 2004, tome 45 n°178

365 UNESCO, *Introduire le patrimoine culturel dans l'agenda du développement durable, Op, Cit.* p3

développement local dont il est question est la résultante d'une valorisation des savoirs et savoir-faire traditionnels. Le père de la négritude, Léopold Sédar Senghor disait « *la culture est au commencement et à la fin du développement* [366]».

En ce sens, il convient de faire jouer au tourisme un rôle plus important dans le développement du niveau de vie des populations locales par des mesures appropriées comme l'obligation pour l'Etat et les collectivités locales de réinvestir des retombées du tourisme dans des projets communautaires, dans le financement des activités locales comme l'agriculture la pêche, la vannerie, la poterie…

En d'autres termes, il convient d'optimiser les retombées touristiques pour qu'elles profitent aux populations locales.

B – Le développement de l'économie locale

L'organisation territoriale du tourisme est une équation majeure lorsqu'on s'interroge sur les liens entre tourisme et développement. À travers la pratique touristique, l'État vise à attirer des investisseurs nationaux et surtout étrangers en vue de contribuer au bien-être social.[367]. Le développement de l'économie locale doit être entendu comme une conséquence de la valorisation touristique du patrimoine. En effet, les projets de valorisation des sites culturels permettent d'envisager des retombées économiques plus importantes avec notamment le tourisme responsable.

Ainsi, il convient de faire du tourisme un secteur créateur d'emplois au niveau local. En ce sens, la valorisation du patrimoine au profit des communautés doit s'inscrire dans la logique de favoriser le développement de l'économie locale. Cependant, il faut préciser que le développement de l'économie locale par le biais du tourisme exige que les collectivités territoriales jouent un rôle déterminant dans l'orientation des activités économiques, culturelles et touristiques de leur territoire. Cette interrogation doit se focaliser sur la mise en place d'une politique visant à redynamiser le secteur touristique à travers la création d'une industrie touriste fiable. Il convient donc de faire du tourisme un moteur de développement grâce à la création d'emplois directs et indirects. Dans ce sens, il est nécessaire d'orienter les populations locales vers une «

---

366 Cité par Gaston Agboton in *Culture des peuples*, Paris, Présence Africaine, 1997, p11

367 Mamadou Diombera, « Tourisme et développement local : vers une redéfinition des relations au niveau de la Petite-Côte sénégalaise ? », in *Études caribéennes* du 26 décembre 2013, mis en ligne le 26 mars 2014 ; Url : http://etudescaribeennes.revues.org/6736, consulté le 10 juin 2015.

commercialisation » des savoirs et savoir-faire locaux pour espérer bénéficier des retombées du tourisme. En conséquence, il revient aux artisans locaux de faire évoluer la conception de leurs produits artisanaux pour les adapter aux offres touristiques. C'est en ce sens que le tourisme vise la valorisation des savoir-faire locaux en lien avec la conservation, la construction, la production vivrière, les méthodes de guérison et la pharmacopée traditionnelle, tous les types d'artisanat et les arts en général. Ces emplois, qui s'appuient sur des ressources humaines locales ne peuvent être déplacés hors des communautés concernées. En ce sens, ils offrent, par rapport à d'autres secteurs d'activité, des perspectives économiques à tous les groupes de la société, y compris les femmes et les jeunes.

Il convient de rappeler que le patrimoine culturel est étroitement lié aux composantes fondamentales du développement social inclusif. En tant que vecteur d'identité et de valeurs qui organisent les communautés et leurs relations grâce à ses puissantes dimensions symboliques et esthétiques, le patrimoine culturel est indispensable pour le bien-être spirituel des gens au sens le plus profond. La reconnaissance et la conservation de la diversité du patrimoine culturel, ainsi qu'un accès raisonnable à ce dernier et le partage équitable des bienfaits découlant de son utilisation, renforcent le sentiment d'appartenance et la sensation procurée par un lieu, le respect pour autrui et le sentiment de la communauté d'objectifs ainsi que la capacité à poursuivre le bien commun, ce qui contribue à la cohésion des communautés tout en réduisant les inégalités[368].

Ainsi s'impose la mise en place d'un tourisme équitable et solidaire permettant l'épanouissement du voyageur et de l'accueillant sur les plans personnel, culturel et économique. Les retombées qu'il génère doivent profiter équitablement aux populations locales et contribuer au développement durable de leurs territoires d'accueil. Le tourisme équitable est donc un ensemble d'activités de services touristiques, proposé par des opérateurs touristiques à des voyageurs responsables, et élaboré par les communautés d'accueil, autochtones (ou tout au moins en grande partie avec elles). Ces communautés participent de façon prépondérante à l'évolution de la définition de ces activités (possibilité de les modifier, de les réorienter, de les arrêter). Elles participent aussi à leur gestion continue de façon significative (en limitant au maximum les intermédiaires n'adhérant pas à ces principes du tourisme équitable). Les

368 UNESCO, *Op, Cit.* p4

bénéfices sociaux, culturels et financiers de ces activités doivent être perçus en grande partie localement, et équitablement partagés entre les membres de la population autochtone[369].

Sur le plan culturel, c'est l'occasion de faire du tourisme une opportunité de rencontres, d'échanges, de dialogue, de brassage interculturel et de cohésion sociale. La nouvelle politique touristique doit donc viser la sensibilisation de la population locale à l'accueil décent des touristes qui doivent à leur tour respecter les us et coutumes de la localité. Aussi, le tourisme doit être un moyen pour la population locale de se réapproprier sa mémoire collective tout en perpétuant le savoir-faire local. Il permet, dès cet instant, la modernisation des mentalités, le développement de nouvelles aptitudes, la valorisation culturelle et le maintien de la culture.

Ainsi, le but fondamental de la valorisation du patrimoine par quelque moyen que ce soit, reste et demeure le bien-être de la population locale en sa qualité de gardienne, de détentrice et de protectrice des richesses culturelles. Ce rôle justifie la nécessité d'intégrer le patrimoine culturel dans les Objectifs du Millénaire pour le développement (OMD) et d'amener les gouvernements, la société civile et les différents acteurs à œuvrer ensemble pour le bien-être de la population. En réalité, le développement de l'économie locale par le tourisme vise une politique de mise en œuvre des programmes conjoints F-OMD culture et développement[370] de l'UNESCO. Ceux-ci visent à favoriser un développement socio-économique durable se basant sur les atouts culturels, en soutenant les pays dans trois domaines :

- la conception, la mise en œuvre et l'évaluation de politiques publiques et de stratégies favorisant l'inclusion sociale et les droits culturels et facilitant la participation politique des groupes culturellement exclus ;
- la promotion des industries culturelles et créatives en tant que moteurs du développement économique et humain;

---

369 Définition tirée de la Charte du Tourisme Equitable de 2002

370 Créé en décembre 2006 grâce à une contribution de 528 millions d'euros (710 millions de dollars américains) versée par le Gouvernement espagnol au système des Nations Unies, le Fonds pour la réalisation des Objectifs du Millénaire pour le Développement (F-OMD) constitue une modalité de coopération internationale innovatrice visant à accélérer les progrès vers la réalisation des OMD dans le monde entier.

- le renforcement des capacités institutionnelles pour générer des données, des statistiques et des indicateurs pour la formulation, le suivi et l'évaluation efficaces des politiques culturelles[371].

En conclusion, il est question de faire du patrimoine culturel un moteur du développement local à travers la mise en place de l'écotourisme communautaire qui permet une revalorisation des richesses patrimoniales, correspondant à une stratégie de mise en œuvre à partir de laquelle le patrimoine de chaque communauté peut être mis en circulation. L'appropriation de l'écotourisme communautaire suppose au préalable une bonne connaissance par les populations locales de leur patrimoine culturel afin qu'ils puissent faire profiter aux touristes leurs savoirs et savoir-faire[372]. Il est nécessaire, pour le Congo, de s'orienter vers la mise en œuvre d'une telle politique pour le bien-être des populations locales. Une partie de ces revenus du tourisme favorise différents groupes de la société et, si le tourisme met l'emphase sur la réduction de la pauvreté, celui-ci peut bénéficier directement aux groupes les plus pauvres grâce à l'emploi des populations locales dans les entreprises touristiques, l'approvisionnement en biens et services aux touristes, ou par la création de petites entreprises communautaires locales, etc., l'impact sur les niveaux de réduction de la pauvreté étant positif[373].

Cependant, il faut garder à l'esprit que les retombées de la valorisation du patrimoine doivent être intégrées dans l'économie nationale.

II - Les retombées de la valorisation touristique dans l'économie nationale

L'état congolais assure seul la protection et la promotion du patrimoine culturel. Ainsi, l'intégration des retombées de la valorisation du patrimoine peuvent constituer une ressource complémentaire pour l'économie nationale (A). Cependant, l'effectivité d'une telle mesure suppose une reconnaissance hors frontière des valeurs culturelles congolaises (B)

---

371 http://www.unesco.org/new/fr/culture/achieving-the-millennium-development-goals/resources/faq/#c298451, consulté le 1er novembre 2014.

372 Christian Johnson Ogoula, cité par Stéphane ANGO, *La valorisation des parcs nationaux*, Diplôme de Conseiller des Affaires Etrangères 2009, Ecole Nationale d'Administration du Gabon 2009, p32

373 OMC, *Manual on Tourism and Poverty Alleviation, Practical Steps for Destinations*. UNWTO and SNV, 2010, Url : http://step.unwto.org/fr/content/le-tourisme-et-la-reduction-de-la-pauvrete, consulté le 10 juin 2015

A – Une ressource économique complémentaire

Au niveau d'une économie nationale ou d'une région, les effets du tourisme sont en général évalués à partir de leurs répercussions sur des objectifs acceptés par tout système économique, à savoir leur contribution à la croissance économique, la stabilité des prix, l'équilibre de la balance des paiements, la distribution juste et équitable du revenu national et le plein emploi[374]. En ce sens, les retombées de la valorisation touristique du patrimoine peuvent constituer une ressource complémentaire pour l'économie congolaise. Cependant, il convient de rappeler l'importance relative du tourisme dans les pays en développement. C'est pourquoi, il est important de redynamiser ce secteur afin qu'il contribue à l'économie nationale.

En effet, mettre en valeur le patrimoine est un objectif reconnu par tous les acteurs de la société. Pour les propriétaires des biens patrimoniaux, privés ou publics, c'est le moyen de mobiliser les ressources nécessaires à leur conservation. Pour beaucoup d'entreprises, c'est la possibilité d'en retirer des retombées ou d'y puiser les savoir-faire et les références nécessaires à l'innovation. Pour les collectivités territoriales, il peut être une façon de donner une image positive de leur territoire et d'améliorer le cadre de vie des populations. Pour l'État enfin, c'est le moyen d'affirmer une identité qui est plus que jamais source de cohésion. Ainsi le patrimoine se retrouve-t-il aujourd'hui au carrefour de multiples attentes[375]. S'il n'est pas aisé d'apprécier la valeur réelle du patrimoine, on peut cependant évaluer ses entrées. Ainsi, pour intégrer le patrimoine dans l'économie nationale, il faut prendre en compte sa valeur marchande. Françoise Benhamou et David Thesmar estime que « *…la valorisation du patrimoine procède de son potentiel en matière d'usages, de communication, d'appropriation par des résidents et des touristes ; elle renvoie à la capacité d'un lieu d'attirer du tourisme ou à l'installation d'entreprises de services dont les employés et cadres sont sensibles à la qualité de l'environnement architectural esthétique ou historique...*[376] ».

Cependant, il faut avouer que le Congo n'a pas encore intégrer le patrimoine culturel dans l'économie nationale. L'Etat prend en charge le financement total de la réhabilitation de certains monuments historiques

---

374 Nicolas Lehoucq, *Tourisme et développement : comment le tourisme s'est-il imposé au sein du renouveau théorique*, Mémoire de Master ILERI – 2007, p33

375 Ministère de la culture et de la communication, Département des études et de la prospective, La valorisation économique du patrimoine : mesure et outils, in *Bulletin du Département des études et de la prospective*, N° 141, septembre 2003, p1

376 Françoise Benhamou et David Thesmar, *Valoriser le patrimoine culturel de la France, Op, Cit.* p34

comme la basilique Sainte-Anne de Brazzaville ou la construction du Mémorial Pierre Savorgnan de Brazza sans mettre en place une politique de collecte des entrées issues des visites de ces sites culturels. L'Etat finance donc sans contrôler les fréquentations alors que les entrées issues des visites de ces sites culturels peuvent contribuer au financement du patrimoine. En outre, l'étude de l'OIF de 2012[377] montre que le secteur du patrimoine culturel emploie directement au moins 85 personnes, chiffre auquel il conviendrait d'ajouter toutes les retombées indirectes induites par le biais du tourisme en termes d'emplois et de revenus. Peu élevée, cette estimation révèle en tout cas l'importante marge de progression dont disposent les autorités pour faire du patrimoine culturel une véritable ressource pour le développement économique du pays, notamment à travers une stratégie globale de promotion du tourisme[378]. Dans ce sens, la mise en place d'une politique d'emplois liés à la protection des sites s'impose.

En outre l'ouverture des sites culturels au public permet d'envisager des retombées économiques encore plus importantes avec notamment l'affluence des touristes. C'est pourquoi, il est nécessaire d'envisager une augmentation de la plus-value du tourisme en renforçant à la fois des atouts patrimoniaux et culturels dont dispose le Congo. En effet, l'économie liée au tourisme ne se limite pas à un secteur d'activité. Les emplois touristiques profitent à différents services aux particuliers. Afin de maximiser les effets du tourisme sur le l'économie nationale, il convient de mettre en place « *une stratégie caractérisée par la recherche de qualité, de compétitivité et d'originalité. De cette manière, il est de plus en plus nécessaire d'adopter des politiques économiques destinées à constituer de véritables filières du tourisme… Les grands espaces naturels, la diversité des cultures et les traditions d'accueil sont en effet essentiels pour assurer le succès d'une croissance durable des flux touristiques*[379] ».

D'autre part, il faut préciser que le patrimoine culturel congolais nécessite une optimisation de son potentiel pour qu'il redynamise le tourisme et contribue à l'économie nationale. Cette contribution exige la mise en place d'une stratégie nationale, préalablement définie, par les ministères de la culture et du tourisme. Cette stratégie doit se fixer comme objectif de favoriser une meilleure structuration et amélioration de la qualité de l'offre touristique. En effet, *même si, la prise en compte des valeurs économiques d'un patrimoine culturel est un aspect crucial, malgré les*

377 Etude précitée
378 OIF, *Op, Cit.* p51
379 Nicolas Lehoucq, *Op. Cit.*, p36

perceptions négatives selon lesquelles une approche « commerciale » affecterait défavorablement la conservation du patrimoine culturel, la dimension économique du patrimoine est essentielle à prendre en compte dans les mécanismes de prise de décision, surtout en ce qui concerne la conservation et valorisation de ces biens du patrimoine[380].

En d'autres termes, bien qu'il ne soit pas aisé de parler de « commercialisation du patrimoine », il important de faire remarquer que sa protection nécessite un investissement financier parfois énorme. C'est pourquoi l'apport du tourisme doit être pris en compte dans la protection du patrimoine culturel. Il faut, cependant, qu'il s'agisse d'un tourisme durable.

B – La reconnaissance hors frontière des valeurs culturelles congolaises

La promotion du patrimoine culturel doit être envisagée non seulement au niveau national mais aussi et surtout au plan international. Pour que sa valorisation bénéficie aux populations locales, le patrimoine doit être porté à la connaissance de tous. C'est donc l'occasion de le porter hors frontière pour le faire connaître et pour que le tourisme dont il fait l'objet contribue à l'économie nationale. Selon Nicolas Lehoucq *« le tourisme pourrait jouer un rôle de catalyseur de l'ensemble des stratégies de développement économique et social des pays en développement. Ce rôle de catalyseur intervient notamment dans les domaines suivants :*

- *infrastructures de base : électricité, eau...*
- *Infrastructures de transports : aérien avec notamment les aéroports, routes...*
- *Infrastructures environnementales : traitement des déchets et des eaux usées...*
- *Infrastructures de communication : téléphone, Internet...*
- *Infrastructures de santé : hôpitaux...*
- *Infrastructures culturelles : valorisation du patrimoine historique et artistique*[381] *... »*

Pour l'OIF, au Congo l'apport de la culture dans l'économie nationale est moindre[382]. Par conséquent, on peut estimer que le patrimoine culturel n'est pas intégré dans l'économie nationale. Cependant, il faut reconnaître que chaque fois que le patrimoine contribue au développement artistique, éducatif ou social de la société, il est source de

---

380 Ambassade de France en Inde et Indian Heritage Cities Network Foundation, *Note deSéminaire sur l'économie du patrimoine,* Pune (Maharashtra*)*, 10 - 14 Décembre 2012, Unesco, p1

381 Nicolas Lehoucq, *Op., Cit.*, p28

382 OIF, *Op. Cit*, p52

valeurs : valeur esthétique, valeur cognitive, valeur d'existence dont la production implique des mouvements économiques : ne pas en tenir compte peut conduire à de véritables impasses[383]. C'est dans ce sens, qu'il faut une prise de conscience de l'intérêt économique et social du patrimoine. Ainsi, l'intégration du patrimoine dans l'économie congolaise nécessite d'explorer la demande touristique, d'évaluer le coût des fréquentations et de prendre la mesure des coûts de conservation de ce patrimoine.

La mise en valeur du patrimoine étant une condition de l'accroissement de la fréquentation touristique, il convient, pour les acteurs publics et privés concernés par la valorisation, de s'attacher à la qualité de leurs sites culturels pour attirer plus de touristes et donc générer plus de retombées économiques. Ainsi, le patrimoine culturel ne pourra être intégré dans l'économie nationale que lorsqu'il y aura une reconnaissance hors frontière des valeurs culturelles et une augmentation de la fréquentation.

Pour la mise en œuvre d'une telle politique, le Congo doit œuvrer pour l'inscription des sites au patrimoine mondial de l'UNESCO. Cette inscription constitue une vitrine du pays et de son patrimoine culturel à l'étranger. En effet, l'inscription au patrimoine mondial apporte indéniablement au site une meilleure visibilité et un plus grand nombre de touristes[384]. En d'autres termes, l'augmentation des fréquentations des sites culturels donne la légitimité au patrimoine culturel d'être intégré dans l'économie nationale et cette intégration dépend des flux touristiques. Cette logique permet, bien évidemment, à chaque acteur du tourisme (restaurateurs, hôteliers, transporteurs etc.) de bénéficier du fait qu'une organisation le représentant lève auprès de la collectivité économique à laquelle il appartient une contribution et négocie avec les gestionnaires du patrimoine… Le patrimoine culturel draine donc dans son sillage toute une filière, tout un tissu d'activités économiques[385]. Par ces mesures, il s'agit d'amener le tourisme a occupé une place dans l'économie nationale et à créer des emplois durables. François Vellas estime, à ce propos, que *« le tourisme implique des « effets induits ». En effet, le tourisme international, bien au-delà du simple développement d'hôtels et d'agences de voyages qui sont des effets que l'on qualifiera de « normaux », peut être à l'origine de développement d'industries de biens d'équipements et de services ; à ce titre il constitue*

---

383 Ministère de la culture et de la communication, Département des études et de la prospective, La valorisation économique du patrimoine : mesure et outils, in *Bulletin du Département des études et de la prospective*, *Op Cit.* p2

384 UNESCO, Tourisme durable, in *Patrimoine mondial*, n°58 - novembre 2010, p7

385 Françoise Benhamou et David Thesmar, *Op, Cit.* p53

des débouchés importants pour différentes filières telles que l'agro-industrie, les transports ou les communication[386] ». C'est pourquoi, il convient de maximiser la reconnaissance hors frontière des valeurs culturelles congolaises afin que celles-ci contribuent au développement de l'économie nationale.

En conclusion, l'intégration du patrimoine dans l'économie congolaise est un processus qui mérite d'être lancé. Pour cela, il est important de réhabiliter et réaménager les sites culturels et les musées pour accroître le tourisme, lequel peut générer des retombées économiques conséquentes. Il est donc question pour le Congo de savoir valoriser ses monuments historiques, son savoir et savoir-faire traditionnel, ses collections muséales en un mot de créer des territoires attractifs pour un intérêt grandissant des touristes. Pour ainsi espérer relancer l'économie nationale et locale.

CONCLUSION CHAPITRE II

Ce chapitre a été consacré à la nécessité d'adopter d'une politique touristique durable à travers l'aménagement des sites culturels et l'encadrement de la valorisation du patrimoine qui, parfois, est faite au détriment des valeurs et richesses culturelles. En effet, l'absence d'une politique touristique au Congo constitue une menace pour le patrimoine car il n'est en rien protéger contre les abus du tourisme de masse avec ses principales conséquences à savoir : la dégradation des sites et du patrimoine, l'absorption des valeurs locales par les valeurs étrangères, l'exploitation exagérée des ressources culturelles. C'est pourquoi il a été question de préciser l'importance d'aménager les sites culturels avant de les valoriser par un tourisme responsable et durable qui concilie la conservation et l'exploitation du patrimoine.

En outre, la valorisation du patrimoine culturel congolais nécessite l'élaboration des outils de communication novateurs comme le marketing culturel et touristique. Si le marketing culturel présente l'avantage de procéder à l'application et l'adaptation des techniques marketing au secteur de la culture, le marketing touristique fait état d'un certain nombre de procédés liés à la conception, promotion et commercialisation des produits, services et destinations touristiques. Les deux constituent des éléments efficaces de la gestion et la valorisation du patrimoine.

Par ailleurs, il a été question de démontrer que la valorisation doit être encadrée pour qu'elle ne produise pas des effets négatifs sur le

---

[386]François Vellas, *Economie et Politique du Tourisme International*, Economica, 2007, p22.

patrimoine culturel. C'est pourquoi, il doit être envisagé un tourisme durable et responsable qui tient compte des valeurs culturelles et édicte des comportements à adopter tant à l'égard des propriétaires du patrimoine, des visiteurs et des gestionnaires. Par le tourisme durable, il s'agit de faire du patrimoine culturel un moteur du développement local et national à travers la mise en place de l'écotourisme communautaire qui permet une revalorisation des patrimoines culturels. Dans le même sens, il a fallu justifier l'importance d'intégrer les retombées de la valorisation du patrimoine dans l'économie nationale pour une meilleure évaluation. Bien qu'il soit difficile d'évaluer ces entrées, il est important de considérer sa valeur marchande pour une contribution plus efficace à l'économie locale et nationale.

CONCLUSION GENERALE

Au terme de cette étude, il convient de rappeler que la protection du patrimoine culturel au Congo est une initiative récente car elle ne date que de l'époque coloniale. Cependant, il faut noter que les initiatives françaises de protection du patrimoine culturel au Congo avant l'indépendance se limitaient à l'édiction de quelques textes intégrant le seul patrimoine matériel. En effet, à cette époque, la conception occidentale ne prenait pas en compte le patrimoine culturel immatériel caractérisé par les interdits, les cérémonies rituelles et festives, le savoir et savoir-faire traditionnel. C'est pourquoi la conception du patrimoine culturel au Congo est une conception française née de la colonisation à travers l'assimilation culturelle instaurée par l'école et la religion. Cette conception a modifié les rapports des populations locales congolaises avec leur culture tout en écartant de sa logique les réalités socio-culturelles propres à ces territoires. La mise en place de la conception occidentale du patrimoine s'est faite à travers le passage de l'oral à l'écrit avec notamment le mouvement de mutation du patrimoine oral au patrimoine écrit par les enseignements à l'école ou à travers la religion.

En 1960, le Congo accède à l'indépendance. L'Etat a besoin de se construire une architecture juridique et administrative. Le pays a donc opté pour un mimétisme juridique et institutionnel, conséquence de l'administration française. Le régime juridique de protection du patrimoine culturel n'a pas échappé à cette logique. En effet, la persistance de l'influence de la conception française s'est faite à travers l'imitation du modèle français. Cet emprunt du cadre normatif et institutionnel de l'ancienne métropole s'est caractérisé par l'adoption des textes qui sont des ressemblances textuelles, des recopies, une reprise de systèmes forgés en France, des véritables « copier-coller ».

En ce sens, il apparait clairement que la gestion et la valorisation du patrimoine culturel au Congo présentent des limites qui peuvent s'expliquer par : l'insuffisance de sources (loi, décrets, arrêtés, doctrine et jurisprudence), le manque d'une réelle politique culturelle et l'absence d'inventaire, l'insuffisance de personnel du patrimoine. Le ministère de la culture et les autres ministères qui concourent à la valorisation du patrimoine culturel sont confrontés aux mêmes problèmes : il s'agit des difficultés liées au manque de ressources humaines et financières. L'état d'abandon et de délabrement dans lequel se trouvent certaines institutions culturelles comme le musée national de Brazzaville depuis la fin des troubles sociopolitiques qui ont secoué le pays en 1993, 1997 et 1998, et le musée mâ Loango de Pointe-Noire en sont des preuves concrètes.

Au regard de ces limites, il apparaît nécessaire de proposer des mesures pour une protection et une gestion efficaces du patrimoine culturel au Congo. C'est pourquoi, parmi les perspectives, il est à préconiser le renforcement du cadre juridique (normatif et institutionnel) de protection de patrimoine culturel. Ce renforcement exige la mise en œuvre effective et réelle des mesures contraignantes (application effective des lois, décrets et arrêtés) et incitatives (mise en place des initiatives communautaires, gestion participative, intervention des partenaires privés). D'autre part, il convient d'instaurer une nouvelle approche dans la gestion et la valorisation du patrimoine culturel. C'est pour cette raison qu'il est important de procéder à l'identification du patrimoine à protéger et à l'établissement d'une liste du patrimoine culturel national qui devra être actualisée de façon ponctuelle.

Ces perspectives renforcent la nécessité de mettre en place des outils juridiques répondant à la demande sociale à travers notamment la légalisation et la légitimation des pratiques traditionnelles de protection du patrimoine culturel. Celles-ci constituent un savoir et un savoir-faire qui méritent une attention particulière et une protection supplémentaire. En effet, en raison de leur assimilation aisée (en ce qu'elles constituent le quotidien des populations locales), ces pratiques ne nécessitent pas un effort pédagogique de la part de la population locale. Il convient, cependant, de procéder à leur encadrement et à leur reconnaissance juridique afin de permettre aux autorités congolaises de définir une politique de protection du patrimoine culturel adéquate. La légitimation et la légalisation de ces pratiques peuvent ainsi être considérées comme des outils de renforcement du régime juridique de protection du patrimoine culturel au Congo. Elles permettront une reconnaissance officielle des usages coutumiers d'une part, et la prise en compte de la demande des populations locales d'autre part. La demande sociale constitue un facteur déterminant dans la protection du patrimoine culturel par les communautés locales. La légitimation et la légalisation constituent des réformes indispensables car elles renforcent le caractère contraignant des mesures de protection du patrimoine.

Les pratiques culturelles locales méritent donc d'être protégées car elles constituent non seulement le patrimoine (immatériel surtout) mais aussi des pratiques de protection du patrimoine dans son ensemble (à travers les interdits et le code moral).

Aussi, il est nécessaire de mettre en place un autre environnement de protection et de gestion du patrimoine culturel en proposant l'élargissement du cercle de responsabilité. Cet environnement marque la fin de la protection exclusive du patrimoine par l'Etat. En proposant la gestion participative, on responsabilise l'ensemble des acteurs dans la mise en œuvre de la politique culturelle et dans la prise de décisions. Cette responsabilisation exige que soient mis à contribution particulièrement les chefs coutumiers et religieux. Ces derniers sont dépositaires d'une notoriété, d'un pouvoir consensuel et d'une influence remarquable au sein de leurs communautés respectives. De plus, le recours au partenariat privé peut contribuer à la protection et la promotion du patrimoine.

Au-delà de la présentation de ce dispositif, l'instauration d'une réglementation nationale favorable au patrimoine culturel a pour objectif de consolider le financement du patrimoine et de procéder à la détaxation des biens et services culturels. Par conséquent, cette détaxation permettra d'ouvrir le « marché du patrimoine et de la culture » à l'étranger. Il s'agit, notamment, de la mise en place d'un système de réglementation particulière pouvant faciliter la vente et l'exportation des biens culturels dans les conditions prévues par la loi n°9-2010 du 26 juillet 2010 portant orientation de la politique culturelle au Congo. La mise en place d'un tel système permettra d'atteindre l'objectif de la mise en valeur du patrimoine au profit des communautés locales. En effet, à travers cette réglementation particulière, il s'agit de faire bénéficier les populations locales des retombées de leur patrimoine et de leur culture à travers l'instauration d'un tourisme durable. Ainsi entendu, la mise en valeur de la diversité et de la richesse de l'offre culturelle et patrimoniale congolaise, à travers le tourisme durable, est susceptible de générer des retombées économiques qui pourront servir à financer les projets locaux et communautaires pour l'amélioration des conditions de vie des populations locales.

L'amélioration de la gestion et de la protection du patrimoine nécessite une promotion et une vulgarisation par les NTIC ainsi que la mise en place de projets et événements ponctuels. Ce procédé présente l'avantage de mettre au même pied d'égalité et au même niveau de visibilité tous les patrimoines, matériel et immatériel. Les NTIC font partie du quotidien des usagers, les institutions culturelles ne peuvent les ignorer. L'introduction des NTIC dans l'environnement muséal a induit de nombreux changements. Parmi eux : le renouvellement des pratiques culturelles (consultation en ligne, mobilité…) L'utilisation de nouveaux outils de médiation (simulation, 3D, RA, RV, surfaces tactiles, RFID…) La participation des visiteurs (implications, interactions, annotations, publication de contenus[387]…).

Sur ce plan, un grand travail doit être fait. En effet, bien que le rapport des Congolais (les jeunes notamment) avec les NTIC a nettement changé[388], il faut avouer que celles-ci ne sont pas encore totalement intégrées dans les institutions culturelles encore moins dans les musées congolais. On peut cependant noter quelques initiatives isolées comme la mise en place du portail web de la mairie de Brazzaville qui offre la possibilité de découvrir les richesses culturelles et patrimoniales de la ville capitale.

Enfin, pour atteindre l'objectif d'une protection et d'une gestion efficaces du patrimoine culturel au Congo, il convient de mettre en place une nouvelle politique touristique basée sur l'aménagement des sites culturels et sur la planification touristique existante. En tout état de cause, il convient de concevoir et d'appliquer une véritable politique culturelle et touristique dans le respect du patrimoine culturel, des populations locales détentrices de ce patrimoine et respectueuse de l'environnement.

---

387 Audrey Defretin Chargée de recherches au LEDEN Doctorante en SIC - laboratoire Paragraphe – Université Paris 8 Programme « *Grands sites du Val de Loire » Médiation culturelle du patrimoine et utilisation des TIC* Journée d'étude du 2 février 2010 au Château des Ducs de Bretagne à Nantes, Url : http://fr.slideshare.net/adefretin/lutilisation-des-ntic-pour-la-valorisation-et-la-transmission-du-patrimoine-culturel, consulté le 4 févrirer 2016.

388 Selon une enquête publiée par Antonin Idriss Bossoto et parue dans ADIAC du Samedi 18 Avril 2015, « le succès des TIC en République du Congo tient au fait que la population est relativement jeune avec une moyenne d'âge de 19 ans. Ils représentent plus de 60% de la population active. Cette catégorie constitue l'essentiel des utilisateurs des dispositifs technologiques comme les Smartphones, les PC, les Tablettes numériques et les consoles de jeux vidéo. À titre d'exemple, les Congolais utilisant le réseau social Facebook sont constitués à 47% de jeunes âgés entre 18 et 24 ans et à 23% de jeunes âgés entre 25 et 34 ans.

GLOSSAIRE

Bidimbou : les symboles en langue Kongo
bisi kaanda : les membres du clan en langue Kongo
Ekiera : danse que le nganga okiera (spécialiste des fièvres) organise chaque soir pour soigner une femme qui souffre des fièvres nocturnes et permanentes, que l'on dit poursuivie et possédée par des mauvais esprits chez les Mbochi.
Eselee : sanctuaire d'Otwere en langue Mbochi
Fwa : l'héritage en langue Kongo
Kaanda : le clan fait des hommes et des femmes qui se reconnaissent d'un même ancêtre en langue Kongo
Kani, Mwene : chef traditionnel Mbosi, un notable, un dignitaire investi d'un pouvoir administratif au sein d'une terre, d'un clan chez les Mbochi
Kikumbi : danse de séduction réservée aux jeunes garçons et filles vili. Pendant les vacances, les jeunes se retrouvaient au village ou dans les quartiers assez reculés de la ville pour danser le Lélikage en pleine nature, uniquement éclairés par la lune ; les chants et les percussions entraînaient tout le monde dans ne transe frénétique ne s'arrêtant qu'au petit matin.
Kimuntu : ce qui fait l'homme, ensemble de valeurs hautement culturelles et spirituelles en langue Kongo
Kitoto : la terre en langue Kongo
Koongo dya Ntotila : royaume Kongo en langue Kongo
Kwephe, Kwephe y'Otwere : section d'Otwere, instrument de pouvoir d'Otwere, coffret d'Otwere chez les Mbochi
Lusantsu : éducation reçu au Mbongui auprès des anciens de la communauté
Mâ Loango (ou Ma-Loango) est le monarque du royaume de Loango
Makoko : roi des Téké qui règne sur le royaume de Tic (royaume Téké)
Mbongui : assemblée du village où les hommes palabrent entre eux, dans un endroit fait de bois et d'une toiture en paille chez les Kongo
Mfoa : référence à une rivière qui dessert la ville, et qui deviendra plus tard Brazzaville, la capitale du pays
Mikissi : fétiches chez les Kongo
mwisi kaanda : membre du même clan chez les Kongo

Nganga : le féticheur disposant d'un pouvoir emblématique à la fois religieux et traditionnel chez les Kongo

Nkaaka : grand parent, ancien, vieux chez les Kongo

Nkira : esprits de la nature et les Ikwi, esprits des ancêtres défunts chez les Téké

Nkondi représentation par des statuettes chargées de significations magico religieuses ; elles sont le pont entre le monde des vivants et celui des ancêtres. Intermédiaires obligés entre les humains et les divinités surnaturelles, entre la communauté et l'esprit des ancêtres chez les Vili.

Nkuumbu : les noms en langue Kongo

Nkwembali : idéologie basée sur la conviction que le monde est habité d'êtres spirituels (les Nkira, esprits de la nature et les Ikwi, esprits des ancêtres défunts) qui ordonnent la vie de tous les Téké, ensemble de règles érigées en code moral. Selon E. Mouayini Opou « en invoquant le Nkwembali, les hommes font allusion à une philosophie morale et politique dont la préoccupation majeure serait de faire régner l'ordre parmi les habitants du Royaume ».

Nsi : le territoire en langue Kongo

Nsi : territoire, domaine chez les Kongo

Nzambi Puungu : Dieu créateur unique des Kongo

Nzo a Nsuele : rites liés aux funérailles des hauts dignitaires chez les Téké

Nzoonzi : porte-parole, juge, arbitre investi d'une sagesse lui permettant de juger impartialement tout cas de conflit de quelque nature qu'il soit, au niveau du clan ou de toute la société Kongo.

Otwere : institution, système judiciaire, cérémonie rituelle chez les Mbochi

Oushion : les rites liés à la désignation du Makoko chez les Téké

Tchinkhani : danse en l'honneur des jumeaux chez les Vili, effectuée devant les autels sacrés de chaque tribu. Cette danse sert de lien entre la nature et les jumeaux, qui sont considérés comme un don ; elle doit empêcher l'esprit des jumeaux de quitter le monde des humains.

BIBLIOGRAPHIE

PLAN

I OUVRAGES

Thème I : Droit

A - Ouvrages généraux et manuels
B - Ouvrages spécialisés
C - Thèses et mémoires
D - Rapports et Actes de colloques

Thème II : Patrimoine culturel français et européen

A - Ouvrages spécialisés
B - Thèses et mémoires
C - Rapports et Actes de colloques

Thème III : Patrimoine culturel africain et congolais

A - Ouvrages spécialisés
B - Thèses et mémoires
C - Rapports et Actes de colloques

Thème IV : Autres (Histoire, décentralisation, lexique, dictionnaire…)

II - ARTICLES

Thème I : Droit
Thème II : Patrimoine culturel français et européen
Thème III : Patrimoine culturel africain et congolais

III - SITOGRAPHIE

I - OUVRAGES

Thème I : Droit

A - Ouvrages généraux et manuels

Groupement de Recherche sur les Institutions et le Droit de l'Aménagement, de l'Urbanisme et de l'Habitat. *Droit de l'Aménagement, de l'Urbanisme, de l'Habitat,* Edition Le Moniteur Paris 2010. 615 pages.

UNESCO, *Gérer les risques de catastrophe pour le patrimoine mondial.* Manuel référence, Centre du patrimoine mondial. Paris 2010, 75 pages.

Balot (F.), (Dir.), *Leçons et méthodologie juridique.* Edition Larcier. Bruxelles 2009. 289 pages.

Billet (P.), *La protection du patrimoine géologique.* Guide juridique, Droit et police de la nature, cahiers techniques n° 67, Editions ATEN, Montpellier, sept. 2002, 148 pages.

Bouveresse (J), *Droit et politiques du développement et de la coopération*, PUF 1990, 316 pages.

Caillet (E.), *Vers une transition culturelle*, Edition. Presse Universitaire de Nancy, Nancy, 1991, 181pages.

Deroche (F.), *Les peuples autochtones et leur relation originale à la terre. Un questionnement pour l'ordre mondial*, Paris, L'Harmattan, mai 2008, 380 pages

Faure (B.), *Droit des collectivités territoriales*, Dalloz-Sirey 2e édition 2011. 685 pages

Gérard (P.), *Pratique du droit de l'urbanisme,* Eyrolles, 3ème édition 2001. 294 pages

Guibert (R.E), *Monuments historiques : régime juridique, fiscalité et subventions*, Edition du Puits Fleuri 2002, 175 pages.

Guillot (P.), *Droit de l'environnement*, Ellipses Marketing. Paris 2010 - 319 pages.

Jacquot (H.), Priet (F.), *Droit de l'urbanisme*, Edition Dalloz, Précis « Droit public Science politique », 6è édition, Paris 2008, 978 pages.

Jegouzo (Y.), *Droit du patrimoine culturel immobilier.* Economica 1986. 314 pages.

Mesnard (A.H), *Droit et politique de la culture.* PUF, coll. Droit fondamental 1990

Monnier (H.), Fory (E.), Kulig (G.), *Droit de la culture.* Édition Textendo. Paris 2009. 298 pages.

Morand-Deviller (J.), *Droit de l'urbanisme.* 10ème édition. PUF 2010. 126 pages.

Nora (P.) (dir.), *Les lieux de mémoire*, Tome I, La république, Paris, Gallimard, Bibliothèque illustrée des histoires, 1984, 674 pages.

Planchet (P.), *Droit de l'urbanisme et protection du patrimoine. Enjeux et pratiques.* Le Moniteur Editions Paris 2009. 455 pages

Pontier (JM.), Ricci (J.C.), Bourdon (J.), *Droit de la culture.* Paris, coll. « Précis », Dalloz 2ème éd. 1996. 540 pages.

Priet (F.), *Droit des collectivités territoriales.* Dalloz 2009. 756 pages

Prieur (M.), *Droit de l'environnement.* Dalloz-Sirey 6e édition 2011. 1150 pages.

Saujot (C.), *Le droit français de l'archéologie.* Cujas, Paris 2004. 381 pages.

Séroussi (R.), *Introduction au droit comparé.* Dunod. Paris 2008.216 pages.

Urban (Y.), *L'indigène dans le droit colonial français (1865-1955),* Edition Fondation de Varenne, 2011, 665 pages.

B - Ouvrages spécialisés

Auby (J.B.), Auby (J.F), Noguellou (R.), *Droit des collectivités locales.* PUF 3e édition 2004. 361 pages.

Audibert (M.), Denante (S.), Jamot (F.), Marx (J). *La protection des immeubles au titre des monuments historiques. Direction de l'architecture et du patrimoine.* Paris 2003. 269 pages.

Audrerie (D.)

- La *protection du patrimoine culturel dans les pays francophones*, Estem Paris 2000. 200 pages.
- *La notion et la protection du patrimoine*, Edition PUF. Paris 1997. 112 pages.

Bories (C.) *Le patrimoine culturel en droit international. Les compétences des Etats à l'égard des éléments du patrimoine culturel* ». Edition Pedone. Paris 2011. 556 pages.

Braud (X.), *Protection de l'environnement : guide juridique à l'usage des associations*, Editions Yves Michel, Paris 2002. 303 pages

Carré de Malberck (A.), *Le cadre juridique des opérations extérieures de la France d'aujourd'hui.* Edition l L'Harmattan. Paris 2002. 352 pages.

Cornu (M.), Fromageau (J)

- *Revendication du patrimoine écrit : questions juridiques et pratiques institutionnelles,* L'Harmattan Paris 2009, 211 pages.
- *Fondation et trust dans la protection du patrimoine.* Paris, coll. « droit du patrimoine culturel et naturel », L'Harmattan 1999, 183 pages.

Cornu (M.), *Le droit culturel des biens : L'intérêt culturel juridiquement protégé.* Bruylant, Bruxelles1996. 621 pages.

Dantonel-Cor (N.), *Droit des collectivités territoriales*, Lexifac Droit 3ème édition. Edition Bréal. Paris 2007. 288 pages. Edition La Documentation Française 2003. 616 pages.

Dole (G.), La *liberté d'opinion et de conscience en droit comparé du travail. Droit Européen et droit français*, LGDJ. Paris 1997. 256 pages.

Dussaule (P.), *La loi et le service des monuments historiques*, La documentation française, Paris 1974, 122 pages.

Frier (P.L)

- *Le nouveau droit de l'archéologie préventive,* L'Harmattan 2004. 276 pages.
- *Droit et financement de l'archéologie en Europe*, Dalloz-Sirey. Paris 1997. 185 pages.
- *Droit du patrimoine culturel,* PUF. Paris 1997. 526 pages.
- *Droit et financement de l'archéologie en Europe*, Dalloz-Sirey. Paris 1997. 185 pages.
- *Archéologie et droit de l'urbanisme en Europe*, Dalloz Paris 1995. 352 pages.
- *.La mise en valeur du patrimoine architectural : les monuments historiques et leurs abords, aspects réglementaires et jurisprudence*, Le Moniteur Paris 1979. 247 pages.

ageau (J), *Les collections scientifiques : de l'outil de connaissance à l'objet de patrimoine. Aspects juridiques et pratiques professionnelle et institutionnelles,* L'Harmattan 2010, 119 pages

Fromageau (J), *Le patrimoine culturel de la mer*, Tome II, L'Harmattan 2002, 148 pages.

Héritier (A.), *Genèse de la notion juridique du patrimoine culturel,* L'Harmattan Novembre 2003. 304 pages.

Huet (M.)

- *Le droit de l'architecture*, Economica 3e édition 2001. 963 pages.
- *Droit de l'urbain De l'urbanisme à l'urbanité*. Edition Economica, Paris 1998 .465 pages.

Jacquot (H.), Priet (F), *Droit de l'urbanisme*. Dalloz. Collec. "Précis" 5e éd. 2004. 960 pages

Labarre (E.M.), *Le droit du patrimoine architectural*. Litec 2006. 306 pages.

Makowiak (J.), *Esthétique et droit.* LGDJ 2004. 402 pages

Poli (J.F.), *La protection des biens culturels meubles*. LGDJ. Paris 1996. 530 pages

Pressouyre (L.), *La Convention du patrimoine mondial : vingt ans après*, Ed. UNESCO, 1993. 61 pages.

Rainette (C.), *Guide juridique sur le patrimoine scientifique et technique.* L'Harmattan Paris 2008. 188 pages

Turpin (D.), *Le droit de la décentralisation : Principes, institutions, compétences.* Edition Gualino 2000. 238 pages.

C - Thèses et mémoires

Abbès (C.), *Le statut du patrimoine culturel en droit international : contribution à l'étude de la notion de patrimoine culturel de l'humanité* », Aix-Marseille 3. 1989, 559 pages.

Armelle (G.), *La décentralisation de la protection et de la gestion du patrimoine culturel,* Université Paris 1 Panthéon Sorbonne 1999, 406 pages.

Ben Amor (O.), *La protection des biens culturels en droit international,* Université Jean Moulin (Lyon). 2003, 412 pages.

Bidault (M.), *La protection internationale des droits culturels,* Université de Paris-Nanterre.; Université de Genève. Faculté de droit. 2007, 560 pages.

Billet (P.), *La protection juridique du sous-sol en droit français,* Université Jean Moulin Lyon 3, décembre 1994, 879 pages.

Boillet (N.), *La mise en valeur du patrimoine naturel et culturel en droit public,* Université Bretagne sud 2009, 698 pages.

Bories (C.), *Les États et le patrimoine culturel en droit international : les compétences des États à l'égard des éléments du patrimoine culturel,* Université Paris-Nanterre. 2008, 558 pages.

Chedouki (J.), *La protection des biens culturels dans les pays arabes : étude de droit comparé, le cas de l'Egypte et des Etats du Maghreb,* Université Poitiers 2007, 406 pages.

Concé (D.), *La protection du patrimoine culturel mobilier en France et en Espagne,* Université Panthéon – Assas Paris II, mai 2000, 264 pages.

Costes (C.), *La question de la protection juridique des biens intellectuels des peuples autochtones,* Université d'Aix-Marseille III, 2001, 551 pages.

Degros (E.), *L'intégration du droit du handicap dans la gestion du patrimoine culturel, vers un modèle européen,* Université de Poitiers 2010, 412 pages.

Delivré -Gilg (C.), *Finances publiques et protection du patrimoine culture,* Université Lyon 3. Novembre 2004, 901 pages.

Denolle (A.), *La protection du patrimoine archéologique. Etude comparée France-Etats-Unis,* Université Paris 11. 2006, 408 pages.

Diaz-Perdomo (L.), *La protection du patrimoine culturel et les mouvements d'œuvres d'art,* Etude de droit comparé Europe/Amérique latine, Université Poitiers 2009, 413 pages.

Duru (E.), *Les modes de gestion des services publics culturel locaux,* Mémoire de DESS, Université Paris II 2002.

Fondanèche (J.), *La protection juridique internationale du patrimoine culturel en cas de conflit armé non international,* Université Paris Descartes (Paris). 2008, 592 pages.

Negri (V.), *L'édification du droit du patrimoine culturel : évolutions et tensions,* Université Paris Sud 11 Jean Monnet 2008, 507 pages.

Noblet-Holderbach de (C.), *Protection du patrimoine architectural et initiative privée,* Université Paris 11. 2007, 685 pages.

Perrier (A.), *Le Patrimoine culturel en droit privé : l'empreinte de la patrimonialité culturelle,* Université de Clermont I 2010, 419 pages.

Ridings, (M.), *Le droit de l'urbanisme et l'intérêt culturel juridiquement protégé,* Université d'Avignon 2009, 456 pages.

Schott (J.), *Le régime juridique de l'archéologie préventive,* Université Panthéon-Sorbonne (Paris) 2005, 307 pages.

Theofilidis (V.), *Les aspects de droit européen de la protection des monuments historiques,* Université Panthéon-Sorbonne (Paris), 2 volumes, 2010, 1106 pages.

Woynar (M.), *Gestion du patrimoine culturel et nouvelle vision du développement : enjeux et défis dans la dynamique historique du Mexique,* Université de Dijon, mai 2011, 478 pages.

D - Rapports et Actes de colloques

Gras Savoye Patrimoine, *La sauvegarde du patrimoine*, compte-rendu de la réunion organisée par Gras Savoye Patrimoine, Neuilly sur Seine le 28 février 1997, 67 pages.

Conseil de l'Europe, *La protection juridique internationale des biens culturels*, Actes de colloques de droit européen, Delphès, 20 au 22 septembre 1983.

Université de Milan et le GDRI, *Rôle des codes de conduite dans la protection du patrimoine culturel et le marché de l'art,* Actes de colloque 18 et 19 octobre 2007, Université de Milan et GDRI.

Archives et Recherche, *Aspects juridiques et pratiques administratives*, Actes de colloque, Faculté Jean Monnet, L'Harmattan Paris juin 2000

Billet (P.), La protection juridique des sols, histoires de terrains, terrain pour l'Histoire in **SFDE** , *Genèse du droit de l'environnement*, Actes du Colloque de la SFDE Ile-de-France, L'Harmattan 2001, coll. "Droit du patrimoine naturel et culturel", Vol. II, pp. 9-25.

Blake (J.), *Elaboration d'un nouvel instrument normatif pour la sauvegarde du patrimoine culturel immatériel : Eléments de réflexion*, Unesco 2001

Fabre (D.), *L'Europe : entre culture et nations*, Actes de colloque de Tours, décembre 1993.

Fromageau (J.), *Patrimoine architectural, urbain et paysager : enjeux juridiques et dynamiques territoriales*, Actes du colloque, Institut Lumière, Université Lyon, Ministère de la Culture et de la Communication, Paris, L'Harmattan 2003.

Kiss (A.), *Le rôle de la coutume en droit international de l'environnement*, Conférence CNRS 10 février 1994

Lajartre (A.) et **Iogna (P.),** *Une nouvelle gouvernance pour la gestion du patrimoine architectural et paysager français : des ZPPAUP aux AVAP du Grenelle II*, Actes de colloque des 10 et 11 février 2011, Faculté de droit, d'économie et de gestion, Université d'Angers.

Le Louarn (P.), *Le patrimoine culturel et la décentralisation*, Actes de colloque, Université de Nantes, Faculté de droit, 8 au 9 juin 2009.

Moure (S.M.), *Le patrimoine français et son environnement, quelles réformes pour demain ?*, cinquième session des Journées juridiques du Patrimoine, Les annonces de la Seine, supplément au n° 54 du jeudi 5 septembre 2002

Négri (V.), *La protection pénale du patrimoine archéologique*, Actes de colloques, Lyon, 6 et 7 décembre 1989.

Thème II : Patrimoine culturel français et européen

A - Ouvrages spécialisés

Groupe de Recherches sur les Musées et le Patrimoine (GRMP)) ; préface de Jean-Pierre Warnier. *Patrimoine et mondialisation*, Edition L'Harmattan 2008. 290 pages.

Laboratoire des collectivités territoriales (le), *Le patrimoine culturel des communes*. Actes de colloque du 28 novembre 1988. Cahiers du Laboratoire collectivités locales. N° 1-1999.

Allinne (J.P.), Carrier (R.), *Gérer la culture en région : Les pratiques des collectivités territoriales en France*, Edition Le Harmattan 2006. 220 pages.

Andia de (B.), *La sauvegarde des villes d'art, régime juridique et fiscal*, Edition Chez l'Auteur. Paris 426 pages.

Andrieux (J-Y.)

- Les destinées du patrimoine, Paris, Belin-Hersher, 2001, 168 pages.
- *Patrimoine et histoire*, Edition Belin. Paris 2000. 283 pages.
- *Pratiques architecturales et enjeux politiques, France 1945-1995*, Picard éditeur 1998, Paris. 410 pages.

- *Patrimoine et société*, Rennes, Presses universitaires de Rennes, Collection Arts et société, 1998, 319 pages

Audrerie (D.), *Questions sur le patrimoine*, Bordeaux, Éditions Confluences, 2003, 122 pages.

Audrerie (D.), Souchier (R.), Vilar (L.), *Le patrimoine mondial*, PUF Paris 1998. 128 pages.

Auduc (A.), *Quand les monuments construisaient la nation*, Ministère de la culture et de la communication. Paris 2008. 639 pages.

Augustin (J.P.), Latouche (D.), *Lieux culturels et contextes de villes*, Édition Maison des sciences de l'homme d'Aquitaine. Bordeaux 1998. 212 pages

Babelon (J.P.), Chastel (A.), *La notion du patrimoine*, Édition Liana Lévi. Paris 1995. 189 pages.

Bachoud (L.), Jacob (P.) et Toulier (B.), *Patrimoine culturel bâti et paysager - Classement, conservation, valorisation*, Edition Delmas, Paris 2002. 280 pages

Bady (J-P.), *Les monuments historiques en France*, Paris, PUF, Collection Que-sais-je ?, n° 2205, 1985, 127 pages.

Baron (E.), Ferrier-Barbut (M), *Modes de gestion des équipements culturels : le choix d'une structure juridique au service d'un projet*, OPC Grenoble. PUG 2003.

Barraque (B.), Theys (J.) (dir.), *Les politiques d'environnement : évaluation de la première génération, 1971-1995*, Edition de la recherche. Paris1998. 391 pages

Béghain (P.), *Le patrimoine : culture et lien social*, Paris, Presses de Sciences Po, 1998, 115 pages.

Bercé (F.)

- *Des monuments historiques au patrimoine, du XVIIIème à nos jours*, Edition Flammarion. Paris 2000. 226 pages.
- *Les premiers travaux de la commission des monuments historiques 1837-1848*. Picard, Paris 1979. 453 pages.

Bourdain (A.), *Le patrimoine réinventé*, P.U.F, Paris 1984. 240 pages.

Breton (J.M.)

- *(Sous la dir.) Tourisme durable et patrimoines : une dialectique développementale ?,* Karthala, Paris, octobre 2011, 492 pages.
- *Patrimoine, tourisme, environnement et développement durable*, Edition Karthala-GREJETA. Paris 2010. 444 pages.
- *Patrimoine culturel et tourisme alternatif - Europe - Afrique - Caraïbe - Amériques*, Karthala, Paris, Septembre 2009, 420 pages.

- Tourisme, environnement et aires protégées, Karthala, Paris, Septembre 20014, 525 pages.
- *L'écotourisme, un nouveau défi pour la Caraïbe* ?, Karthala, Paris, Novembre 2003, 450 pages.

Brichet (R.), *Le régime des monuments historiques en France*, Librairies techniques, Libraire de la Cour de Cassation. Paris 1952, 237 pages.

Cardona (J.), Lacroix (C.). *Chiffres clés 2008 Statistiques de la culture*, La documentation française /Ministère de la culture et de la communication, Département des études de la prospective et des statistiques, Paris 2008. 235 pages.

Cauquelin (A.), *L'invention du paysage*, P.U.F Coll. Quadrige, Paris 2000, 181 pages.

Faure (A.), Negrier (E), *La politique culturelle des agglomérations. Lassay-les-chateaux*, La documentation Française. Paris 2001, 202 pages.

Demoule (J-P.) (Dir.), Giligny (F.), Lehoerff (A.), Schnapp (A*), Guide des méthodes de l'archéologie*, Edition. La découverte, Paris 2002, 292 pages.

Emmanuel (P.), *Pour une politique de la culture*, Editions du Seuil, Paris 1971. 208 pages.

Feilden (B.), Jukilehto (J.), *Guide de gestion des sites du patrimoine culturel mondial*, ICROM, Rome 1996. 127 pages.

Ferault (M-A.), *Les Zones de protection du patrimoine, architectural urbain et paysager. ZPPAUP*, Ministère de la culture (D.A.P.A.)/Ministère de l'Ecologie (D.N.P.). Paris 2002, 241 pages.

Fumaroli (M.), *L'Etat culturel : une religion moderne.* Edition Flammarion et Cie 1991 305 pages.

Godfrin (G.), *Aménagement urbain et bâti existant*, LGDJ, Coll. Bibliothèque de droit de l'urbanisme et de l'environnement, Paris 1999, 467 pages.

Gourbin (P.), *Les monuments historiques de 1940 à 1959. Administration, architecture, urbanisme*, Presses universitaires de Rennes Collection Art et société Rennes 2008, 288 pages.

Gran-Aymerich (E.), *Naissance de l'archéologie moderne 1798-1945.* CNRS Editions, Paris 1998. 533 pages.

Greffe (X.)

- *La valorisation économique du patrimoine*, LDC Paris 2003. 384 pages.
- *La gestion du patrimoine culturel*, Edition Anthropos. Paris 1999. 253 pages

Grégoire (A.), *Patrimoine et cité* (Textes choisis), Préface de Dominique Audrerie. Editions Confluences, Collection « Voix de la cité », Bordeaux 1999, 67 pages.

Guillaume (M.), *La politique du patrimoine*, Paris, éd. Galilée, 1980. 196 pages

Irvoas-Dantec (D.), Morel (F.), *C'est quoi le patrimoine*, Les éditions Autrement et le CNDP 2004. 62 pages

Jadé (M.), *Le patrimoine immatériel : perspectives d'interprétation du concept de patrimoine*. Édition l'Harmattan. Paris 2006. 277 pages.

Jamot (F.), Marx (J.), Audibert (M.), Denante (S.), *La protection des immeubles au titre des monuments historiques*, Ministère de la culture Paris 2003. 269 pages.

Jeudy (H-P.),

- *La machinerie patrimoniale*, Edition Sens et Tonka. Paris 2001.127 pages.
- (dir.*), Patrimoines en folie*, Edition La Maison des sciences de l'homme, Coll. « Ethnologie de la France » cahier no 5, Paris 1990. 297 pages.

Lamy (Y.), *Le pouvoir de protéger : Approches, acteurs, enjeux du patrimoine en Aquitaine*, Editions de la maison de la science de l'homme d'Aquitaine, 1992, 206 Pages.

Laurent (X.), *Grandeur et misère du patrimoine d'André Malraux à Jacques Duhamel (1959-1973),* Comité d'histoire du Ministère de la culture/Ecole nationale des chartes, Paris 2003, 380 pages.

Lefrancois (D.), *Le patrimoine français des grands ensembles*, Études des valeurs architecturales, urbaines et patrimoniales des grands ensembles et de leurs représentations par les acteurs de la réhabilitation, Paris, IFA, 1994, 49 pages.

Legay (M-L.) (dir .), *L'invention de la décentralisation : Noblesse et pouvoirs intermédiaires en France et en Europe, XVIIe-XIXe siècle*. Edition Presses Universitaires du Septentrion. 2009. 388 pages.

Leniaud (J.M.*)*

- *Les archipels du passé – Le patrimoine et son histoire*, Edition Fayard. Paris 2002. 361 pages.
- *Chroniques patrimoniales*, Edition Norma. Paris 2001. 494 pages
- *Les cathédrales au XIXe siècle : Etude du service des édifices diocésains*, Economica/CNMHS, Paris 1993, 984 pages.
- *L'utopie française – Essai sur le patrimoine*, Menges. Paris 1992. 180 pages.

Léon (P.), *Les monuments historiques Conservation Restauration*, Edition Henri Laurens, Librairie Renouard, Paris 1917, 380 pages.

Marc (G.), *La politique du patrimoine*, Galilée Paris 1980. 196 pages.

Nora (P.), *Science et conscience du patrimoine*, Actes des Entretiens du Patrimoine, Fayard, éditions du patrimoine, 1997.

Oulebsir (N.), *Les usages du patrimoine, Monuments, musées et politique coloniale en Algérie (1830 – 1930)*, Edition de la maison des sciences de l'homme. Paris 2004. 411 pages.

Poirrier (P.) (dir), Vadelorge (L), Dondin Payre (M), *Pour une histoire des politiques du patrimoine*, Edition La Documentation Française. Paris 2003. 616 pages.

Poirrier (P.), *L'état de la culture en France au XXème siècle*, Le livre de poche 2000.

Toulier (B.), *Architecture et patrimoine du XXème en France*, Les éditions du patrimoine. Paris 1999. 355 pages.

B - Thèses et mémoires

Cros-Mayrevieille (F.), *De la protection des monuments historiques ou artistiques, des sites et des paysages évolution historique, restrictions à la propriété privée foncière*, Paris 1907

Glapa (A.), *Entre crises et succès : la Convention du Patrimoine Mondial de l'Unesco*, Mémoire soutenu le 5 Septembre 2010. Université de Lyon 2 - Institut d'Etudes Politiques

Guyomarc'h (A.), *La décentralisation de la protection et de la gestion du patrimoine culturel,* Université Panthéon-Sorbonne Paris1 1999.

Houtte (A.), *La ville patrimoine. Approche temporelle du droit de la ville,* Université Paris 11. 2008.

Iogna-Prat (P.), *Le patrimoine culturel entre le national et le local : chances et limites de la décentralisation*, Université d'Angers 2009.

Kamwanga Kiliya (D.), *La protection des droits culturels dans la construction européenne : un parent pauvre des droits fondamentaux ?* Université de Liège - Master Complémentaire en Analyse Interdisciplinaire de la Construction européenne 2008.

Lausin (J.), *La valorisation du patrimoine culturel immatériel à travers le label UNESCO*, Mémoire de fin d'études – Polythech de Tours 2011.

Martin (Fr.), *Politique et culture*, Université Strasbourg 3 : 1995

Mousset (A.), La *sauvegarde du patrimoine culturel immatériel : un enjeu aux multiples facettes*, Mémoire soutenu à l'IEP de Lyon 2006.

Souiah (K.), *La mise en scène du patrimoine : évolution des politiques de mise en valeur du patrimoine en Charente-Maritime, 1830-1976*, Université de La Rochelle 2010.

Tricaud (P-M.), *Conservation et transformation du patrimoine : conditions de préservation des valeurs d'un patrimoine vivant*, Université Paris Est 2010.

Vacher (J.), *La protection du patrimoine culturel mondial par l'UNESCO en cas de conflit armé : le cas de l'Irak* ». Mémoire de master, Université de Lyon 2- 2005.

Verjat (A.), *La gestion privée des monuments historiques*, Université Paris11. 2008.

Vlassis (A.), *Stratégie(s) d'acteur(s) et construction des cadres normatifs internationaux : de l'exception culturelle à la diversité culturelle*, Université Montesquieu-Bordeaux IV. 2010.

Wagener (N.), *Les prestations publiques en faveur de la protection du patrimoine culturel,* Université Paris 11. 2009.

Watremez (A.), *Le patrimoine des Avignonnais : la construction du caractère patrimonial de la ville par ses habitants*, Cotutelle université d'Avignon et université de Québec à Montréal. Avignon 2009.

C - Rapports et Actes de colloques

Association Patrimoine d'Asnières - Centre du Patrimoine, *Le patrimoine culturel et ses enjeux, Les rencontres d'Asnières – sur-vègre*. Actes de colloque des 18,19 et 20 octobre 2007.

Commission mondiale sur l'environnement et le développement de l'Organisation des Nations unies, *Rapport de Brundtland de 1987 « Notre avenir à tous ».*

Benhamou (F.), Cornu (M.), *Le patrimoine culturel au risque de l'immatériel : enjeux juridiques, culturels, économiques*, Actes du colloque des 3 et 4 avril 2008, L'Harmattan, Paris 2011.

ICOMOS, *Le patrimoine, moteur de développement*, Actes du symposium scientifique de la XVIIème Assemblée générale de l'ICOMOS, Juin 2012

Benhamou (F.), Thesmar (D.), *Valoriser le patrimoine culturel,* Rapport au premier ministre français in Conseil d'Analyse Economique, 01/03/2011. - 132 pages.

Chiffert (A.), Lecat (R.), Reliquet (P.), *La rénovation des instruments juridiques des services publics culturels locaux*, Rapport au Ministère de la culture et de la communication. Février 1999

Chiva (I.), *Une politique pour le patrimoine culturel rural* – Rapport au ministère de la culturel – Avril 1992.

Chouquer (G.), *Patrimoine et paysages culturels*, Actes du colloque international de Saint-Émilion (30 mai-1er juin 2001). Éditions Confluences, Renaissance des cités d'Europe, octobre 2001.

Dutli (M.T.), Martignoni (J.B.), Gaudreau (J.), *Protection des biens culturels en cas de conflit armé*, Rapport de réunion d'experts. Genève 5 et 6 octobre 2000, Edition du CICR. Novembre 2001.

Fournier (L-S.), Crozat (D.), Chastagner (C.), Bernié-Boissard (C.), *Le développement culturel : Un avenir pour les territoires ?,* Acte de colloque international - Nîmes, avril 2008.

Frebault (J.), *La décentralisation en France et le rôle de l'Etat.* Actes de colloque franco-hongrois, Budapest 31 mars 2003.

Grene (S.), Hottin (C.), *Le patrimoine culturel immatériel de l'Europe : inventer son inventaire,* Actes du colloque du 30 novembre 2007. Institut national du patrimoine. Paris 2007.

Gross (E.), Toscano (G.), Maume (E.), *La lutte contre le trafic illicite des biens culturels en Europe : acteurs et expériences,* Acte de colloque des 3 et 4 décembre 2009, Paris - Institut national du patrimoine et direction de l'architecture et du patrimoine.

Guizot (F.), *Rapport sur la création du poste d'inspecteur des monuments historiques*, 1830.

Lemoine (H.) et Toscano (G.), *Lieux de mémoire, musée(s) d'histoire(s),* Actes de Colloque des 18 et 19 juin 2009, Institut National du Patrimoine 2009.

Marinos (A.), *La prise en compte du patrimoine naturel dans les ZPPAUP*, Conférence SFDE du 15 mars 1994.

Mérimée (P.), *Rapport au ministre de l'intérieur sur les monuments historiques.* Paris, novembre 1842.

Prieur (M.) et Audrerie (D.) (dir.), *Les monuments historiques : un nouvel enjeu*, Actes de colloque international, Limoges 29 au 30 octobre 2003.

Rigaud (J.), *Pour une refondation de la politique culturelle,* Rapport au ministre de la Culture, Collection des rapports officiels, La documentation Française, 1996.

Sanson (M.), Salins (C.), *Rapport de mission au ministre de la culture sur la transmission du patrimoine historique et la protection des objets mobiliers*, novembre 2004.

Thème III : Patrimoine culturel africain et congolais

A - Ouvrages spécialisés

Direction du Patrimoine et du Développement Culturel, *Guide illustré du patrimoine Congolais.* Ministère de la Culture , Brazzaville 2008, 76 pages.

Direction du Patrimoine et du Développement Culturel, *Le domaine du Makoko* : M'bé. Congo Brazzaville. Edition CRA terre ENSAG 2009. 37 pages.

Bemba (S.), *Répertoire culturel : le Congo.* Edition Chirat. Paris 1989. 237 pages.

Camara (A.), Gorée *: Passé, présent et futur in Le Patrimoine culturel africain.* Éditions Maisonneuve et Larose. Paris 2001. 408 pages.

Chrétien (J-P.), Triaud (J-L.) (Dir.), *Histoire d'Afrique : les enjeux de mémoire*, Paris, Khartala, 1999, 503 pages.

De Maret (P.), *Plan de sauvegarde du patrimoine de l'Afrique francophone*, ULB, 1997.

Diarra (A.), *Démocratie et droit constitutionnel dans les pays francophones d'Afrique noire.* Edition Karthala. Paris 2010. 371 pages.

Kianguebeni (U.K.)

- *Contribution à la protection du patrimoine culturel au Congo : le port négrier de Loango et le domaine royal de M'bé.* Editions universitaires Européennes. Sarrebruck 2011, 69 pages
- *Législation sur la protection du patrimoine culturel au Congo,* Editions universitaires Européennes. Sarrebruck 2011, 125 pages.

Konopka (J.A.*),* *La protection des biens culturels en temps de guerre et de paix d'après les conventions internationales.* Genève, Imprimeries de Versoix 1997. 163 pages.

Kouloufoua (J.G.J), Patrimoine *en danger, Patrimoine culturel africain* .Édition Maisonneuve et Larose, Paris 2001, 408 pages.

Kuyu (C.) (Dir.), *A la recherche du droit africain du XXI*ème *siècle*, Edition connaissance et savoir. Paris 2005, 279 pages.

Mole Mogolo (G.), *Le patrimoine des jeunes églises en République Démocratique du Congo : conditions juridiques de l'autonomie*, L'Harmattan 2010. 309 pages.

Negri (V.)

- (Dir.), *Protection juridique du patrimoine culturel immobilier : orientations pour les pays francophones de l'Afrique subsaharienne*, Edition ICCROM conservation studies. Rome 2009. 84 pages.
- *Droit et patrimoine en Afrique : Législation relative à la protection du patrimoine culturel en Afrique*, Université Senghor. Alexandrie, version réactualisée de septembre 2002. 148 pages.

Négri (V.), Kulig (G.), Gaulthier-Kurhan (C.), *Le renforcement de la protection juridique du patrimoine culturel à Alexandrie*, Université Senghor 2003. 83 pages.

Nkaya (M.), *Le Congo Brazzaville à l'aube du XXIème siècle : plaidoyer pour l'avenir.* Edition l'Harmattan. Paris 2004. 270 pages.

Roy (E.), *Les africains et l'institution de la justice. Entre mimétisme et métissages.* Dalloz Paris 2004. 284 pages.

Sow (A.I.), Aguessy (H.), Diagne (P.), *Introduction à la culture africaine : aspects généraux.* Unesco Paris 1997. 331 pages.

Thioub (I.), *Patrimoine et sources historiques en Afrique,* UCAD et Union académique internationale, Dakar 2007 Inter Communication et E.M.E, 179 pages.

Toulier (B.), *Brazza la verte.* Edition images du patrimoine. Paris 1996. 48 pages.

B - Thèses et mémoires

Bukasa Lufuluabo (D.), *La protection de l'environnement en droit congolais.* Graduat en droit public, Université de Kinshasa 2006, 46 pages.

Pouey (C.), *Saint-Louis du Sénégal: patrimoine national ou patrimoine mondial ?,* Thèse de doctorat en Histoire de l'art, Université Bordeaux 3, 2008, 430 pages.

Kiamba (C.E.), *L'enseignement au Congo - Brazzaville : entre crise identitaire et refondation socio-culturelle,* Thèse de doctorat en Science politique, Université Catholique d'Afrique Centrale Yaoundé –2009, 417 pages.

Kianguebeni (U.K.), *Contribution à la protection du patrimoine culturel et à la gestion efficiente de l'environnement en République du Congo,* Mémoire de master, Université Senghor d'Alexandrie. Mars 2011, 76 pages.

Kidiba (S.), Contribution du patrimoine culturel au développement du système éducatif de la République du Congo : enseignement des Arts et de l'Artisanat au Musée», Mémoire de Master, Université Senghor 1997, 89 pages.

Kimbebe Lemba (A.), « *La souveraineté de l'Etat au début du XXème siècle : l'exemple du Congo Brazzaville,* Mémoire de master. Université de Poitiers 2006, 65 pages.

Lingaya Bauna (D.), *De la souveraineté de l'Etat congolais face au principe du patrimoine commun de l'humanité : cas du Parc National des Virunga.* Graduat en droit public, Université libre des pays des grands lacs 2010, 43 pages.

Lwanzo Vake, *La protection légale des aires protégées face aux pressions des populations riveraines en droit positif congolais,* Mémoire de master. Université de Goma - Graduat en droit économique et social 2005, 56 pages.

NGouoh (F.), *Protection et Gestion du patrimoine culturel du Cameroun : Proposition pour la mise en valeur des sites archéologiques,* Mémoire de master, Université Senghor 2011, 72 pages.

Ziavoula (R.E.), *L'espace foncier de Brazzaville : pratiques juridiques et stratégies,* Thèse de doctorat, Université Paris I Panthéon Sorbonne 1987, 1804 pages.

C - Rapports et Actes de colloques

Africa 2009, *Conservation du patrimoine culturel immobilier en Afrique sub-saharienne,* Rapport du 2ème séminaire des directeurs Africa 2009. Porto-Novo, Bénin 13 au 17 novembre 2000.

Centre du patrimoine mondial de l'Unesco

- *Patrimoine mondial nature d'Afrique Centrale. Initiative pour le patrimoine mondial forestier d'Afrique Centrale (CAWHFI),* Rapport de l'atelier de Brazzaville du 12 au 14 mars 2008.
- Rapport périodique sur *le patrimoine mondial dans la région Afrique,* Unesco et la convention du patrimoine mondial. Second cycle de rapport périodique, 2000-2006.
- *Rapport sur Patrimoine mondial dans la région Afrique. Principaux résultats : second cycle des rapports périodiques,* Paris 2001.

Comité du patrimoine mondial de l'Unesco, Rapport sur la *conservation du patrimoine culturel immobilier en Afrique subsaharienne,* Paris octobre 2004.

Commission de l'Union Africaine, *Plan stratégique de la commission de l'Union Africaine. Axe 6 :« Culture – Renaissance culturelle* ». Plan d'action 2004-207.

UNESCO, Compte rendu de la réunion sur *la conservation du patrimoine culturel immobilier en Afrique sub-saharienne,* Abidjan, 23-25 mars 1998.

Union Africaine, « *Notre intérêt commun* », Rapport de la commission pour l'Afrique à l'Union Africaine. Mars 2010.

Kidiba (S.), *Pour une conservation communautaire du Patrimoine culturel immobilier au Congo Brazzaville : Cas des forêts sacrées* ». Actes de séminaire de Porto Novo (Bénin) sur la conservation et la protection du patrimoine culturel immobilier 20 – 24 novembre 2006.

Thème IV : Autres (Histoire, décentralisation, lexique, dictionnaire…)

Institut de la décentralisation, *La décentralisation en France: l'état des politiques publiques, la dynamique des réformes locales, la dimension européenne,* Edition La Découverte, 1996, 432 pages.

Amboulou (H.D.),
- *Le droit des collectivités locales au Congo*, L'Harmattan 2010, 214 pages
- *L'administration du territoire et les collectivités locales en République du Congo.* Coédition Harmattan et Hémar. Paris 2008, 366 pages.

Audrerie (D.), *Petit vocabulaire du patrimoine culturel et naturel.* Editions Confluences. Bordeaux 2003, 63 pages.

Beaulieu (B.) (Rassemblés par), **Genet-Rouffiac (N.)** (dir.). *Eléments d'histoire administrative Ministère de la culture*, Comité d'histoire du Ministère de la culture, travaux et documents no 5, Paris 1997, 150 pages.

Béghain (P.), *Guerre aux démolisseurs Hugo, Proust, Barrès, un combat pour le patrimoine.* Editions Paroles d'Aube, Vénissieux 1997, 163 pages.

Chappé (F.), *Histoire, mémoire, patrimoine. Du discours idéologique à l'éthique humaniste.* Edition PUR. Rennes 2010, 424 pages

Chrétien (J.P.), Triaud (J.L.), *Histoire d'Afrique : les enjeux de mémoire*, Edition Karthala, Paris 1997, 504 pages.

Elong-Mbassi (J.P.), *Etat de la décentralisation en Afrique, Congo Brazzaville*, KARTHALA Editions, 2003, 168 pages.

Girault (A.), *Principes de colonisation et de législation coloniale, les colonies françaises avant et depuis 1815,* 6e édition par M. Besson,recueil sirey 1943, 202 pages.

Goestschel (P.), Loyer (E.), *Histoire culturelle de la France.* Armand Colin 2e éd. Paris 2002, 237 pages.

Gomes Olamba (P.N), *Décentralisation, démocratie et développement local au Congo-Brazzaville,* l'Harmattan 2013, 212 pages.

Goudineau (C.), Guilaine (J.) (dir.). *De LASCAUX au Grand Louvre : archéologie et histoire en France,* Editions Errances, Paris 1989, 592 pages.

Harouel (J-L.), *Histoire de l'urbanisme*, PUF Collection « Que sais-je ? », 4e édition, Paris 1993, 127 pages.

Le Louarn (P.) (dir.), *Le patrimoine culturel et la décentralisation*, Presses Universitaires de Rennes 2011, 464 pages.

Vitet (L), *La naissance des monuments historiques*, La correspondance de Prosper Mérimée avec (1840-1848., 1998), Introduction et notes par Maurice Parturier, Avant-propos de Françoise Berce, Ed. du CTHS, « Format 30 », Paris, 335 pages.

Maestri (E.) (sous la coordination de), *La décentralisation : histoire, bilans et évolutions.* Edition l'Harmattan Paris 2004, 416 pages.

Moulinier (P.), *Politique culturelle et décentralisation,* l'Harmattan 2002, 340 pages.

Negrier (E.), *Patrimoine culturel et décentralisation*, Une étude en Languedoc-Roussillon. Edition l'Harmattan. Paris 2002. 329 pages

Obenga (T.), *Histoire générale du Congo : des origines à nos jours* (tome 1), l'Harmattan 2010, 284 pages.

Olivier-Martin (F.), *Histoire du droit français : des origines à la révolution*, Edition du CRNS Paris 1998. 763 pages, Paris 2001, 741 pages.

Reau (L.), *Histoire du vandalisme, les monuments détruits de l'art français*, réédité en 1994. Robert Laffont, 1190 pages.

Rigaudière (A.)

- *Introduction historique à l'étude du droit des institutions*, Economica Paris 2001. 490 pages.
- *Histoire du droit des institutions*, Cours de droit, fascicule 1 1991-1992. 273 pages.

Roulant (N.), *Introduction historique au droit*, Edition PUF. Paris 1998. 755 pages.

II - ARTICLES

Thème I : Droit

Alliot (M.), Les résistances traditionnelles au droit moderne dans les Etats d'Afrique francophone et à Madagascar in *Etudes de droit africain et de droit malgache*. Ed. Cujas Toulouse 1965, 71-75.

Billet (P.)

- Le droit de l'urbanisme, mode d'intervention économique des collectivités locales", in *Mélanges* Colson, Economica 2004, pp. 507-517
- La protection juridique du patrimoine géologique en France : bilan (provisoire) d'un siècle de protection in *La lettre des réserves naturelles* n° 44-45, décembre 1997, pp. 43-53.

Condamy (L.)

- Une pierre de plus à l'édifice de la protection des biens culturels : le décret du 26 septembre 2001in *Les petites Affiches*, 22 novembre 2001, p.13-18.
- Modalités de protection des objets mobiliers ni inscrits, ni classés, in *Les petites Affiches*, 17 avril 1992, n° 47, p. 12-20.

Depadt-Sebag (V.), Le droit et la beauté in *Les Petites Affiches*, 12, 15 et 16 mai 2000, n° 95, 96, 97, p. 4, 7 et 11.

Meyer-Bisch (P.), Les droits culturels, une catégorie sous-développée de droits de l'homme in *Revue internationale de droit comparé* 1994, vol. 46. pp 1206-1207

Negri (V.)

- Droits culturels et droits des musées en Afrique *in Museum international Afrique : le succès d'un continent,* n° 229-230, mai 2006, pp 39-46.
- Planification archéologique, urbanisme et aménagement du territoire in *le nouveau droit de l'archéologie préventive*, L'Harmattan 2004, pp 21-24
- Archéologie préventive, un statut juridique novateur in *Le Moniteur*, 2 mars 2001, p. 104-105.
- La création du droit du patrimoine culturel dans les pays en voie de développement in *Genèse du droit de l'environnement,* L'Harmattan 2001, pp 141-163.
- Le cadre juridique des fouilles archéologiques terrestres in *Archéologie et aménageurs*. CERTU 1994, pp 159-168
- Protection et études du patrimoine archéologique » in *Revue juridique de l'environnement* 1990, pp19-69.

Nordmann (J.D.), Le droit à l'éducation comme droit culturel in *Droits culturels et interculturalité, Vers une culture des droits de l'homme*, Editions diversités Genève 2003, p52-53.

Pontier (J.M.)

- Codification et évolution du droit du patrimoine in *Actualité Juridique Droit Administratif*, 05/07/2004, n° 25. - pp. 1330-1350
- Transferts de compétences et décentralisation dans le domaine du patrimoine in *Actualité juridique Droit administratif* du 2 septembre 2002 n°11/2002, pp 794-801.
- Les données juridiques de l'identité culturelle in *Revue de droit public* n°5 – 2000, p1271.

Thème II : Patrimoine culturel français et européen

Fabre (D.), Le patrimoine, l'ethnologie in *Science et conscience du patrimoine*, Fayard 1997, pp59-72.

Fromageau (J.), Les monuments naturels, reflets naturels des monuments historiques in *Les monuments historiques, un nouvel enjeu* ? CRIDEAU-CNRS (UMR 6062)/INRA Université de Limoges, l'Harmattan, 2004, pp5-11.

Fumaroli (M.), Jalons pour une histoire littéraire du patrimoine in *Science et conscience du patrimoine*, Fayard/Editions du patrimoine, pp. 101–116

Lamy (Y.), Du monument au patrimoine. Matériaux pour l'histoire politique d'une protection in *Genèse* n°11. 1993, pp. 50-81.

Leniaud (J.M.), Réflexions ethnologiques sur le choix des classements monuments historiques in *Revue administrative* 1994, p.590

Nachbar (P.), Entretien et sauvegarde du patrimoine architecturalin *Gazette des Communes* (la), 29/01/2007, n°5 - Cahier détaché 2. - pp. 227-250.

Negri (V.), La diffusion des monuments historiques hors du territoire métropolitain in *Les monuments historiques, enjeux et perspectives.* CRIDEAU-CNRS. L'Harmattan 2004, pp 231-242.

Nora (P.), L'explosion du patrimoine in *Patrimoine, Revue de l'Institut National du Patrimoine.* 2006/n°2, pp6-11.

Poirrier (P.), Politique culturelle et patrimoines : "Vieille Europe" et "Nouveaux Mondes" in *Revue culture et musée* 2007, pp13-18.

Pontier (J.M.), Le patrimoine d'intérêt local in *Collectivités territoriales,* 04/2010, n° 56. pp. 48-52

Vinvent (J.M.), Patrimoine : priorité à la connaissance in *Revue de l'art* 1993, n° 111, p5

Sourioux (J-L), La pensée juridique de G. Boissonade : aspects de droit civil, in *Boissonade et la réception du droit français au Japon*, Société de Législation Comparée.

Condamy (L.), Pour un renouveau de la politique d'enrichissement du patrimoine national, *Les petites Affiches*, 9 août 2001, n° 158, p. 17-21.

Thème III : Patrimoine culturel africain et congolais

Alliot (M.), La coutume dans les droits originellement africains in *Bulletin de liaison du LAJP*, n° 7-8, 1985, pp 79-100.

Bruhl (H.L.), Introduction à l'étude du droit coutumier africain *in Revue international de droit comparé*, vol.8, n°1, Janvier-mars 1956, pp 67-77.

Coremans (P.), La Conservation du patrimoine culturel en Afrique tropicale in *Museum*, Vol XVIII, n° 3, 1965. pp 61-182.

Elamé (E.), Plaidoyer pour une protection des bois sacrés en Afrique noire, extrait d'un mémoire soumis au XIIème congrès forestier mondial, Québec 2003, pp1-6.

Kidiba (S.), Les forêts sacrées : une forme de gestion durable de l'environnement in *le canard de l'environnement* n° 006 déc. 2003 – Fév. 2004, pp12-16.

Kuruk (P.), Le droit coutumier africain et la protection du folklore in *Bulletin du droit d'auteur* n°2, 2002, pp4-27.

Le Roy (E.), « La face cachée du complexe normatif en Afrique noire francophone *» in Normes juridiques, Normes pénales – Pour une sovilogie des frontières.* Tome I, L'Harmattan 1997 pp123 138.

Negri (V.), La création du droit du patrimoine culturel dans les pays en voie de développement, perspectives africaines, in *Genèse du droit de l'environnement*, Vol. I, fondements et enjeux internationaux, L'Harmattan, 2001, pp144-164.

Schuerkens (U.*),* La conception du développement de la France coloniale en Afrique Noire : quelques pistes de réflexion à propos de l'APAD in *Bulletin de l'APAD* N°5 1993, pp2-8.

Sidi (A.O.), « Monuments et savoir-faire traditionnel : le cas des mosquées de Tombouctou » in *Afrique : les succès d'un continent – Museum International* N° 229/230, pp49-58.

Ziavoula (R.E.), La course à l'espace urbain : Les conflits fonciers à Brazzaville, in *Politique Africaine, Le Congo, Banlieue de Brazzaville*, n°31, 1998, pp22-29.

III – SITOGRAPHIE

Sites institutionnels

http://ec.europa.eu/culture - commission européenne - culture

http://www.associations-patrimoine.org

www.unesdoc.unesco.org – base de données UNESCO.

www. iccrom.org - centre international d'études pour la conservation et la restauration des biens culturels

www.africa-union.org – Union Africaine.

www.bateke.com – royaume Téké - Congo

www.craterre.org - Centre international de la construction en terre.

www.culture-gouv.fr – ministère de la culture - France

www.developpement-durable.gouv.fr – ministère du développement durable - France

www.diplomatie.gouv.fr – ministère des affaires étrangères - France

www.europa.eu – portail de l'Union Européenne

www.icomos.org – conseil international des monuments des sites

www.legifrance.gouv.fr - service public de la diffusion du droit par l'Internet (la Constitution, les codes, lois et règlements, les conventions en France).

www.glose.org – publication la jurisprudence de la Cour de cassation, des articles, des bibliographies, des thèses en droit privé.

www.pnue.org – Programme des Nations Unies pour l'Environnement

www.polarheritage.com – Comité international pour le patrimoine historique polaire

www.projetdeterritoire.com – centre de ressources du développement territorial.
www.royaumeloango.org - royaume Loango - Congo
www.tourisme.gouv.fr – secrétariat d'Etat au tourisme - France
www.unesco.org – Organisation des Nations Unies pour l'éducation, la science et la culture
www.inventaire.culture.gouv.fr
www.epa-prema.net
http://web.worldbank.org
www.fao.org
http://www.ceeac-eccas.org
ttp://www.afd.fr

Sites universitaires

http://bu.univ-tln.fr
http://fr.jurispedia.org
http://scd.univ-orleans.fr/
http://www.bnu.fr
http://www.legalis.net
http://www.paris-sorbonne.fr
www.abes.fr
www.droit.org
www.droit-afrique.com
www.droitenligne.com
www.en-droit.com/edroit
www.en-droit.com/edroit
www.jurisguide.univ-paris1.fr
www.legicite.com/sites_juridiques
www.legiscompare.fr
www.lepetitjuriste.fr
www.letudiant.fr
www.lex-publica.com
www.memoireonline.com – mémoire en ligne.
www.persee.fr - Site de numérisation rétrospective de revues françaises en sciences humaines et sociales.
www.theses.fr
www.unjf.fr
www.village-justice.com
https://etudesafricaines.revues.org
http://www.axl.cefan.ulaval.ca/afrique/congo.htm
http://africanistes.revues.org

http://www.revue-pouvoirs.fr
http://cmb.ehess.fr
http://etudescaribeennes.revues.org

Autres sites et blogs

http://congo-dechaine.info - site sur l'actualité du Congo Brazzaville.
http://www.chavrier.fr – blog de Géraldine Chavrier, professeur de droit public à l'Université Paris I
http://www.infosdelaplanete.org – Association planète urgence – protection de l'environnement
http://www.lefigaro.fr du 22/10/2008.
www.patrimoineculturel.com
www.africultures.com
http://univ-jurisocial.over-blog.com/article-essai-sur-le-droit-coutumier-africain-82450775.htm
http://blog.ac-rouen.fr
http://congo-portail.com/historique.php
www.congopage.net
www.historiensducongo.unblog
http://www.bonaberi.com/article.php?aid=1520
http://www.toupie.org/Dictionnaire/Assimilation.htm
http://horizon.documentation.ird.fr
http://terangaweb.com
http://www.journal-adjinakou-benin.info
ttp://senteranga.wordpress.com
http://mb-soft.com/believe/tfom/primitiv.htm
http://www.ayaas.net
http://www.afriquefemme.com
http://www.patrimoine-congo-brazzaville.com
http://africanhistory-histoireafricaine.com/blog
http://ethiopiques.refer.sn
http://www.vie-publique.fr
www. tamaafrika.mondoblog.org
www.landcoalition.org
http://www.fondation-droitcontinental.org
http://www.lefaso.net
http://www.droitconstitutionnel.org
http://www.orgueiletpatrimoine.fr
www.patrimoine-congo-brazzaville.com
http://www.afd.fr
http://books.openedition.org

http://www.bas-rhin.fr
www.crebsl.org
http://agrimaroc.net
http://nsangundjindjifestival.com
ttp://lesfeuxdebrazza.free.fr
https://www.ligeo-archives.com

ANNEXES

1 – LES SITES CULTURELS

- **L'ancien port d'embarquement des esclaves de Loango** est l'un des plus importants sites du golfe de Guinée par lequel des millions d'esclaves ont été embarqués dans des bateaux et transportés directement pour les Amériques sans escales intermédiaires. Le port de Loango possède encore des vestiges qui traduisent le passage de ces millions d'esclaves à travers :

  - La stèle qui est la place symbolique du départ des caravanes est en même temps le grand marché de toutes les transactions ;
  - Les trois manguiers qui servaient de comptoirs avant le rituel autour de l'arbre de l'oubli. Les esclaves enchaînés, faisaient 7 tours de l'arbre de l'oubli pour les femmes ou les jeunes filles, 9 tours pour les hommes. Et l'arbre de retour qui symbolisait un éventuel retour de l'esprit du défunt au pays (à Loango) une fois mort ;
  - Le débarcadère qui était une vasière, reste représenté par une portion qui résiste aux érosions marines. En effet, la baie de Loango, peu profonde, ne permettait pas aux bateaux d'accoster. Ils attendaient à 30 km de la rive.

Par ailleurs, le site de Loango est un grand ensemble qui prend en compte le village de *Diosso* où se trouve le Musée *Mâ Loango* (ancien quartier administratif du royaume), la baie et bien d'autres aspects. Le site de l'Ancien port d'embarquement des esclaves à Loango fait l'objet d'une protection traditionnelle assurée par l'Association des sages de *Bwali*[389].

- **Le domaine royal de M'bé** Situé à 200 kilomètres environ de Brazzaville, dans le département du Pool, le domaine royal de *Mbé* constitue le maillon central d'une entité ethnolinguistique. Le

[389] http://whc.unesco.org/fr/listesindicatives/5373/, consulté le 7 avril 2015

Royaume Téké, est connu des explorateurs européens dès le XVe siècle sous le nom de Royaume d'Anzico. Le Domaine royal de *Mbé* est composé d'un ensemble de sites liés à la culture et l'histoire du peuple Téké. Il est sans aucun doute un exemple imminent de l'interaction du peuple Téké avec son environnement. En effet, il illustre la démarche de sacralisation de nombreuses forêts qui s'y trouvent, et qui témoignent de l'emplacement des différentes cités royales successivement abandonnées à la mort d'un *Makoko* (Roi), dans le but de perpétuer la mémoire du royaume. Le Domaine royal de *Mbé* est associé à des croyances et des traditions vivantes qui ont permis à cette entité de résister aux continuelles mutations du monde moderne. Les rites liés à la désignation, à l'investiture et aux funérailles des *Makoko*, les épopées qui racontent la gloire, la grandeur et la généalogie des différentes familles Téké, y compris celle des *Makoko*.

En outre, le Domaine royal de *Mbé* est associé à un évènement majeur dans l'histoire du Congo : c'est là que fut signé le 10 septembre 1880, le Traité entre l'explorateur français Pierre Savorgnan de Brazza et le Makoko Iloo 1er. C'est ce Traité qui a lancé l'idée de la Conférence de Berlin de 1885 au cours de laquelle fut décidé le partage de l'Afrique en colonies. C'est également ce traité qui a conduit à la fondation de Brazzaville, devenue par la suite la capitale de l'Afrique équatoriale française (AEF), de la France libre pendant la deuxième guerre mondiale et aujourd'hui la capitale du Congo[390].

- **Les grottes de Nkila-Ntari** parmi les plus importantes du pays où on trouve un mobilier (table et bancs) en pierre taillée, œuvre des guerriers réfugiés aux temps de guerres des tribus. Ces grottes ont aussi servi de refuge aux résistants de la pénétration occidentale au Congo. La descente du long tunnel de près d'un kilomètre passe par des boyaux d'un mètre de diamètre et des galeries beaucoup plus vastes où le plafond est à plusieurs dizaines de mètres de hauteur. La grotte est parsemée de peintures rupestres et on y trouve une source où barbotent les poissons et les tortues[391].

---

390 http://whc.unesco.org/en/tentativelists/5374/, consulté le 7 avril 2015

391 Dominique Auzias, Jean-Paul Labourdette, *Congo Brazzaville 2012-13*, Petit Futé, janvier 2012, p174

- **Les chutes de la *Loufouloukari*.** Situées à plus de 80 km de Brazzaville (parti sud du pays) les chutes de la Loufoulakari sont un gigantesque amas de pierre en forme de dalles, le tout représente un escalier de grés à l'estuaire de la Loufoulakari et du fleuve Congo. Ils sont le résultat du confluent de la rivière de la Loufoulakari et du fleuve du Congo. Ces chutes représentent pour les congolais un lieu mythique, attaché à des légendes. Le caractère mystique du site, pour les adeptes de la religion traditionnelle, est lié à une première légende, issue d'un fait historique. C'est ici que Boueta M'bongo résistant Kongo fut tué, décapité par les colonisateurs (français). A partir de là, sa tête restée sur le bord de la rivière aurait creusé une "tombe" à proximité de l'eau. C'est ainsi que depuis trois "rivières" se rejoignent dans ces chutes, dont le bassin serait cette "tombe".
  L'autre personnage historique, plus contemporain, lié à ce site est Fulbert Youlou. Le futur premier président de la République du Congo aurait eu l'habitude de plonger dans l'eau profonde de la Loufoulakari et... de ressortir avec des vêtements secs !! Selon la légende, un caïman (non belliqueux) lui serait apparu un jour de baignade. L'animal deviendra ensuite l'emblème de son parti politique, l'UDDIA (Union de Défense Démocratique des Intérêts Africains[392]).

- **Le trou de Dieu**. Proche des chutes de la *Loufoulakari*, le cirque *Nguela*, plus connu sous le nom de « trou de Dieu », est un vaste cratère. Ancien volcan ou impact de chute de météorite selon certaines sources, le trou de Dieu reste un vrai mystère, mais n'en demeure pas moins impressionnant.

392 http://voyage-congo.over-blog.com/article-chutes-loufoulakari-pool-lieu-mythique-83098749.html, consulté le 7 avril 2015

2 – LES MONUMENTS HISTORIQUES

- **La basilique Sainte-Anne de Brazzaville.** C'est est l'un des monuments de Brazzaville qui présentent le plus grand intérêt architectural. C'est dès 1936 que Mgr Biéchy décide, pour faire face à l'afflux de convertis à Poto-Poto, de la création d'un sanctuaire important dans ce quartier de Brazzaville. En 1943 sort de terre un édifice extrêmement novateur dû au talent de l'architecte protestant Roger Lelièvre, dit Erell (1907-1986). En 1949, l'église qui deviendra basilique est consacrée avec la Messe des Piroguiers composée pour cette occasion par Mme Barrat-Peppe[393]. Monument historique le plus emblématique de Brazzaville, et d'Afrique Centrale, cet édifice est le lieu de rencontre fusionnelle et le symbole d'une renaissance.

- **Le stade Félix Eboué**. Ce stade porte le nom du gouverneur général de l'AEF, Adolphe-Sylvestre-Félix Éboué, premier homme de couleur à accéder à la fonction de gouverneur à l'époque coloniale. Le Général De Gaulle y prononça plusieurs discours engageant l'Afrique dans la colonisation notamment le discours de Brazzaville le 30 janvier 1944 où il semble conscient de la nécessité de donner davantage de libertés aux peuples africains sous tutelle française, et d'ouvrir la porte à une participation accrue des colonisés à leurs propres affaires. Et celui du 24 août 1958 qui avait pour but de présenter aux populations locales la Communauté destinée à remplacer l'Union française dans le cadre de la future Constitution de la Ve République et les inciter à voter « oui » au référendum constitutionnel prévu pour le 28 septembre suivant[394].

- **La case De Gaulle**. Construite en 1942 par Erell, elle qui fut la résidence du président français Charles de Gaulle pendant la Seconde Guerre mondiale. Située au bord du fleuve du Congo au sein d'une large parcelle du quartier de Bacongo, cette demeure est représentative de l'architecture moderniste du milieu du vingtième siècle. Erell se serait en effet inspiré du Palais de Chaillot construit en 1937 place du Trocadéro à

---

393 Église catholique au Congo, « La basilique Sainte-Anne, enfin achevée ! » in *lasemaineafricaine.com*, le 1er avril 2011, Url : http://lasemaineafricaine.net/index.php/vie-de-leglise/443-eglise-catholique-au-congo-la-basilique-sainte-anne-enfin-achevee, consulté le 7 octobre 2014.

394 http://www.charles-de-gaulle.org/pages/espace-pedagogique/le-point-sur/les-textes-a-connaitre/discours-de-brazzaville-30-janvier-1944.php

Paris. Depuis 1960 elle abrite la résidence de l'ambassadeur de France au Congo.

- **La cathédrale du Sacré-Cœur de Brazzaville**, est la plus ancienne cathédrale d'Afrique centrale conservée. Elle fut construite sous la direction de Monseigneur Augouard à partir de 1892 (date gravée sur le seuil) et inaugurée le 3 mai 1894. En 1902, les statues de Saint Pierre et Saint Paul sont placées sur la façade, mais dès 1903, sous la direction du père Rémy, on ajoute les deux tours et modifie la façade occidentale. Les cloches données par les amis de monseigneur Augouard à l'occasion de ses 25 ans de prêtrise sont placées dans les tours. En 1913, la cathédrale est agrandie (transept et allongement du chœur). Cette cathédrale serait le prototype des cathédrales de Bangui (1911), et de Kinshasa (1914) et de l'église de Divénié (Congo, région du Niari[395]).

- **La mission catholique de Linzolo**. Créée en accord avec les chefs Kongo le 22 septembre 1883, c'est la première et la plus ancienne mission catholique du pays. Situé à 20 km au Sud de Brazzaville sur le plateau des Cataractes, ce site choisi entre 1881 et 1883 pour la fondation de la plus ancienne Mission Catholique au Congo avec celle de Loango. Le futur Mgr Prosper Philippe Augouard s'y replie en effet, faute d'avoir pu fonder sa mission à Brazzaville. En effet, à la demande de Brazza, le père Augouard partit le 6 juillet 1881 pour sa première exploration vers le Pool ; voyage relativement rapide, une prise de contact. Le second, en 1883, eut un but plus concret : fonder des missions. Cette année fut érigée la mission de Linzolo puis, la même année, celle du Kassaï (qu'il dut évacuer en 1887 pour s'installer à Mfoa, future Brazzaville), puis il fonda Saint-Louis de Liranga en 1889[396].

3 – LES EXPRESSIONS CULTURELLES

- **Les traditions et expressions orales** : les Téké sont restés fidèles à leur langue ou dialecte appelée le "*Tio* ". Elle est la principale langue de

395 http://www.patrimoine-congo-brazzaville.com/cathedrale-sacre-coeur/, consulté le 7 avril 2015

396 Côme Kinata, De 'Église missionnaire au Congo à l'Église locale 1875 - 2011, in *Afrikibouge*, Url : http://afrikibouge.com/histoire/1946-nouvel-article-de-come-kinata, consulté le 7 avril 2015

communication et de transmission. Elle est le socle de la sauvegarde de la culture Téké. La musique et la danse Téké livrent un spectacle culturel au public, mais elles véhiculent aussi des informations et des messages d'inspiration, d'édification et racontent d'une génération à l'autre l'histoire du royaume. Certaines musiques et danses, dites sacrées, sont réservées au roi et aux initiés de la Cour royale. C'est le cas de la danse " *Ampiranton* " qui est spécialement réservée au roi, à la reine, aux princes, aux princesses et aux initiés. La danse du roi est restée originale et ancestrale depuis le premier royaume. La deuxième danse appelée " *Outierako* ", est celle réservée aux autres membres de la cour royale et la troisième appelée " *Imbalambala* " est la danse populaire du Royaume.

- **Les contes et les légendes Assami**, vaste domaine de la littérature Téké, dans lesquels se rencontrent à la fois les hommes (*Bâri*), les animaux (*Agnama*) et des autres êtres surnaturels de l'univers comme Dieu (*Ndjam*i), les fantômes (*Afu*). Les contesévoquent souvent des évènements plus ou moins imaginaires situés très loin dans le passé, au commencement du monde. A travers ceux-ci se dégagent aussi le perpétuel conflit de l'homme avec la nature et sa lutte pour l'existence.

- **Le Nkwembali** est une idéologie basée sur la conviction que le monde est habité d'êtres spirituels (les *Nkira*, esprits de la nature et les *Ikwi*, esprits des ancêtres défunts) qui ordonnent la vie de tous les Téké. En invoquant le *Nkwembali*, les hommes font allusion à une philosophie morale et politique dont la préoccupation majeure serait de faire régner l'ordre parmi les habitants du Royaume ». Lien réel entre les mondes du visible et de l'invisible, le pouvoir mystique est une conciliation renouvelée avec les ancêtres de la terre[397].

- **Le *Kiebé-Kiebé*** est une danse-spectacle initiatique des peuples *Mbochi* et *Koyo*. Il constitue une exclusivité culturelle et sociale de la République du Congo. Elle se pratique à l'extrémité nord du département des Plateaux et dans le sud de la Cuvette centrale et de la Cuvette-Ouest. Sur les 342 000 kilomètres carrés que compte le Congo-Brazzaville, le territoire d'élection de cette danse couvre plus de 60 000 kilomètres carrés. Le *Kiebé-Kiebé* est d'essence binaire : le sacré (*kînda*), lieu d'initiation interdit aux profanes, et le (*mbàlè*), esplanade de la danse-spectacle . Il est exécuté

397 CRATERRE-ENSAG, *Op. Cit*, p4

par des protagonistes comme le *yòmbì* qui détient seul le pouvoir initiatique de manipuler mystiquement le canidé qui est le gardien des lieux sacrés ; *Atsùà-mbòndzì* qui sont des maîtres initiés du *Kiebe-Kiebe* qui, enveloppés dans de vastes et amples robes en tissu-raphia, exécutent en public des rotations circulaires sur eux-mêmes avec art précis dont ils détiennent seuls le secret.

- **Le Kikumbi ou rite prénuptial** observé chez les Vili de Pointe-Noire en souvenir de cette mythique misogynie royale. Chez les Kongo/lari, le rituel est en voie de disparition, vaincu sans doute par la chimie de la modernité. Les Vili seuls continuent à le décréter aux environs de Pointe-Noire.

- **Le Lélikage** qui est une danse de séduction réservée aux jeunes garçons et filles. Pendant les vacances, les jeunes se retrouvaient au village ou dans les quartiers assez reculés de la ville pour danser le Lélikage en pleine nature, uniquement éclairés par la lune ; les chants et les percussions entraînaient tout le monde dans ne transe frénétique ne s'arrêtant qu'au petit matin

- **La pratique du Nkondi** représentée par des statuettes chargées de significations magico religieuses ; elles sont le pont entre le monde des vivants et celui des ancêtres. Intermédiaires obligés entre les humains et les divinités surnaturelles, entre la communauté et l'esprit des ancêtres. Ces statuettes prennent le nom de "Nkondi", et doivent leur pouvoir à la charge contenue dans le reliquaire à miroir par le Nganga (féticheur).

- **Le Tchinkhani**, danse en l'honneur des jumeaux, effectuée devant les autels sacrés de chaque tribu. Cette danse sert de lien entre la nature et les jumeaux, qui sont considérés comme un don ; elle doit empêcher l'esprit des jumeaux de quitter le monde des humains. L'union de la femme et de l'homme est racontée sans tabous à travers le chant et la danse[398].

---

398 Ngoîe Ngalla (D), *Au royaume du Loango, les athlètes de Dieu 1880-1930*, Publibook, 2010. 92 p

Table des matières

TITRE II
DE LA GESTION A LA VALORISATION DU PATRIMOINE CULTUREL

L'Afrique aux éditions L'Harmattan

Dernières parutions

AFRICANOLOGIE
Ébauche d'une discipline scientifique
Shamuana Mabenga Jonas
Préface d'Elikia M'Bokolo - Postface de Pèlerin Kimwanga Nkeny
L'auteur, avec cet ouvrage, ambitionne la naissance d'une science, l'africanologie. L'ouvrage est étonnamment riche en enseignements sur l'Afrique, les Afriques et les Africains. À la fois objet de recherche et matière d'enseignement, l'africanologie contribuera à former les nouvelles générations africaines et, en dehors de l'Afrique, les vrais partenaires de ce vaste continent.
(Harmattan RDC, 39.00 euros, 422 p.)
ISBN : 978-2-343-12447-6, ISBN EBOOK : 978-2-14-004149-5

RELATIONS INTERNATIONALES CONTEMPORAINES
Mythes, manipulations et réalités
Djiena wembou Michel-Cyr, Fall Daouda
Démocratie, transparence du processus électoral, terrorisme, alternance au pouvoir dans le tiers monde, axe du mal, islamistes, droit international, accord de partenariat économique, changement climatique, prolifération nucléaire, justice internationale, droit ou devoir d'ingérence humanitaire, que signifient exactement ces mots aujourd'hui ? Comment établir la frontière entre la vérité et la manipulation dans l'analyse des phénomènes internationaux ? Ce livre tente d'apporter des réponses claires et précises afin de mettre les clés de compréhension du monde contemporain à la disposition de tous.
(Coll. Études africaines, 43.00 euros, 490 p.)
ISBN : 978-2-343-12188-8, ISBN EBOOK : 978-2-14-004091-7

INTRODUCTION AUX RELATIONS INTERNATIONALES
Bamba Mamadou
Mamadou Bamba propose ici d'expliquer la controverse doctrinale autour de la définition des relations inter-nationales. Courant réaliste, de l'interdépendance, ou courant marxiste, sont autant d'approches différentes qui font émerger la complexité à appréhender les dynamiques sur la scène internationale, et surtout tentent d'y apporter les réponses adéquates. Face à un monde en permanente évolution, le choix des matériaux et des outils utilisés par les experts sont cruciaux pour l'analyse de ces relations.
(21.50 euros, 198 p.)
ISBN : 978-2-343-12538-1, ISBN EBOOK : 978-2-14-004369-7

UNE MONNAIE UNIQUE POUR L'AFRIQUE DE L'OUEST
Pourquoi, comment et quand ?
Bakoup Ferdinand, Ndoye Daniel - Préface de mohamed Ben Omar Ndiaye
Les auteurs tentent d'éclairer le débat sur la monnaie unique en Afrique de l'Ouest en procédant à un réexamen de l'opportunité, du rythme et des modalités souhaitables de l'intégration monétaire ouest-africaine. L'ouvrage examine aussi l'économie politique d'un tel projet et formule des recommandations à l'attention des parties prenantes.
(Coll. Études africaines, 26.50 euros, 254 p.)
ISBN : 978-2-343-12456-8, ISBN EBOOK : 978-2-14-004210-2

LE SERVICE PUBLIC MARCHAND EN AFRIQUE ET DANS LE MONDE
Rigobert Akoulabo
Le service public marchand a été longtemps le pilier de l'économie de tout État, de l'Occident à l'Afrique. Du fait qu'il soit marchand, le service public est soumis aux règles de la concurrence, soumises elles-mêmes à certaines dérogations. Le système d'arbitrage opte pour une certaine harmonisation des systèmes juridiques en Europe et en Afrique.
(Harmattan Congo-Brazzaville, 14.50 euros, 130 p.)
ISBN : 978-2-343-10354-9, ISBN EBOOK : 978-2-14-004343-7

CHANGEMENTS DE L'OCCUPATION DES TERRES ET NÉCESSITÉ DE L'AMÉNAGEMENT DU TERRITOIRE À L'ÉCHELLE LOCALE EN AFRIQUE SUBSAHARIENNE
Cas de la commune de Djidja au Bénin
Arouna Ousséni
Les changements de l'occupation des terres en Afrique subsaharienne sont de plus en plus caractérisés par la déforestation et la dégradation des forêts. L'objectif de ce livre est d'évaluer les changements spatiotemporels de l'occupation des terres et leurs implications dans l'aménagement du territoire dans le contexte actuel des changements climatiques.
(23.50 euros, 230 p.)
ISBN : 978-2-343-11869-7, ISBN EBOOK : 978-2-14-004350-5

DU FOSTERAGE À L'ADOPTION PLÉNIÈRE
L'adoption des enfants de la pouponnière d'Adjamé (Abidjan, Côte d'Ivoire)
Kouadio Edwige
Dans les sociétés africaines traditionnelles, le fosterage (ou confiage) est une pratique sociale et culturelle qui consiste à confier temporairement ou durablement un enfant à un tiers digne de confiance. De fait, le fosterage permet de comprendre que la parentalité met surtout en évidence la notion de responsabilité, au sens anthropologique et pas seulement légal du terme. L'objectif de cette étude est de partir de la pratique traditionnelle du fosterage pour comprendre les pratiques de soutien à l'enfant que sont l'accueil dans les pouponnières et l'adoption plénière.
(Coll. Études africaines, série Sociologie, 24.00 euros, 236 p.)
ISBN : 978-2-343-12231-1, ISBN EBOOK : 978-2-14-004129-7

EXCISION, MARIAGES D'ENFANTS, DROITS SEXUELS ET REPRODUCTIFS
Socioanalyse d'une dialectique des normes
Camara Cheikh Moussa
Cet ouvrage jette un regard sociologique sur ces phénomènes à travers le prisme des rapports dialectiques, voire conflictuels entre les normes sociales et les normes légales qui les justifient, les confortent ou les remettent en cause. Cette socioanalyse apporte un éclairage sur la complexité de ces phénomènes de société d'une grande sensibilité dans un contexte socio-culturel africain, leurs relations avec la loi, les droits humains et l'idéal de liberté individuelle ainsi que sur les mutations sociales relatives aux effets des TICs sur les mœurs sexuelles.
(Harmattan Sénégal, 15.50 euros, 140 p.)
ISBN : 978-2-343-12587-9, ISBN EBOOK : 978-2-14-004164-8

PHILOSOPHIE ET SOCIOLOGIE DE L'ÉDUCATION ENSEIGNÉES DANS LES ÉCOLES NORMALES D'INSTITUTEURS
Kamaha Yolande Angèle - Préface de Pierre Fonkoua
Afin d'améliorer la qualité des contenus scientifiques, développer davantage de compétences professionnelles et contribuer au déploiement d'une formation de qualité dans les Écoles normales d'instituteurs de l'enseignement général (ENIEG) du Cameroun, ce livre apporte des éléments de réponse aux questions suivantes : quels contenus scientifiques faut-il sélectionner ? Comment mobiliser les ressources de l'approche par les compétences ? À quelles activités d'intégration faut-il soumettre les futurs instituteurs et institutrices et quels projets faut-il amener à entreprendre ?
(Harmattan Cameroun, 25.50 euros, 254 p.)
ISBN : 978-2-343-12634-0, ISBN EBOOK : 978-2-14-004348-2

LA RÉUSSITE SOCIALE : UNE MISSION PERSONNELLE
Leçons pour une renaissance africaine par les valeurs
Diabaté Touré Ténin - Préface de S.E. Lambert Amon-Tanoh
Cet ouvrage nous invite à prendre le pari de fuir tout ce qui peut modifier notre personnalité dans un sens défavorable. Mais il ne suffit pas de se débarrasser de mauvaises habitudes qui détruisent notre personne. Il faut chercher à remplir notre vie de tout ce qui sera de nature à l'élever, à en faire une école, afin d'aboutir à notre épanouissement personnel par des enseignements tirés de la vie, dont celle de grands sages africains.
(Harmattan Côte-d'Ivoire, 24.50 euros, 244 p.)
ISBN : 978-2-343-12742-2, ISBN EBOOK : 978-2-14-004385-7

L'IMMATÉRIEL ET LE DROIT OHADA DES SAISIES
Assontsa Robert - Avec la collaboration de Cédric Tinke
Préface d'Isidore Léopold Miendjiem
L'immatériel constitue aujourd'hui l'une des thématiques les plus intéressantes de l'univers juridique. Ce livre interroge l'opérabilité du droit de gage général vis-à-vis des valeurs immatérielles et l'aptitude du droit OHADA des saisies à appréhender ces biens dépourvus de toute consistance physique.
(Harmattan Cameroun, 22.50 euros, 220 p.)
ISBN : 978-2-343-12008-9, ISBN EBOOK : 978-2-14-004140-2

ÉCLAIRAGE SOCIOLOGIQUE SUR QUELQUES NOTIONS CANONIQUES DE LA SCIENCE POLITIQUE
Vangu Ngimbi Ivan
Face au caractère intimidant des faits politiques et en raison de sévères approximations dont ils font souvent l'objet, aussi bien de la part des étudiants, des acteurs politiques que des professionnels des médias, il était opportun que les concepts canoniques de la science politique soient explicités de manière limpide afin de les rendre plus intelligibles et accessibles à un large public. C'est l'exercice auquel s'est livré l'auteur tout au long de cet ouvrage.
(Coll. Études africaines, série Sociologie, 14.00 euros, 122 p.)
ISBN : 978-2-343-12594-7, ISBN EBOOK : 978-2-14-004192-1

POLÉMOLOGIE ET IRÉNOLOGIE
Une question philosophique des relations humaines et internationales
Mukendji Mbandakulu Martin Fortuné
Préface de Jean-Pierre Marien Lianza Zalonkele
Cet ouvrage s'attelle à montrer le rapport dialectique entre la guerre et la paix. La guerre semble être le lot des hommes. Les causes, les sources de la guerre sont relevées ici et les théories sur les guerres traditionnelles et modernes y sont développées. La guerre ne peut cesser que si les causes des conflits entre les nations, entre les hommes peuvent être extirpées. Cette étude corrige l'opinion selon laquelle les relations internationales et la philosophie ne peuvent faire bon ménage. La polémologie et l'irénologie sont donc inséparablement liées aux réflexions philosophiques.
(Coll. Études africaines, 19.50 euros, 188 p.)
ISBN : 978-2-343-12108-6, ISBN EBOOK : 978-2-14-004234-8

L'ÉDUCATION AUX MÉDIAS
Un point de vue africain
Barbey Francis - Préface de Laurence Corroy / Postface d'Alain Kiyindou
L'éducation aux médias en Afrique ne peut pas faire l'impasse sur les «réalités africaines» et la façon dont celles-ci s'expriment dans les communautés et la communication sociale, dans la mesure où c'est dans ces espaces que se trouvent les «lieux d'invention» de la modernité de l'Afrique d'aujourd'hui et de demain. L'éducation aux médias peut ainsi être pensée et mise en œuvre comme une initiation à la communication sociale, c'est-à-dire une communication qui a pour finalité le progrès de la communauté.
(Coll. Éducation et médias, 19.50 euros, 192 p.)
ISBN : 978-2-343-12270-0, ISBN EBOOK : 978-2-14-004125-9

MIGRATIONS, DÉCENTRALISATION ET COOPÉRATION DÉCENTRALISÉE
Enjeux et perspectives
Sous la direction de Mankou Brice Arsène - Préface de Frédéric Cuvillier
S'il est un mode de gouvernance qui participe à l'enracinement de la démocratie, c'est bien la décentralisation, car elle permet le rapprochement de la décision entre le sommet et la base, d'une part ; entre l'État et les collectivités locales, de l'autre. Aujourd'hui, force est de constater que la décentralisation initiée dans la majeure partie des États de l'Afrique centrale est en panne à cause des problèmes de clarification des compétences et de compréhension de cette notion.
(17.50 euros, 162 p.)
ISBN : 978-2-343-12428-5, ISBN EBOOK : 978-2-14-004226-3

L'AFRIQUE DANS LA GLOBALISATION : UNE BRADERIE SANS FIN
Diop Rawane
Cet ouvrage est une volonté de dire non à la mondialisation sauvage et débridée, non au pillage de l'Afrique, non à l'accaparement des richesses minières, non au libre-échangisme version accords déséquilibrés de partenariat économique (APE) entre l'Europe et l'Afrique, non au bradage foncier et à la spoliation des paysans au profit des nouveaux maîtres de l'agrobusiness. L'auteur y met à nu le drame social et écologique en Afrique, fustige l'arnaque économique des multinationales exonérées d'impôts, les lobbies financiers et industriels qui peuplent les palais.
(Harmattan Sénégal, 26.00 euros, 250 p.)
ISBN : 978-2-343-12268-7, ISBN EBOOK : 978-2-14-004011-5

COMMERCE, INVESTISSEMENT ET DÉVELOPPEMENT DURABLE EN AFRIQUE
Sous la direction de Silem Ahmed, Bastidon Cécile, Ghoufrane Azzedine, Gbaguidi Ochozias
Ce livre présente et explique les défis environnementaux spécifiques à l'Afrique, aborde les mesures adoptées et/ou envisagées dans certains pays africains en faveur d'une croissance verte et analyse l'efficacité de l'adoption d'une politique environnementale sur le développement économique et la protection de l'environnement.
(Coll. L'esprit économique, 21.00 euros, 206 p.)
ISBN : 978-2-343-12274-8, ISBN EBOOK : 978-2-14-004028-3

L'UNION AFRICAINE QUINZE ANS APRÈS (deux tomes)
Sous la direction de Mvelle Guy, Zang Laurent - Préface de Jacques Fame Ndongo
Ces contributions évaluent ce que l'Union africaine a pu faire depuis le lancement effectif de ses activités en 2002. Cet ouvrage en 2 tomes traite de la quasi-totalité des préoccupations majeures de l'Afrique d'aujourd'hui et de demain, en apportant rappel historique, analyse contextuelle et prospective. Ont ainsi fait l'objet d'une revisitation et d'une relecture critique, la problématique de l'unité africaine, les institutions et programmes de l'Union, la situation des droits de la démocratie, des droits de l'homme, du maintien de la paix et de la sécurité, les relations extérieures, les notions d'auto-indépendance.
(Tome 1, Coll. Études africaines, 35.00 euros, 346 p.)
ISBN : 978-2-343-12103-1, ISBN EBOOK : 978-2-14-003935-5
(Tome 2, Coll. Études africaines, 33.00 euros, 316 p.)
ISBN : 978-2-343-12102-4, ISBN EBOOK : 978-2-14-003936-2

GOUVERNANCE EN AFRIQUE
La théorie générale de la gouvernance économique
Djelhi-Yahot Sandavoy Adamoh
Cet ouvrage ouvre de nouvelles pistes, en matière de gouvernance, en proposant une formulation appelée «la théorie générale de la gouvernance économique». De la constatation exacte que la monnaie joue un rôle fondamental dans l'économie, il explique les effets dévastateurs de la politique monétaire répressive en Afrique, avant de passer en revue et récuser les différentes politiques. L'auteur propose de combiner la politique monétaire optimale basée sur la règle de Taylor avec une politique fiscale optimale et une exécution optimale des dépenses publiques.
(Coll. Études africaines, 20.50 euros, 204 p.)
ISBN : 978-2-343-10730-1, ISBN EBOOK : 978-2-14-003840-2

Structures éditoriales du groupe L'Harmattan

L'Harmattan Italie
Via degli Artisti, 15
10124 Torino
harmattan.italia@gmail.com

L'Harmattan Hongrie
Kossuth l. u. 14-16.
1053 Budapest
harmattan@harmattan.hu

L'Harmattan Sénégal
10 VDN en face Mermoz
BP 45034 Dakar-Fann
senharmattan@gmail.com

L'Harmattan Cameroun
TSINGA/FECAFOOT
BP 11486 Yaoundé
inkoukam@gmail.com

L'Harmattan Burkina Faso
Achille Somé – tengnule@hotmail.fr

L'Harmattan Guinée
Almamya, rue KA 028 OKB Agency
BP 3470 Conakry
harmattanguinee@yahoo.fr

L'Harmattan RDC
185, avenue Nyangwe
Commune de Lingwala – Kinshasa
matangilamusadila@yahoo.fr

L'Harmattan Congo
67, boulevard Denis-Sassou-N'Guesso
BP 2874 Brazzaville
harmattan.congo@yahoo.fr

L'Harmattan Mali
Sirakoro-Meguetana V31
Bamako
syllaka@yahoo.fr

L'Harmattan Togo
Djidjole – Lomé
Maison Amela
face EPP BATOME
ddamela@aol.com

L'Harmattan Côte d'Ivoire
Résidence Karl – Cité des Arts
Abidjan-Cocody
03 BP 1588 Abidjan
espace_harmattan.ci@hotmail.fr

L'Harmattan Algérie
22, rue Moulay-Mohamed
31000 Oran
info2@harmattan-algerie.com

L'Harmattan Maroc
5, rue Ferrane-Kouicha, Talaâ-Elkbira
Chrableyine, Fès-Médine
30000 Fès
harmattan.maroc@gmail.com

Nos librairies en France

Librairie internationale
16, rue des Écoles – 75005 Paris
librairie.internationale@harmattan.fr
01 40 46 79 11
www.librairieharmattan.com

Librairie l'Espace Harmattan
21 bis, rue des Écoles – 75005 Paris
librairie.espace@harmattan.fr
01 43 29 49 42

Lib. sciences humaines & histoire
21, rue des Écoles – 75005 Paris
librairie.sh@harmattan.fr
01 46 34 13 71
www.librairieharmattansh.com

Lib. Méditerranée & Moyen-Orient
7, rue des Carmes – 75005 Paris
librairie.mediterranee@harmattan.fr
01 43 29 71 15

Librairie Le Lucernaire
53, rue Notre-Dame-des-Champs – 75006 Paris
librairie@lucernaire.fr
01 42 22 67 13

www.ingramcontent.com/pod-product-compliance
Lightning Source LLC
LaVergne TN
LVHW010949061026
849535LV00006B/1639